U0000677

墨子今註今譯

李漁叔 註譯

臺灣商務印書館

《古籍今註今譯》序

中華文化精深博大，傳承頌讀，達數千年，源遠流長，影響深遠。當今之世，海內海外，莫不重新體認肯定固有傳統，中華文化歷久彌新、累積智慧的價值，更獲普世推崇。

語言的定義與運用，隨著時代的變動而轉化；古籍的價值與傳承，也須給予新的註釋與解析。商務印書館在先父王雲五先生的主持下，一九二〇年代曾經選譯註解數十種學生國學叢書，流傳至今。

臺灣商務印書館在臺成立六十餘年，繼承上海商務印書館傳統精神，以「宏揚文化、匡輔教育」為己任。六〇年代，王雲五先生自行政院副院長卸任，重新主持臺灣商務印書館，仍以「出版好書，匡輔教育」為宗旨。當時適逢國立編譯館中華叢書編審委員會編成《資治通鑑今註》（李宗侗、夏德儀等校註），委請臺灣商務印書館出版，全書十五冊，千餘萬言，一年之間，全部問世。

王雲五先生認為，「今註資治通鑑，雖較學生國學叢書已進一步，然因若干古籍，文義晦澀，今註之外，能有今譯，則相互為用，今註可明個別意義，今譯更有助於通達大體，寧非更進一步歟？」

因此，他於一九六八年決定編纂「經部今註今譯」第一集十種，包括：詩經、尚書、周易、周禮、禮記、春秋左氏傳、大學、中庸、論語、孟子，後來又加上老子、莊子，共計十二種，改稱《古籍今註今譯》，參與註譯的學者，均為一時之選。

臺灣商務印書館以純民間企業的出版社，來肩負中華文化古籍的今註今譯工作，確實相當辛苦。中華文化復興運動總會（國家文化總會前身）成立後，一向由總統擔任會長，號召推動文化復興重任，素有成效。六〇年代，王雲五先生承蒙層峰賞識，委以重任，擔任文復會副會長。他乃將古籍今註今譯列入文復會工作計畫，廣邀文史學者碩彥，參與註解經典古籍的行列。文復會與國立編譯館中華叢書編審委員會攜手合作，列出四十二種古籍，除了已出版的第一批十二種是由王雲五先生主編外，文復會與國立編譯館主編的有二十一種，另有八種雖列入出版計畫，卻因各種因素沒有完稿出版。臺灣商務印書館另外約請學者註譯了九種，加上《資治通鑑今註》，共計出版古籍今註今譯四十三種。茲將書名及註譯者姓名臚列如下，以誌其盛：

序號	書名	註譯者	主編	初版時間
1	尚書	屈萬里	王雲五（臺灣商務印書館）	五八年九月
2	詩經	馬持盈	王雲五（臺灣商務印書館）	六〇年七月
3	周易	南懷瑾	王雲五（臺灣商務印書館）	六三年十二月
4	周禮	林尹	王雲五（臺灣商務印書館）	六一年九月
5	禮記	王夢鷗	王雲五（臺灣商務印書館）	七三年一月
6	春秋左氏傳	李宗侗	王雲五（臺灣商務印書館）	六〇年一月
7	大學	宋天正	王雲五（臺灣商務印書館）	六六年二月
8	中庸	宋天正	王雲五（臺灣商務印書館）	六六年二月
9	論語	毛子水	王雲五（臺灣商務印書館）	六四年十月
10	孟子	史次耘	王雲五（臺灣商務印書館）	六二年二月
11	老子	陳鼓應	王雲五（臺灣商務印書館）	五九年五月

12	莊子	陳鼓應	王雲五（臺灣商務印書館）	六四年十二月
13	大戴禮記	高明	文復會、國立編譯館	六四年四月
14	春秋公羊傳	李宗侗	文復會、國立編譯館	六二年五月
15	春秋穀梁傳	薛安勤	文復會、國立編譯館	八三年八月
16	韓詩外傳	賴炎元	文復會、國立編譯館	六一年九月
17	孝經	黃得時	文復會、國立編譯館	六一年七月
18	列女傳	張敬	文復會、國立編譯館	八三年六月
19	新序	盧元駿	文復會、國立編譯館	六四年四月
20	說苑	盧元駿	文復會、國立編譯館	六六年二月
21	墨子	李漁叔	文復會、國立編譯館	六三年五月
22	荀子	熊公哲	文復會、國立編譯館	六四年九月
23	韓非子	邵增樺	文復會、國立編譯館	七一年九月
24	管子	李勉	文復會、國立編譯館	七七年七月
25	孫子	魏汝霖	文復會、國立編譯館	六一年八月
26	史記	馬持盈	文復會、國立編譯館	六八年七月
27	商君書	賀凌虛	文復會、國立編譯館	七六年三月
28	太公六韜	徐培根	文復會、國立編譯館	六五年二月
29	黃石公三略	魏汝霖	文復會、國立編譯館	六四年六月
30	司馬法	劉仲平	文復會、國立編譯館	六四年十一月
31	尉繚子	劉仲平	文復會、國立編譯館	六四年十一月
32	吳子	傅紹傑	文復會、國立編譯館	六五年四月
33	唐太宗李衛公問對	曾振	文復會、國立編譯館	六四年九月
34	資治通鑑今註	李宗侗等	國立編譯館	五五年十月
35	春秋繁露	賴炎元	文復會、國立編譯館	七三年五月

36	公孫龍子	陳癸淼	文復會、國立編譯館	七五年一月
37	晏子春秋	王更生	文復會、國立編譯館	七六年八月
38	呂氏春秋	林品石	文復會、國立編譯館	七四年二月
39	黃帝四經	陳鼓應	臺灣商務印書館	八四年六月
40	人物志	陳喬楚	文復會、國立編譯館	八五年十二月
41	近思錄、大學問	古清美	文復會、國立編譯館	八九年九月
42	抱朴子內篇	陳飛龍	文復會、國立編譯館	九〇年一月
43	抱朴子外篇	陳飛龍	文復會、國立編譯館	九一年一月
44	四書（合訂本）	楊亮功等	王雲五（臺灣商務印書館）	六八年四月

已列計畫而未出版：

序號	書名	譯註者	主編	
1	國語	張以仁	文復會、國立編譯館	
2	戰國策	程發軔	文復會、國立編譯館	
3	淮南子	于大成	文復會、國立編譯館	
4	論衡	阮廷焯	文復會、國立編譯館	
5	楚辭	楊向時	文復會、國立編譯館	
6	文心雕龍	余培林	文復會、國立編譯館	
7	說文解字	趙友培	國立編譯館	
8	世說新語	楊向時	國立編譯館	

臺灣商務印書館董事長 **王學哲** 謹序　二〇〇九年九月

重印古籍今註今譯序

古籍蘊藏著古代中國人智慧精華，顯示中華文化根基深厚，亦給予今日中國人以榮譽與自信。然而由於語言文字之演變，今日閱讀古籍者，每苦其晦澀難解，今註今譯為一解決可行之途徑。今註，釋其文，可明個別詞句；今譯，解其義，可通達大體。兩者相互為用，可使古籍易讀易懂，有助於國人對固有文化正確了解，增加其對固有文化之信心，進而注入新的精神，使中華文化成為世界上最受人仰慕之文化。

此一創造性工作，始於一九六七年本館王故董事長選定經部十種，編纂白話註譯，定名經部今註今譯。嗣因加入子部二種，改稱古籍今註今譯。分別約請專家執筆，由雲老親任主編。

此一工作旋獲得中華文化復興運動推行委員會之贊助，納入工作計畫，大力推行，並將註譯範圍擴大，書目逐年增加。至目前止已約定註譯之古籍四十五種，由文復會與國立編譯館共同主編，而委由本館統一發行。

古籍今註今譯自出版以來，深受社會人士愛好，不數年發行三版、四版，有若干種甚至七版、八版。出版同業亦引起共鳴，紛選古籍，或註或譯，或摘要註譯。迴應如此熱烈，不能不歸王雲老當初創意與文復會大力倡導之功。

已出版之古籍今註今譯，執筆專家雖恭敬將事，求備求全，然為時間所限，或因篇幅眾多，間或難免舛誤；排版誤置，未經校正，亦所不免。本館為對讀者表示負責，決將已出版之二十八種（本館自行約人註譯者十二種，文復會與編譯館共同主編委由本館印行者十六種）全部重新活版排印。為此與文復會商定，在重印之前由文復會請原註譯人重加校訂，原註譯人如已去世，則另約適當人選擔任。修訂完成，再由本館陸續重新印行。為期儘量減少錯誤，定稿之前再經過審閱，排印之後並加強校對。所有此等改進事項，本館將支出數百萬元費用。本館以一私人出版公司，在此出版業不景氣時期，不惜花費巨資重新排版印行者，實懍於出版者對文化事業所負責任之重大，並希望古籍今註今譯今後得以新的面貌與讀者相見。茲值古籍今註今譯修訂版問世之際，爰綴數語誌其始末。

臺灣商務印書館編審委員會謹識　一九八一年十二月二十四日

編纂古籍今註今譯序

由於語言文字習俗之演變，古代文字原為通俗者，在今日頗多不可解。以故，讀古書者，尤以在具有數千年文化之我國中，往往苦其文義之難通。余為協助現代青年對古書之閱讀，在距今四十餘年前，曾為本館創編學生國學叢書數十種，其凡例如左：

一、中學以上國文功課，重在課外閱讀，自力攻求；教師則為之指導焉耳。惟重篇巨帙，釋解紛繁，得失互見，將使學生披沙而得金，貫散以成統，殊非時力所許；是有需乎經過整理之書篇矣。本館鑒此，遂有學生國學叢書之輯。

二、本叢書所收，均重要著作，略舉大凡；經部如詩、禮、春秋；史部如史、漢、五代；子部如莊、孟、荀、韓，並皆列入；文辭則上溯漢、魏，下迄五代；詩歌則陶、謝、李、杜，均有單本；詞則多採五代、兩宋；曲則擷取元、明大家；傳奇、小說，亦選其英。

三、諸書選輯各篇，以足以表見其書，其作家之思想精神、文學技術者為準；其無關宏旨者，從刪削。所選之篇類不省節，以免割裂之病。

四、諸書均為分段落，作句讀，以便省覽。

五、諸書均有註釋；古籍異釋紛如，即採其較長者。

六、諸書較為罕見之字，均注音切，並附注音字母，以便諷誦。

七、諸書卷首，均有新序，述作者生平，本書概要。凡所以示學生研究門徑者，不厭其詳。

然而此一叢書，僅各選輯全書之若干片段，猶之嘗其一臠，而未窺全豹。及一九六四年，余謝政後重主本館，適國立編譯館有今註資治通鑑之編纂，甫出版三冊，以經費及流通兩方面，均有借助於出版家之必要，商之於余，以其係就全書詳註，足以彌補余四十年前編纂學生國學叢書之闕，遂予接受。甫歲餘，而全書十有五冊，千餘萬言，已全部問世矣。

余又以今註資治通鑑，雖較學生國學叢書已進一步，然因若干古籍，文義晦澀，今註以外，能有今譯，則相互為用，今註可明個別意義，今譯更有助於通達大體，寧非更進一步歟？

幾經考慮，乃於一九六七年秋決定編纂經部今註今譯第一集十種，其凡例如左：

一、經部今註今譯第一集，暫定十種，其書名及白文字數如左。

詩　經　三九一二四字
尚　書　二五七〇〇字
周　易　二四二〇七字
周　禮　四五八〇六字
禮　記　九九〇二〇字
春秋左氏傳　一九六八四五字

大　學　一七四七字
中　庸　三五四五字
論　語　一二七〇〇字
孟　子　三四六八五字
以上共白文四八三三七九字

二、今註仿資治通鑑今註體例，除對單字詞語詳加註釋外，地名必註今名，年份兼註公元，衣冠文物莫不詳釋，必要時並附古今比較地圖與衣冠文物圖案。

三、全書白文四十七萬餘字，今註假定佔白文百分之七十，今譯等於白文百分之一百三十，合計白文連註譯約為一百四十餘萬言。

四、各書按其分量及難易，分別定期於半年內，一年內或一年半內繳清全稿。

五、各書除付稿費外，倘銷數超過二千部者，所有超出之部數，均加送版稅百分之十。

稍後，中華文化復興運動推行委員會制定工作實施計畫，余以古籍之有待於今註今譯者，不限於經部，且此種艱巨工作，不宜由獨一出版家擔任，因即本此原則，向推行委員會建議，幸承接納，經於工作計畫中加入古籍今註今譯一項，並由其學術研究出版促進委員會決議，選定第一期應行今註今譯之古籍約三十種，除本館已先後擔任經部十種及子部二種外，徵求各出版家分別擔任。深盼羣起共鳴，一集告成，二集繼之，則於復興中華文化，定有相當貢獻。

本館所任之古籍今註今譯十有二種，經慎選專家定約從事，閱時最久者將及二年，較短者不下一年，則以屬稿諸君，無不敬恭將事，求備求詳；迄今祇有尚書及禮記二種繳稿，所有註譯字數，均超出原預算甚多，以禮記一書言，竟超過倍數以上。玆當第一種之尚書今註今譯排印完成，問世有日，謹述緣起及經過如右。

王雲五　一九六九年九月二十五日

墨學導論

李漁叔

一、緒言

最近幾十年來，學人多喜研究墨子，原因是墨子中除兼愛非攻等主要學說外，比較重要的還有兩部分；第一是墨經，包涵著許多關於科學上的問題，如數學、光學、力學、天文學等。最先還很少人注意，等到清末海禁大開，外來的科學，多與墨經相合，於是引起不少前輩學者的注意，著書發其旨趣，以後即循此途徑，加深研討，而治墨學者亦愈多。其次是墨家的論理學，即從前所稱的「墨辯」，它是印度因明三段論的先驅，西方穆勒名學的前奏，二十世紀邏輯的濫觴，它在那一個時代，就懂得如何立辭，如何歸類，如何推理，這些艱深奧博的理論，亦甚能吸引許多學人，發生興趣，相繼鑽研。以上應該即是多年來，羣起治墨的緣故。我們欣然看到清代乾嘉老輩如高郵王念孫父子，畢沅、張惠言、以及後來的俞樾，陳澧、孫詒讓諸君，他們以精密的治學方法，貫通墨子全書，發現今所存的《墨子》五十三篇，考證精詳，不僅對於那些古訓古音，得到前所未有的解決，同時對墨家思想方面，也能一掃嚮往傳統的誤解曲解，而儘量發揮其真正內涵。

但是，我們也不能忽略其中那些標奇立異，層出不窮的謬說，往往積非成是，足以淆惑聽聞。嚴格的來說，那些所謂治墨專家，不但與墨學一無裨補，甚且顛倒黑白，成為墨學的罪人。他們大率主見太深，排比和研判的功夫不夠，動輒下結論，假設既純陷錯誤，證解亦隨之而發生全部偏差，還有一些章句小儒，從墨子中摘一二古書奇字異文，自矜創獲，強為疏釋，實則膠柱鼓瑟，無一可通，近人陳衡恪曾說：「……今日之談中國古代哲學者，大抵即談其今日自身之哲學史者也。其言論愈有條理系統，則去古人學說之真相愈遠，此弊至今天之談墨學而極矣。今日之墨學者任何古書古字，絕無依據，亦可隨其一時偶然興會而為之改移，幾若善博者能呼盧成盧，喝雉成雉之比，此近日中國號稱整理國政之普通現象，誠可為長嘆息者也。」（馮著中國哲學史大綱審查報告）這些話足夠說明當日羣言淆亂的情形，他譏諷那些誤中國古代哲學的人們，甚至像博徒一樣，可以任意呼盧喝雉，極盡調侃之能事，似此情形，實屬墨學一大厄運。

因此，我們今日整理墨學，一方面應該接受前輩學人許多精密的治學方法與創見，及其收穫，加以發揚光大，一方面也應該把那些詖辭謬說，從慎思明辨上，予以廓清。使真正的墨家思想體系，及墨子本人的孤懷宏識，得以重新顯示於今日，這一點，應當是今代治墨的學人們所應當加倍努力的。

以下，除墨子略傳外，特別將墨家思想要點及其辯學，作一種有系統的推論與介述，著重在闡明其特點，略貢一得之愚，如果由這一小小的啟發而引起當代學人注意，多少以此作為墨學重新估價的依據，那就是作者莫大的榮幸了。

二、墨子略傳

甲、事蹟

司馬遷史記沒有給墨子立傳，僅在孟子荀卿傳後，作一極簡略的記載，說是：

「蓋墨翟宋之大夫，善守禦，為節用，或曰並孔子時，或曰在其後。」

司馬遷氏生於西漢前期，去墨子時尚不甚遠，對這一偉大思想家，不僅關於他的里居爵秩，已不甚分明，甚且對其生平年代，亦不能肯定，讀史之人，感到非常遺憾。

尚幸墨子事蹟及其言論，自秦漢以來，散見於各種典籍，尚不在少數，我們可以略為指出的，計有新序（太平御覽六百七引）尸子（藝文類聚八十八引）晏子春秋、韓非子、呂氏春秋、淮南子、列子、戰國策、渚宮舊事、葛洪神仙傳等，都分別有較詳細的記載，如呂氏春秋愛類篇：

「公輸般為高雲梯，欲以攻宋。黑子聞之，自魯往，裂裳裹足，日夜不休，十日十夜而至於郢。見荊王曰：『臣北方之鄙人也，聞大王將攻宋，信有之乎？』王曰：『然』墨子曰：『必得宋乃攻之乎？必其不得宋，且不義，猶攻之乎？』王曰：『必不得宋，且有不義則曷為攻之？』墨子曰：『甚善，臣以宋必不可得，』王曰：『公輸般天下之巧工也，已為攻宋之械矣。』墨子曰：『請令公輸般試攻之，臣試守之。』於是公輸般設攻宋之械，墨子設守宋之備，公輸般九攻之，墨子九卻之不能入，故荊輟不攻守，墨子能以術禦荊，免宋之難者，此之謂也。」

這是墨子一生中最得意的事蹟，各書記載略同，雖然難免多少有些誇張其辭，而這故事的本身，卻是十分可喜的。後來葛洪所撰的神仙傳，竟說墨子入周狄山，精思道法，而得地仙，隱居以避戰國，至漢武帝時，遣使者楊違聘之勿出，視其顏色，常如五十許人云云，那全是一些荒誕無稽的話，絕不可信。

乙、生地

墨子的籍貫，也有問題，呂覽當染愼大篇注說是魯人，神仙傳說是宋人，清畢沅武億以此魯指的是魯陽，魯陽是楚邑，則墨子又當為楚人。孫詒讓指出「貴義篇云：『墨子自魯即齊。』又魯問篇云：『越王為公尚過束車五十乘以迎子墨子於魯。』呂氏春秋愛類篇云：『公輸般為雲梯欲以攻宋，墨子聞之自魯往見荊王曰：臣北方之鄙人也。』淮南子脩務訓亦云：『自魯趨而往，十日十夜至郢。』並墨子為魯人之確證。」又謂：「攷古書無言墨子為楚人者，渚宮舊事載魯陽文君說楚惠王曰：『墨子北方賢聖人。』則非楚人明矣，畢武說殊謬。」孫氏是主張墨子為魯人的，以上所舉各例證，或為自魯他往，或係至魯相迎，也許適逢其會，但墨子同時的魯陽文君說他是「北方賢聖人」，墨子自己也說：「臣北方之鄙人，則墨子楚人之說，可不攻自破。另外公輸篇有墨子「歸而過宋」的話，也是證明他並非宋人。總結來說，當以墨子魯人，較為近是。

丙、年代

關於墨子的年代問題，說法頗多，劉向以為在七十子後，（史記索隱引別錄）班固以為在孔子後，張衡則謂當子思時出仲尼後。根據諸說，墨子生後孔子，似可推定，至於墨子生卒的確實年代，近世諸人觀點各異，爭論頗多，約舉數說如左：

一、畢沅汪中說　孫詒讓氏云：「近世治墨子者，畢沅以為六國時人，至周末仍在，既失之太後，汪中沿宋鮑彪之說，謂墨子仕宋得當景公世，又失之太前，殆皆不攷之過。」（墨子閒詁）

二、孫詒讓說　孫氏以：「墨子前及與公輸般魯陽文子相問答，（見貴義魯問公輸諸篇）而後及見齊太公和，（見魯問篇田和為諸侯在安王十六年）與齊康公興樂，（見非樂上篇康公卒於安王二十三年）楚吳起之死，（見親士篇，在安王二十一年）……當生於周定王之初年，而卒於安王之季，蓋八九十歲……」同上

三、胡適說　胡氏以孫說為非，所見有二，（一）「孫氏所據三篇書親士，魯問，非樂上，都靠不住，魯問篇乃後人所輯，其中說的『齊大王』，未必便是田和，即使是田和，也未必可信。」「墨子決不曾見吳起之死，呂氏春秋上德篇說吳起死時，陽城君得罪逃走了，楚國派兵來收他的國，那時墨者鉅子孟勝替陽城君守城……孟勝的弟子勸他不要死，說：『絕墨者於世不可。』要是墨子還沒有死，誰能說此話呢？」胡氏以此便定墨子大概生於周敬王二十年至三十年之間，死在威烈王元年與十年之間……到吳起死時，墨子已死了差不多四十年了。（中國古代哲學史）

四、梁啟超說　梁氏對孫胡所說均有異議，約分三點。（一）「孫氏墨子年表，大段不謬，但據親士篇言吳起之死，則謂墨子至周安王二十一年猶存，此亦不確。」（二）「墨子見齊太王事見魯問

篇，太王必為田和，殆無置辯之餘地……胡氏謂墨子卒於威烈王十年以前，則與和不相及，決不可通。……魯問篇為後人所輯不足信，試問墨子全書何處非後人所輯……魯問篇見齊太王事不足信，然則魯陽文君公尚過吳慮諸人與墨子語者，又足信耶？胡氏不輕信古書原是好處，但疑古未免太勇了。」

（三）「胡氏引鉅子孟勝為陽城君守城事，證明此時墨子已死，可謂卓識。但必謂死將四十年，未免武斷。墨子死後一二年，便可發生，豈必久哉？」

於是梁氏遂推定墨子：

生於周定王初年（元年至十年之間）約當孔子卒後十餘年。

卒於周安王中（十二年至二十年之間）約當孟子生前十餘年。

以上孫與梁推定年代，較為接近，但須加以糾正的，是周定王應作周貞定王，按定王名瑜（西元前六〇六年）歷五傳始至貞定王（名介）（西元前四六八年）時間相距一百三十餘年，如作定王，則墨子生在孔子前且五六十歲，就大大的不對了，至於及見田和吳起的問題，如以墨子為生於貞定王初年，則至安王十六年命齊大夫田和為諸侯，又五年至安王二十一年楚殺吳起時，尚不過八十三四歲，並非不可能。墨子之見田和，應屬無可否認的事實，所謂太王，自是後人追述之詞，和在受命為諸侯前約十八九年，已執齊政，墨子與之相見，並不必硬性指定為安王十六年，在此二十年中任何時，晤面皆無不可，若有關吳起則見於親士篇：「吳起之裂其事也。」按吳起事縱為墨子親見，而用來作比喻亦嫌太近，正如所染篇以段干木，禽子，傳說，並稱一樣，禽滑釐係墨子門人，不會被稱為禽子，與古人相提並論。況且吳起為薎刺而死，並非受車裂之刑，所以我懷疑這兩個人名，不是傳寫錯誤，就是墨家弟子紀錄的錯誤。至墨者鉅子孟勝替陽城君守城，可能墨子剛死或傳位不久，也都不足為「墨子決不曾見吳起之死」及「墨子已死四十年」的左證。

最引起我們研究興趣的是告子，告子其人見公孟篇，當時墨子的門徒對之批評不佳，曾向墨子說：「告子曰言義而行甚惡，請棄之。」據孫詒讓氏在墨子閒詁公孟篇弟四十八引蘇時學說：「此告子自與墨子同時，後與孟子問答者，當另為一人。」孫氏亦云：「以年代校之，當以蘇說為是。」他們以為此告子與孟子論性的，不是一個人。但我們根據孟子趙注，及王應麟，全祖望，張惠言，諸家的考證，已經確知原為一人，他曾經周旋於墨氏之門，或尚少年，至與孟子相知論學，已成老宿。梁啟超氏說得好：依孫氏所推定謂墨子及見齊康公之卒，則下距孟子生不過三年，告子得並見二人，殊不為奇……墨子卒下距孟子生亦不過十餘年，則以弱冠的告子，得上見晚年的墨子，以老宿的告子，得下見中年的孟子，年代非不相及，因此一人轉足為以定墨子年代之距離聯絡也。」

孟子究生於何時，亦無確證。元人所傳孟子生卒年月，臆撰不足據，（孫詒讓語）清魏源重撰孟子年表，（見古微堂集）以孟子生周安王十七年，卒赧王二十六年，壽九十七歲，雖亦不可據，但其生時與墨子卒年相近，自無問題，根據這許多資料，我們大概可以推斷墨子必是周貞定王初葉至安王中葉的人（其間約八十餘年）縱然略有出入，必不會相差太遠。

三、思想要點

甲、兼愛

墨子全書中自尚賢兼愛非攻以至非命，一共是十個題目，二十三篇文章，這就是墨學的大綱目，梁啟超氏說：「墨學所標綱領，雖有十條，其實只從一個根本觀念出來，就是兼愛。」這個看法是非常對的。孟子生平闢墨最烈，而其批評墨子：「摩頂放踵利天下而為之。」則可算得十分知己之談。我們知道一個人以極微少之身，為什麼要利天下，那不過是基於這一顆愛心，至於摩頂放踵為之，則更是出於愛心的擴大，古今賢聖人談笑刀叢，身甘慘戮的，不知凡幾，皆是推這一念而為之。墨經上解釋那責任的「任」字最好，說是：「任，士損己而益所為也。」「損己」是犧牲自己，「益所為」是幫助別人，一種大仁大勇的真精神，在這短短的詞句中，完全顯露。

墨子以為人類積下了種種罪惡，而至於不得已訴之戰爭，皆起於不相愛，他說：

「凡天下禍篡怨恨，其所以起者，以不相愛生也。」兼愛中

「今諸侯獨知愛其國，不愛人之國，是以不憚舉其國以攻人之國，今家主獨知愛其家，不愛人之家，是以不憚舉其家以篡人之家；今人獨知愛其身，不愛人之身，是以不憚舉其身以賊人之身，是故諸侯不相愛，則必野戰，家主不相愛，則必相篡，人不相愛，則必相賊。」同上

如果大家都能相愛，其害自絕。

「若使天下兼相愛，愛人若愛其身，猶有不孝者乎？……故不孝不慈無有，猶有盜賊乎？故視人之室若其室，誰竊？視人身若其身，誰賊……視人家若其家，誰亂；視人國若其國，誰攻。」兼愛上

梁氏撰墨子學案及子墨子學說，均於兼愛一義闡釋甚多，但觀察只及於外層，沒有十分深入，愚見以為古今論「仁愛」，最能鞭辟入裏，建立體系的莫過於墨子，兼愛上中下三篇，只是一些門人弟子記下來的通論，以之作為研究墨家中心思想兼愛的資料，尚嫌不夠，我們如進一步研析其本體，必須從墨經和大取裏面去推尋，墨經所包括的頗為廣泛，而論仁愛必精，大取則幾乎全以愛利為歸。兩者之論仁與義，在周秦諸子中，最為特出。

墨子言愛的全體大用，也和儒家一樣，由內而外，推己及人，但其最大的特色，就是沒有等差，所以說：

「愛人不外己，己在所愛之中。」大取

「厚不外己，愛無厚薄。」同上

他主張兼愛，盡愛世人，自己也在所愛之中，同時主張愛無厚薄，人我皆一樣。他更進一步把愛從空間與時間上，推廣到極大限。

「愛眾世與愛寡世相若，兼愛之有（又）相若，愛尚（上）世與愛後世，一若今世之人也。」同上

他不僅把眾世（廣大地區）和寡世（狹小地區），看做一樣，全心去愛他們，而且對上世（過去世）後世（未來世），也像愛今世（現在世）一樣，完全沒有區別，這種愛心的擴充，竟超過了時空

的制限，可以說是十分圓滿的。

但墨經中還有比這個更為嚴密周遍的，他把愛的對象分作三部分：

第一是「無窮不害兼。」—墨經下第七十二條

有人反對墨子兼愛，以為宇宙太廣大了，人們不可盡愛，理由是：

「有窮則可盡，無窮則不可盡，有窮無窮未可知，則可盡不可盡未可知，人之盈之否未可知，人之可盡不可盡亦未可知，而必人之可盡愛也，誖。」

大意是說我們對宇宙的看法，不過兩種，一是認為「有窮」一是認為「無窮」，如果有窮，即有一個止境，如果無窮，就沒有止境了，但這個宇宙究竟有窮與無窮，不曾知道，那麼有沒有止境亦不曾知道，而人們是否布滿了那有窮和無窮地區，以及人類的數量有沒有一個限度，亦不曾知道，如果你一定要說人可以盡愛，那就不合理了。

關於此問題，墨子分作兩點答覆：

一、人若不盈無窮，則人有窮，盡有窮，何難。

二、盈無窮，則無窮盡也，盡有窮，何難。

這是說假定人類分布不滿那些無窮地區，則人類畢竟有一個極度，那麼，我們盡愛這些有窮地區的人們，有什麼困難呢？又假定人類能夠布滿那些無窮地區，則宇宙間已不復有那無窮的存在，那麼，我們盡愛這些有窮地區的人們，又有甚麼困難呢？

第二是「不知其數而盡愛之。」墨經下弟七十三條

同樣又有人質問墨子，說是：

「不知其數，惡（音烏，與何同。）知愛民之盡之也。」

意謂天下之大，你對那些人民的數目，都不知道，又怎樣可以盡愛呢？

墨子答：

「盡問人，則盡愛其所問，若不知其數，而知愛之盡之也，無難。」

這是說你如果問的是那無量無邊的人，我就可以答，凡是你所問的人我都愛，這樣，雖不知其數，而盡愛之，也就沒有什麼困難了。

第三是不知其處，不害愛之，說在喪子者。」墨經弟七十四條

最後墨子補充說明對人類的愛，縱使不知道他們在什麼地方（前代許多國家，彼此都沒有被發現，如九洲之外復有九洲的說法，並非空想）也不會妨害我們愛他，好比人們走失了自己的兒女一樣，儘管行方不明，生死莫卜，仍然照樣地愛他們，直到任何遙遠的天邊。

像這樣的兼愛，可算得是「盛水不漏」了，如果拿佛家所說的「豎窮三際，橫貫十方」八字來形容，才能夠恰到好處。

乙、愛利與仁義

以如此崇高博大的愛心，作為思想的出發點，再用一個「利」字來配合之。

這個利字，絕不是儒家所斥的「小人喻於利，」以及「正其誼不謀其利」那種狹小而自私的東西，它是一種有造於人類社會的公利，墨子一講到兼相愛，必跟著說一句兼相利，如：

子墨子言曰，以兼相愛交相利之法易之。（兼愛中）

欲天下之治而惡其亂，當兼相愛，交相利。同上

愛人者，人亦從而愛之，利人者，人亦從而利之。同上

必先從事乎愛利人之親，然後人報我以愛利吾親也。兼愛下

其餘尚多，不勝枚舉，我們再來看墨子對愛和利的銓釋：

「仁，體愛也。」墨經上弟七條

「義，利也。」

「仁，愛也。義，利也。」經說下弟七十五條

原本墨子以愛為仁，以利為義，他不僅以有利於人們為利，即「忠於君」和「孝於親」也叫做利，（忠，以為利而強低也。孝，利親也，均見經上）他所標榜的愛利與儒家的仁義，毫無二致，而且「有體有用」「能所分明。」

孟子告子章句上引告子曰：「仁，內也，非外也，義，外也，非內也。」孟子與他辯駁，彼此都用了許多譬詞，因為頭緒太多，使人不易領會。而我們一讀墨經下「仁義之為內外也」一條，就很容易明白了。如：

「仁，愛也，義，利也，愛利，此也，所愛所利，彼也。愛利不相為內外，所愛利亦不相為內外，其為仁內也義外也，舉愛與所利也，是狂舉也，若左目出，右目入。」經說下弟七十五條

我們不難看出，這一條正是駁斥告子仁內義外的。告子以為愛蘊藏於內心，而義則表現在外面，所以說是仁內義外，初看似亦沒有什麼不對。但若細讀墨經，即可發現其錯誤，因為仁與義都繫於人的本心，有內必有外，有外也必有內，如果說是「義外」，那麼，這個義究竟是打從什麼地方來的呢？墨子抓住這一重點，先把仁義釋為愛利，又把愛利分出一個能所來，就益發的明白了。關於能、所的問題，佛家辨別最真，謂為二法對待之時所發生者，凡自動之法，謂為能，不動之法，謂為所，那自動的屬於心，是能緣，不動的屬於境，是所緣。於是我人有了內在的能愛，必定有外在的所愛，有了內在的能利，必定有外在的所利。愛利是此，是內，是能；所愛所利是彼，是外，是所。愛利既屬內為體，而體即是體，不當為用，所愛所利屬外為用，而用即是用，又不當為體，所以說是「不相為內外。」如照告子所說「仁內義外，」則仁的方面，變成有內無外，亦即有能無所，而在義的方面，又變成有外無內，亦即有所無能。所以墨子斥責他是：「舉『愛』與『所利』也，是狂舉也。」因為這樣，「愛」即沒有「所愛」。而「利」又僅只有「所利」，內外能所各被分割為二，都只賸下一個單邊，例如兩目所具視力為能，所見外物為所，今乃謂左目司出，（只賸下所見）右目司入，（只賸下能見）非狂舉而何？

這種說法，我們不能不承認比孟子簡捷透闢得多，孟子曾說：「仁義為我固有之，非由外鑠，」

又謂：「浩然之氣，由集義而生。」也是體用分明，內外完備，在基本觀念上，幾乎完全沒有差異，所以魯勝墨辯叙說：「孟子非墨子，其辯言正辭，則與墨同。」是自有其根據的。

丙、墨家的辯學

墨家對於辯學，在當時為獨創一格。

墨子對自己的辯學，非常自負，他說：「天下無人，子墨子之言也猶在。」大取又說：「以其言非吾言者，是猶以卵投石也，盡天下之卵，其石猶是也，不可毀也。」貴義因為他懂得辯法，所以容易得到優勝，克服對方。

前代對「士」的解釋最好，說文：「士，從一從十，孔子曰：『推十合一為士。』」又玉篇云：「傳曰，通古今，辯然不，謂之士。」士，不僅須通古今和辯然否，而且還要能做到推十合一。以論理學來說，推十，應該就是演繹法，合一，應該是歸納法，墨子全書中，如所謂三表，和經上下大小取，許多地方，都是講的這些方法。

我們研究墨家辯學，不必向印度因明或西洋邏輯拉關係，也不要把那些三支三段等論式，胡亂向墨辯頭上套，這樣既不能增長其學術價值，反涉削足適屨之嫌。我們要認識墨辯真正的精神所在。他的辯學，只是懂得許多推十合一的方法而已。

但那些辯經必然是有為而作，絕非憑空結撰的，因為那時羣言龐雜，大義日乖。許多名家和辯者，都喜歡製造問題，淆亂黑白。最著名的堅白同異之辭，遠在老子與孔子之前，即已有之。例如論語陽貨篇，孔子曾說過：「不曰堅乎，磨而不磷，不曰白乎，湼而不緇」等語。還有莊子天地篇引孔子問於老聃說是：「辯者有言曰，離堅白若縣寓，可以為聖人乎？」又駢拇篇：「游心於堅白同異之間，楊墨是已。」這些都是名家惠施公孫龍的先驅者，可知堅白論並不創始於公孫龍，只是他曾經加以整理發揚過。

名家的主張，日漸流為詭辯，關於事物的觀察，多與實際不符，他們以合為離，以是為非，以同為異。於是愈衍愈奇，異論蜂起，如破高下之見，則曰天與地卑，破方圓之見，則曰矩不方，規不可為圓，破長短之見，則曰龜長於蛇；破黑白之見，則曰白狗黑。總之，越離奇生造，越自覺妙理紛披。以此正名，而名愈亂，以此責治，而亂愈滋。兼之楊氏為我，以及告子仁內義外等異說，也漸次深入人心，墨子遂在此時，挺身而出，墨經之作，即是針對當時情況，擇其尤悖真理，亂人心者，辭而闢之。所以，晉魯勝說「墨子作辯經以立名本。」正是此意。我們可以從這部墨經裏面，找出極為明顯的例證。

第一例是火必熱

經　必熱，說在頓。

說　火：謂火熱也，非以火之熱我有，若視日。（經下第四十六條）

莊子天下篇記載惠施與辯者們相應，有「火不熱」一語，這應該是前代名家，遺留下來的許多論題之一，他們以為「熱」，是人遇火而感覺到的東西，在火的本身原沒有什麼熱不熱，所以，熱，在我而不在火，故火不熱，墨家不同意他們的看法，以為火畢竟是有光有熱的，故著經立說以駁斥之。

按照牒經標題的例子，引說校經，「必熱」二字的上面一定是傳寫時脫掉了一個火字。「火必熱」正是「火不熱」的反面。說在頓，頓和漸是對文，這裏作立時講，就是說有了火，也就立刻有了熱，經說發揮經義，更加顯明，「火謂火熱也。」火是牒經字。是說火是熱的，但那火的熱，實在是由火傳出來的，並非我所有，所以說「非以火之熱我有。」最後以日為喻，是說好比仰頭視日，日的熱由日而傳，也非我們所有一樣。

第二例是狗犬也

莊子天下篇記載惠施與辯者相應的二十一事中，有「狗非犬」一語，想也是古名家遺留下來的許多論題之一，他們認為狗就是狗，犬就是犬（爾雅：犬未成豪曰狗），它的名字即經定立，便絕不可混而為一。墨家則不然，以為兩物為一，不可強分，如經下第三十九條：

經　知狗而自謂不知犬，過也，說在重。

說　知：知狗者重知犬則過，不重，則不過。

重，就是重複的重，意思是：狗和犬雖有兩名，其實一物，知狗也必定知犬，如果你已經知狗，而還自謂不知犬，那就犯了「重」的過失了。如果不重，就沒有過失。因此於經下五十三條再重申其義：

經　狗，犬也。而殺狗非殺犬也可；說在重。

說　狗：犬也。謂之殺犬可；若兩䏶。

直接說明「狗，犬也。」狗就是犬。而「殺狗非殺犬也可，說在重。」（必須與三十九條合看，才會懂得原意。）意思是如你以為殺狗不是殺犬的話，雖然也可以，但依然犯著「重」的錯誤，這是很明顯的意義。䏶，說文：「腫旁出也。」與瘣同。詩經：「譬彼瘣木。」瘣，就是木上結的瘿，這裡所說的兩䏶，是喻詞，意謂䏶雖有兩，其實也是一個東西。

第三例是非半弗新則不動。

莊子天下篇記載惠施與辯者相應的二十一事中，有「一尺之捶，日取其半，萬世不竭。」他們的意思是假定這兒有一根一尺長的杖，（原註，捶，杖也。）每天去取它一半，直至無窮的時間，也不會取完，因為一半之中，還有一半，取到不能再取時，仍然有其一半存在。司馬彪註云：「若其可析，則常有兩，若其不可析，其一常存。」辭簡義深，足可說明此理。

但墨子在墨經下第五十九條，對本問題另有看法，經及說原文如下：

經　非半，弗新則不動，說在端。

說　非：新半，進前取也。前則中無為半，猶端也。前後取，則端中也。新必半，毋與非半；不可新也。

這一條歷來許多註家，雖也知道與名家「尺捶取半」有關，但文義過於簡奧，不易讀通，都是胡亂注釋一遍，草草了事。如孫詒讓釋本條竟引莊子天下篇原文「一尺之捶，」及司馬彪註，說是：

「即此義也。」實則不僅不是「此義」，而且完全相反。

我們懂得這個道理，然後才可以讀通這條。

首先應當知道墨子對名家此說，在原則上是相當同意的，但是反對這個「半」字，故經文一開始就提出「非半」來否定它。薪，與斮同，斫的意思，也就和「日取其半」的取字一樣，這是說「十尺之捶」，如不去薪它是不會動的，若是去取，則所得的不是「半」而是「端」。「端」和「尺」，在墨經裡面就是「點」和「線」。說明了那萬世不竭的東西，不是半而是點。

經說最難解，卻又最明白，試看下面取捶的三種方式：

(一) 前取　就是從這捶的頂端，節節推進，每進一點，即是另一節的頂端，而沒有任何一節是這捶的一半，所以說是：「前則中無為半，猶端也。」像這樣去求那所謂「半」是得不到的。

(二) 前後取　就是從這捶的上下兩端同時取之。所取的各點，也沒有一點是這捶的一半，而取到捶的中心時，又為上下的各一端。所以說：「前後取則端中也。」像這去求那所謂「半」，也是得不到的。

(三) 斫必半　就是從這捶的中央開始，每取必半，由二至四至八，遞次增加，形成無數之半，所以說：「毋與非半」。毋與非半，亦即無一非半，而實在無一是這捶的一半。像這樣去求那所謂「半」，也是得不到的。

以上諸條，確可斷定為墨子駁斥名家的重要論據。可惜自清代乾嘉諸老以至治墨專家孫詒讓諸人，都沒有了解內容，反認為這些說法和名家一樣。譬如前舉「火必熱」，「非以火之熱我有」，本來非常清楚，孫氏不明究竟，逕改為「火不熱」，「非以火之熱」，而「狗，犬也，謂之殺犬，可」。又從可字上校增不字，使其由可變否，由是變非，其餘如堅白石之辨，尺捶取半之辨，一律不分皂白，皆與名家混為一談，致令墨子著經立說的精神，由此遭受極大的誤解，而被完全抹煞，這是何等的不幸啊！因此之故，孫氏竟自下結論，認為「墨經皆名家言」。又說「墨經似戰國時墨家別傳之學，不盡墨子之本恉」。以孫氏讀書之多，治墨之勤，竟於墨家根本學說，疏漏至此，真為之抱憾無已。

四、著作研究

甲、現存五十三篇概述

漢書藝文志著錄墨子七十一篇，現在只存五十三篇，已亡佚十八篇，其中節用節葬明鬼非樂非儒等五篇，各有所缺，共計八篇外；尚有十篇並目亦亡。只有詩正義曾經提到過一個備衝篇的名目，大概是那十篇以內的了。其餘則均不知係何篇名，無可考證。

現存之五十三篇，可以分為五類

第一類是

親士、修身、所染、法儀、七患、辭過、三辯共七篇。

畢沅氏謂親士修身篇中，無「子墨子」字樣，懷疑就是墨子自著，但並無充分理由。梁啟超墨子學案則以：「前三篇非墨家言，純出偽託。後四篇是墨家記墨學概要，很能提綱挈領。」所謂純出偽託，恐亦未可信，因為親士修身固與儒言相近，然亦不能說與墨家相背，何以見得非墨家言。

按羣書治要卷三十四，錄墨子所染法儀七患尚賢非命貴義共六題。七患辭過合為一篇，而沒有辭過這個題目。孫詒讓云：「辭過與節用兩篇文意略同，羣書治要引幷入七患篇，此疑後人妄分，非古本也。」是說辭過單獨成篇疑係後人妄分，並按治要乃唐魏徵等奉勅撰，則所謂妄分亦在初唐時。然細閱治要所錄七患原文不足四分之一，而辭過篇則除後面一小段，幾乎全錄，可知皆係節文。辭過雖沒有題目，但亦曾提行另起，不與七患相混，也許傳鈔時把辭過兩字題目脫漏了，亦未可知。

又，此七篇除修身所染外，餘均為尚賢天志節用非樂等的餘義，應係門弟子記錄成篇，非墨子自著。諸篇中另有幾個疑點，（一）親士篇提到孟賁和吳起。（二）所染篇提到中山尚和禽子，據考定孟賁是秦武王時人。吳起死在楚悼王時，墨子已不及見，中山尚為魏公子牟之後，已到戰國末期，時代皆不合。禽子即禽滑釐，墨子弟子。不可能將其名與古人並稱，因此，許多人都懷疑這七篇多係墨家門人小子之文。但這些疑點也有理由可以解答，據呂氏春秋用眾篇注：「孟賁古之大勇士。」作秦武王時人者，是孟子公孫丑篇偽孫奭注，不足採信。吳起事可能墨子親見，中山尚或即春秋時之中山桓公。（孫詒讓說）在墨子前。只有禽子二字，可能是其他古人名傳寫之誤，因此名夾在段干木傳說之中，不倫不類故也。

第二類是

尚賢、尚同、兼愛、非攻、節用、節葬、天志、明鬼、非樂、非命、非儒共二十四篇。

梁啟超氏以：「這些是墨學的大綱目，墨子書的中堅，篇中皆有子墨子字樣，可以證明是門弟子所記，非墨子自著。每題各有三篇，文義大同小異，蓋墨家分為三派，各記所聞。」

三派是墨學傳人相里氏，相夫氏，鄧陵氏，於墨子生前講學時都有記錄，所以每次記下來都是一式三篇。胡適氏以墨經非經，而以兼愛非攻為墨教經典。不知這些雖是墨家思想中心，但確係三墨所錄，全為論體，絕不可稱之為經。

第三類是

經上下、經說上下、大取、小取共六篇。

梁啟超說：「這六篇，魯勝叫他墨辯，大半是講論理學，經上下當是墨子自著，經說上下，當是述墨子口說，但有後學增補。大取小取，是後學所著。」

梁氏所說，大可商量，魯勝墨辯注敘，明說：「墨辯有上下經，經各有說，凡四篇……」指的只是這四篇經，絕沒有涉及大小取。至於這四篇是否自著及有無增補等問題，所涉甚廣，俟下章詳述之。

第四類是

耕柱、貴義、公孟、魯問、公輸共五篇。梁氏說這五篇是記墨子言論行事，體裁頗近論語。

第五類是

備城門、備高臨、備梯、備水、備突、備穴、備蛾傅、迎敵祠、旗幟、號令、雜守共十一篇。以上為墨家的兵法，墨子反對攻擊與掠奪，故所傳都是防禦，篇中古字及不可解的地方很多，孫詒讓氏注釋甚精。他自己曾說過：「經說兵法諸篇，文尤奧衍淩雜，研覈有年，用思略盡。」可見孫氏對此所下的功夫不少。

乙、墨經及大小取考略

莊子天下篇曾說：「相里勤之弟子五侯之徒……俱誦墨經。」而墨子現存的五十三篇，正有經上下經說上下四篇在內，想來既有此經，當不會另外還有一部，而那「並目亦七」的十篇中，似亦不當有經，則莊子所稱墨徒誦習之墨經，應屬此四篇無疑。

可是這四篇究竟是不是墨經，古今來說法甚多，見解也極不一致，茲撮述於下：

一、晉魯勝說「墨子作辯經以立名本……墨辯有上下經，經各有說，凡四篇，與其書連第，故獨存，今引說就經，各附其章，疑者闕之。」（晉書魯勝傳墨辯註序）魯勝曾為墨經作注，所指者確是這上下四篇經，本來經上下，和經說上下各自分開獨立，不在一處，魯勝才把它合攏來，那經首第一字和說首第一字完全相同，也幸虧知道此法，方可辨識而歸在一處，這就是所謂「引說就經」。後來亦稱為「牒經標題」。可惜魯注竟在初唐以後亡失，無可質證了。

二、明宋濂說　錢曾遵王讀書敏求記引潛溪諸子辨云：「墨子三卷……上卷七篇號曰經，中卷下卷六篇號曰論，共十三篇。」

潛溪就是明宋濂，諸子辨即其所著，他以上卷七篇為經，不知何據。錢曾說：「潛溪博覽典籍，其辨訂不肯聊且命筆，而止題三卷，定猶未見完本歟？」是因為潛溪所說不同，故以「未見完本」疑之。

三、畢沅說　畢沅在墨經上題云：「此翟自著……宋潛溪云：『上卷七篇為經，』則自親士至三辯也，此經似反不在數，然本書固稱經，詞亦最古，宜後人移其篇第歟？」畢氏以潛溪所指上卷七篇，為即今本墨子開首親士至三辯七篇，但仍相信這四篇經是真正的墨經，乃墨翟氏自著，並懷疑後人把墨子全書的篇幅次序移動了。

四、汪中說　汪中墨子序云：「經上至小取六篇，當時謂之墨經，莊周稱相里勤之弟子……以堅白同異之辨相訾，以畸偶不仵之辭相應者也。」

六篇為經之說，亦未知何據，若以莊子所稱「堅白同異」云云，本經即有之，並不必加上大小取。

五、孫詒讓說「案以下四篇皆名家言……其堅白同異之辯，與公孫龍書及莊子天下篇所述惠施之言相出入……據莊子所言，則似戰國時墨家別傳之學，不盡墨子之本恉。（墨子閒詁卷十經上題記）

六、胡適說　胡氏以為此六篇（包括大小取）為偽作，也不是經，只是叫做墨辯。「若不是惠施公孫龍作的，一定是他們同時的人作的。」胡著中國古代哲學史

七、梁啟超說　梁氏駁胡，以為：「斷不能謂墨經為施、龍輩所作。」但仍同意胡說的一部分，承認經說下篇有些是公孫龍之徒所為。（梁著墨經校釋）

如上所記，可知胡承孫說，而梁又有一部分與胡所見相同。

孫氏的錯誤，孫將墨經的主旨看做完全與名家相同，他首先沒有採那些「堅白同異」以及莊子天下篇所載的名家與辯者相互間的論題，究竟發生於何時，是否在墨子之前或後，弄得十分清楚。同時也沒有認清名墨兩家的門派，以及他們間相互堅執的那些對「堅白同異」，「火不熱。」「狗非犬」等等相去天淵的看法，而一味誤解墨經持論，與惠施之言相出入，甚至錯誤到以為皆名家言。」

至於胡適氏以墨經為偽，理由甚多，但有兩個最基本的看法，為其論據，第一，堅白同異的辯論，以及惠施和公孫龍等人的議論，全是那一個時代的哲學問題，而非墨子時代所能作得出。第二，公孫龍子書裏面的堅白通變名實等篇，材料都在墨經裏面，而且有許多字句文章和墨經相同，可見墨經若不是惠施公孫龍所作的，就一定是他們同時的人作的。

關於第一點，胡氏也和孫氏一樣，沒有考證那些哲學問題，究竟發生於何時，只是一種輕率的臆測與獨斷。我們只要看莊子天地篇，即有孔子問老聃，「離堅白若縣（同懸）寓」的話，又駢拇篇亦曾云：游心於堅白同異之間，楊墨（即墨子）是已。還有荀子不苟篇說過：「山淵平，天地比……鈎有鬚，卵有毛，此說之難持也，而惠施鄧析能之。」按鄧析是鄭子產時人，在孔子前，據漢書藝文志所錄，是名七家第一個有著作的人。以此推論，不僅堅白同異來源甚早，而且惠施歷物十事中的：「天與地卑，山與澤平（即荀子所舉的山淵平，天地比），丁子有尾（似即鈎有鬚化出），卵有毛（兩者一樣）等，多係從流傳甚久的名家舊說脫胎點化而出，如果一定要說非墨子時代所有，似與其進化之跡不符。至關於第二點，尤可看出胡氏於墨、龍兩家理論瞭解不深；公孫龍確從墨經裏取了不少材料，亦確知有許多文章字句和墨經相同，但我們如將兩書略加對勘，即會知道公孫龍取材墨經，並不是生吞活剝的剿襲，而是拿來作為駁斥的資料，每取一段，即駁一段，所以文句有很多相同，而內容則判然各別，（詳細的說明，見拙著墨經真偽考）胡氏不從兩家哲學問題主要觀點上加以研判，而僅僅就那些表面的文句上，枝節的截取，以為這就是惠施公孫龍或其徒偽作墨經的證據，他似乎從沒有想到兩個截然不同的門派，最笨而又最大膽的門徒也斷不會偽造論敵的書，來打擊與反駁本門的理論，儘量和自己過不去。

至大取和小取兩篇，都是墨家重要的著作，大取是討論愛利的問題，是屬於大者，故稱大取，小取則不過屬於一些辯學的範圍，故稱小取，應該離經而獨立。其與墨經上下四篇，如不是墨子自撰，至少也是墨子生前或稍後，及門弟子筆錄而成的。

目次

親士第一

入國而不存㊀其士，則亡國矣。見賢而不急，則緩其君矣㊁。非賢無急，非士無與慮國，緩賢忘士，而能以其國存者，未曾有也。

【今註】㊀存：說文：「存，恤問也。」周禮地官：「不恤之刑。」鄭注：「恤，相愛也。」又作卹，振救之意。㊁則緩其君矣：是說見到賢人而不急於引用，那麼一遇到緊急時，就無人給你分憂了。

【今譯】在一個國度內，如果不去關注那些士，就要亡國了。看見賢人，如果不趕緊去用，就沒有人和你分擔責任了。非賢人，誰也不能和你共緩急，非士，誰也不能和你籌商國是，慢賢忘士，而能保全國家，那是從來沒有的事。

昔者文公出走而正天下㊀，桓公去國而霸諸侯，越王勾踐遇吳王之醜㊁，而尚攝㊂中國之賢君，三子之能達名成功於天下也，皆於其國抑而大醜㊃也。太上㊄無敗，其次敗而有以成，此之謂用民。

【今註】㊀文公出走而正天下：文公，指晉文公重耳。正，與長同，是說為諸侯盟主。㊁醜：與恥同。㊂攝：與懾同，震懾的意思。㊃抑而大醜：是說在他的本國受到屈抑和甚大的恥辱，但能達名成功於天下。㊄太上：指最高的。

【今譯】從前晉文公曾經逃亡，而終於作了諸侯的盟主，齊桓公亦曾去國，而終於作了諸侯的領袖，越王勾踐遭受吳王的屈辱，後來竟至威震中國的賢君。他們能成功揚名天下，都是在本國受到了委屈和無比的恥辱，由這樣說來，最上的是不遭失敗，其次是先敗而成功，這就叫善於用民。

吾聞之曰：「非無安居也，我無安心也。非無足財也，我無足心也。」是故君子自難而易彼㊀，眾人自易而難彼。君子進不敗其志，內究其情㊁，雖雜庸民，終無怨心，彼有自信者也。

【今註】㊀自難而易彼：就是「躬自厚而薄責於人」的意思。㊁內究其情：依俞樾校，「內」應為「退」，「退究其情」和「進不敗其志」，正相對為文。

【今譯】我曾聽說：「並不是沒有安定的居處，而是自己沒有一顆安定的心。並不是沒有足夠的錢財，而是自己沒有一顆滿足的心。」所以君子待自己很嚴，待他人卻很寬，普通人待自己倒很寬，而待他人卻很苛。君子在得用的時候，不會改變他的素志，不得意的時候，他的心情也一樣。雖然雜處在一般平庸的人羣裏面，亦始終沒有怨心，因為他有著自信的力量。

是故為其所難者，必得其所欲焉；未聞為其所欲，而免其所惡者也。是故偪臣㈠傷君，諂下㈡傷上，君必有弗弗㈢之臣，上必有詻詻㈣之下，分議者延延㈤而支苟㈥者詻詻，焉可以長生保國㈦。臣下重其爵位而不言，近臣則喑㈧，遠臣則唫㈨，怨結於民心，諂諛在側，善議障塞，則國危矣。桀紂不以其無天下之士邪？殺其身而喪天下，故曰歸國寶㈩，不若獻賢而進士。

【今註】㈠偪臣：指權臣。偪同逼，迫的意思。㈡諂下：指妄人。病國與偪臣一樣。㈢弗弗：音ㄈㄨˊㄈㄨˊ，違的意思，指肯說直話的正人。㈣詻詻：音ㄜˋㄜˋ，不肯阿諛討好的人。㈤分議者延延：分議即異議。延延，長的意思，指反覆辯論。㈥支苟：錯字無可校定，各家說似皆未安。孫詒讓以為是交儆二字之誤，交儆即交相儆戒的意思，亦未甚合。㈦焉可以長生保國：焉與乃同，是說能夠如此，乃可以長生保國。長生保國是長養民生，保衛國土。㈧喑：不肯直言，形同瘖啞。㈨唫：音ㄧㄣˊ，與吟同，口噤。㈩歸國寶：歸與餽同，餽贈國家的寶物，不如進賢。

【今譯】所以凡事從最難的做起，結果必定達到自己的願望，但沒有聽到專揀自己喜歡的事去做，而不會得到極壞的結果的。所以權臣欺君，佞臣害主。人君必定要有肯說直話的臣僚，上面必定要有骨鯁的部屬。一般議事的人都敢直述己意，而在下位的也可據理力爭，這樣才可以長養人民，保衛住自己的國土。如果做臣下的都重視自己的爵祿職位，近臣像啞巴一樣不開口，遠臣也噤不出聲，以致怨恨深結於人民心中，國君左右盡是一些諂諛無恥的人臣，臣下雖有好的建議，都被堵塞，那國家就危險了。桀紂並不是沒有天下之士呀！但終於殺戮了自己而喪失天下，所以說與其餽送一件國寶，還不如推薦賢士。

今有五錐，此其銛㈠，銛者必先挫；有五刀，此其錯㈡，錯者必先靡。是以甘井近竭㈢，招木近伐㈣，靈龜近灼㈤，神蛇近暴㈥。是故比干之殪其抗也㈦，孟賁㈧之殺其勇也，西施之沈㈨其美也，吳起之裂其事也㈩。故彼人者，寡⑪不死其所長，故曰太盛難守也。

【今註】 ㈠銛：音ㄒㄧㄢ，鋒利。㈡錯：與磨同，畢云：「磨錯之利。」㈢甘井近竭：井甘汲者必多，故先竭。近字應作先，下同。㈣招木近伐：招與喬同，喬木必先被砍伐。㈤靈龜近灼：古代卜卦以龜殼，用火灼之。㈥神蛇近暴：古代天旱，以蛇曝曬於日中求雨，暴與曝同。㈦殪其抗也：殪（音ㄧˋ）與戮同，抗是直的意思。㈧孟賁：賁音ㄅㄣ，衛人，古代的勇士。㈨西施之沈：吳越春秋逸篇：「吳亡，越將西施浮之於江。」沈即沉字。⑩吳起之裂其事也：吳起被車裂之刑。事與功同。墨子可能親見吳起之死。⑪寡：作鮮少的意思。

【今譯】現在這裡有五根錐子，一根最尖銳，那麼這一根一定最先折斷；這裡有五把刀，一把最鋒利，那麼這把一定最先缺壞。所以甜的水井最容易用乾，高的樹木最容易被砍伐，靈驗的龜，先被人用火灼來卜卦，神異的蛇，先被人捉去曝曬求雨。所以比干之死，是因為他抗直，孟賁被殺，是因為他逞勇，西施遭沉溺，是因為她長得美貌，吳起被車裂，是因為他有功勞。這些人很少不是死於他們的所長，所以說太盛就難以持久了。

故雖有賢君，不愛無功之臣，雖有慈父，不愛無益之子。是故不勝其任，而處其位，非此位之人也；不勝其爵而處其祿，非此祿之主也。良弓難張，然可以及高入深；良馬難乘，然可以任重致遠；良才難令，然可以致君見尊㈠。是故江河不惡小谷之滿己也，故能大。聖人者，事無辭也㈡，物無違也，故能為天下器。是故江河之水，非一水之源也；千鎰㈢之裘，非一狐之白㈣也。夫惡有同方取不取同而已者乎㈤？蓋非兼王之道也。

【今註】㈠見尊：受人尊重。㈡事無辭也：是說勇於任事。㈢千鎰：鎰音丶一，二十四兩黃金為一鎰。㈣非一狐之白：古代最重狐白裘，孤腋下的毛純白，綴集很多狐的白毛，才能成為一裘。㈤夫惡有同方取不取同而已者乎：係「惡有同方不取，而取同己者乎」的錯誤。同方指同道，同己指和自己的意思相同者，只要合於道理，不必與己意相同。惡有即「那有」的意思。

【今譯】所以雖有賢明的國君，不愛無功的臣子，雖有仁慈的父親，不愛無益的兒子。凡是不能勝任其事，而佔據這一個位置的，必非久於其位之人。不能勝任其爵，而享受這一項祿俸的，也必非久享其祿之主。好的弓不容易張開，但可以射得高入得深。好的馬不容易乘騎，但可以載得重行得遠。好的人才不容易駕馭，但可以使國君的地位增高。江河不嫌小泉水灌注到它裡面，所以能令水量增大；聖人勇於任事，而能接受他人的意見，故能負天下之重。所以江河裏的水，不是從一個水源流下來的，價值千金的狐白裘，不是從一隻狐狸腋下集成的。豈有聖人不取與自己道術相同的人，而取與自己私意相同的人呢？這不是統一天下之道呀！

是故天地不昭昭，大水不潦潦㈠，大火不燎燎㈡，大德不堯堯㈢者，乃千人之長也。其直如矢㈣，其平如砥㈤，不足以覆萬物。是故谿陝㈥者速涸㈦，逝㈧淺者速竭，墝埆㈨者其地不育，王者淳澤㈩不出宮中，則不能流國矣。

【今註】㈠潦：畢沅以為與明瞭的「瞭」同，是老子說的「水至清則無魚」的意思。㈡燎：明亮的意思。㊂堯堯：高的樣子。㊃矢：前代的箭。㊄砥：磨刀石。㊅陜：與隘同。㊆涸：竭的意思。
㊇逝：與溢通，水涯。㊈墝埆：與磽确同，石地不生五穀。㊉淳澤：淳與厚同。

【今譯】所以天地並不是永恆光明，大水並不一定清澈見底，大火並不像小火那樣閃爍發光，大德並不是那麼高不可攀，才能做千萬人的首領。要是像箭一樣直，像磨刀石一樣平，那就不能夠覆蓋萬物了。所以溪狹隘的就乾得快，河流淺的就枯得早，石田不生長五穀。一個王者深厚的恩施，如不能超出宮中，那就不能流行全國了。

修身第二

君子戰雖有陳㈠，而勇為本焉，喪雖有禮，而哀為本焉，士雖有學，而行為本焉。是故置㈡本不安，無務豐末，近者不親，無務求遠，親戚㈢不附，無務外交，事無終始，無務多業，舉物而闇㈣無務博聞。

【今註】㈠陳：與陣同。與敵交戰前，軍隊行列的配置。㈡置：與植同，立的意思。㈢親戚：墨子書多稱父母為親戚，詳兼愛下篇，這裏仍指普通的姻親。㈣闇：與暗同。

【今譯】君子作戰雖然有「陣」，仍必以勇為本，喪事雖然有禮，仍必以哀痛為本，士雖然有學問，仍必以德行為本。所以立根不安的，就不必談什麼枝葉茂盛。近的不親，不必談什麼招徠遠人，親戚不歸附，就不必談什麼廣結賓朋，做事沒有首尾，就不必談什麼開展業務，舉一件事還弄不清楚，就不必談什麼廣博見聞。

是故先王之治天下也，必察邇來遠，君子察邇而邇脩者也。

見不脩行，見毀，而反之身者也，此以怨省而行脩矣。譖慝㊀之言，無入之耳，批扞㊁之聲，無出之口，殺傷人之孩㊂，無存之心，雖有詆訐㊃之民，無所依矣。

【今註】㊀譖慝：譖音倩，與讒同。慝音ㄊㄜˋ，與惡同。㊁批扞：批，與擊同。扞，與擾同。㊂孩：畢沅云：「當讀如根荄之荄。」㊃詆訐：詆與訶同。訐，面斥。玉篇：「詆訐，攻人之陰私也。」

【今譯】所以先王治理天下，必定要明察左右，而招徠遠人。君子對自己的左右考察得清楚，左右當然也就跟著好了。發現他人品德不脩，或自己被人毀謗，就應當對自身加以檢討了。這樣自然怨少而品德日增，凡是讒害人的話，不要入耳，打擊人的聲音，不要出口，傷害人的基本，不要存在心中。那麼雖然有揭發陰私的人，也就沒法施展了。

是故君子力事日彊，願欲日逾㊀，設壯㊁日盛，君子之道也。貧則見廉，富則見義，生則見愛，死則見哀，四行者不可虛假，反之身者也。藏於心者，無以竭愛；動於身者，無以竭恭；出於口者，無以竭馴㊂。暢之四支，接之肌膚，華髮隳顛㊃者，而猶弗舍㊄其唯聖人乎！

【今註】㊀願欲日逾：願欲指自己的所願及所要做的事。逾同越，進的意思，指志量日廣。孫詒讓以為逾應作偷，非。㊁設壯：張之銳云：「與設備同。」壯同裝。㊂馴：與善同。雅馴的意思。㊃華髮隳顛：華髮指白髮。隳音ㄏㄨㄟ，與墮同。顛，頭頂。㊄舍：同捨。

【今譯】所以君子本身的力量，一天比一天加強，志願一天比一天前進，計劃一天比一天強盛，這就是君子之道。在貧窮時就顯示他的廉，富足時就顯示他的義，生時被人愛戴，死後為人哀傷，這四項是不可以虛假，而是需要反之自身的，凡是藏之於心的，不要竭盡其愛；動之於身的，不要竭盡其恭；出之於口的，不要竭盡其雅馴。暢於手足，達於肌膚，到白髮從頭頂上掉下來，還不肯舍棄，只有聖人吧！

志不彊者智不達，言不信者行不果。據財不能以分人者，不足與友。守道不篤，偏㊀物不博，辯是非不察者，不足與游，本不固者末必幾㊁，雄而不脩者，其後必惰㊂，原濁者流不清，行不信者名必耗，名不徒生，而譽不自長，功成名遂，名譽不可虛假，反之身者也。務言而緩行㊃雖辯必不聽。多力而伐功，雖勞必不圖㊄。慧者心辯而不繁說，多力而不伐功，此以名譽揚天下。言無務為多而務為智，無務為文而務為察，故彼㊅智無察，在身而情㊆，反其路者也，善無主於心者不留，行莫辯於身者不立，名不可簡而成也，譽不可巧而立也，君子以身戴行㊇者也，思利尋焉㊈，忘名忽焉，可以為士於天下者，未嘗有也。

【今註】㊀徧：周歷的意思，對物必須博通其理。㊁幾：與危同。㊂雄而不脩其後必惰：雄，勇銳的意思。脩，長的意思。是說過於勇銳，難以持久。㊃務言而緩行：光說不做。㊄圖：取的意思。㊅彼智無察：畢云：「彼應為非。」㊆情當為惰。㊇戴：與載同。以身載行，言行合一的意思。㊈思利尋焉：孫詒讓引服虔左傳：「尋之言重也。」畢沅注與習同。

【今譯】意志不堅強的，智慧一定不高，講話沒有信用的，行為一定不果敢，擁有財富而不肯分給人時，不能和他做朋友。守道不堅定，閱歷不廣博，辯別是非不清楚的，不能和他交游。本不固的末必危。光勇敢而不進修的，以後一定懶惰。源濁的流不清，行不信的名必敗，聲名是不會無故而生，名譽也不會自己成長；功成名就，名譽不能虛假，是要反求諸身的。只講不做，口才雖好，人家必不聽。努力多而跨功，雖勞苦，人家必不取。聰明的人心裏明白而不多說，努力作事而不誇張自己的功勞，就這樣而名揚天下。講話不要求多而要有智，不要求漂亮而要能察，沒有智力又不能察，加上自身又怠惰，那就會與自己所應當做的事背道而馳了。善不出自內心的，不能保留，行不從本身辯明的，不能建立。名不會由苟簡而成，譽不會由詐偽而立，君子是言行合一的。重在圖利，忽視立名，而可以為士於天下的，是從來沒有的事啊！

所染第三

子墨子言，見染絲者而歎曰：「染於蒼則蒼，染於黃則黃。所入者變，其色亦變，五入必㈠而已則㈡為五色矣，故染不可不慎也！

【今註】㈠五入必：五入是五次加染，必讀為畢。㈡則：衍文應刪。

【今譯】墨子說，他曾經見人染絲而歎息道：「染了青的就變成青色；染了黃的就變成黃色。染料變，絲的顏色也跟著變。經過五次下來，也就變換五種顏色了。所以染色真不可以不慎重啊！

非獨染絲然也，國亦有染。舜染於許由伯陽㈠，禹染於皐陶伯益㈡，湯染於伊尹仲虺㈢，武王染於太公周公，此四王者，所染當，故王天下，立為天子，功名蔽天地，舉天下之仁義顯人，必稱此四王者。

【今註】㈠許由伯陽：許由，隱士，堯聘之不至。伯陽，堯時賢人。㈡伯益：名大費，八愷之一，佐禹平水土成功。㊂仲虺：湯的左相，虺音ㄏㄨㄟˇ。書經上有「仲虺之誥」。

【今譯】非但染絲如此，國家也是如此。舜感染了許由伯陽，禹感染了皐陶伯益，湯感染了伊尹仲虺，武王感染了姜太公周公，這四位君王因為所染得當，所以能夠統一天下，立為天子，功名遍布於天地之間，凡是舉天下有仁義有聲名的，必定要稱這四人。

夏桀染於干辛推哆㊀，殷紂染於崇侯惡來㊁，厲王㊂染於厲公長父榮夷終㊃，幽王㊄染於傅公夷蔡公穀㊅，此四王者，所染不當，故國殘身死，為天下僇㊆，舉天下不義辱人，必稱此四王者。

【今註】㊀干辛推哆：干辛為桀的諛臣，又作羊辛。推哆見本篇明鬼篇，亦稱推哆大戲。㊁崇侯惡來：崇侯虎及飛廉之子惡來。㊂厲王：周厲王。㊃厲公、長父、榮夷終：即虢公長父與榮伯。榮，國君，夷是謚號，終是其名。㊄幽王：周幽王。㊅傅公夷、蔡公穀：傅公夷無考。蔡公穀依呂氏春秋應作祭公敦。㊆僇：同戮。

【今譯】夏桀染於干辛推哆，殷紂染於崇侯惡來，厲王染於厲公長父榮夷終，幽王染於傅公夷蔡公穀，這四位君王因為所染不得當，結果國亡身死，遺羞於天下，凡是舉天下不義可恥的，必定要稱這四人。

齊桓染於管仲鮑叔㈠，晉文染於舅犯高偃㈡，楚莊染於孫叔沈尹㈢，吳闔閭染於伍員文義㈣，越句踐染於范蠡大夫種，此五君者，所染當，故霸諸侯，功名傳於後世。

【今註】㈠鮑叔：即鮑叔牙，薦管仲的人。㈡舅犯高偃；舅犯即狐偃，字子犯，晉文公重耳的舅父，故稱舅犯。高偃，左傳作卜偃。一作郭偃。㈢楚莊、孫叔、沈尹：楚莊即春秋時之楚莊王。孫叔即孫叔敖，楚相國。沈尹，與孫叔敖同時，為沈縣大夫。名莖。㈣吳闔閭、伍員、文義：吳王闔閭，即夫差之父。伍員即伍子胥。文義，呂氏春秋尊師篇作文之儀。

【今譯】齊桓公染於管仲鮑叔，晉文公染於舅犯高偃，楚莊王染於孫叔沈尹，吳王闔閭染於伍員文義，越王句踐染於范蠡大夫種，這五位國君，因為所染得當，所以在諸侯當中能夠成就霸業，名聲傳於後世。

范吉射染於長柳朔王胜㈠，中行寅染於籍秦高彊㈡，吳夫差染於王孫雒、太宰嚭㈢，智伯搖染於智國張武㈣，中山尚染於魏義偃長㈤，宋康染於唐鞅佃不禮㈥，此六君者，所染不當，故國家殘亡，身為刑戮，宗廟破滅，絕無後類，君臣離散，民人流亡，舉天下之貪暴苛擾者，必稱此六君也。

【今註】㈠范吉射、長柳朔、王胜：吉射，春秋晉國范獻子鞅之子昭子。長柳朔，左傳及呂氏春秋並作張柳朔，王胜一作王生，吉射的家臣，俱死范氏之難。㈡中行寅、籍秦、高彊：晉大夫姓中行名寅。黃籍秦和高彊為寅的家臣。㈢王孫雒、太宰嚭：王孫雒呂氏春秋作王孫雄，雄為雒的誤字。太宰嚭，即伯嚭，音ㄆㄧˇ。㈣智伯搖、智國、張武：搖一作瑤，即晉國的智襄子，為韓趙魏所滅。智國、張武即知伯國，長武子。智瑤之臣。㈤中山尚、魏義、偃長：中山國名，孫詒讓以為尚或即中山桓公，墨子猶及見之。按：中山，春秋時名鮮虞，見左傳定四年，屢亡又屢復國，畢沅氏以為是魏公子牟之後，時代不合，非。魏義、偃長並無考。㈥宋康、唐鞅、佃不禮：宋康即宋王偃，為齊湣王所滅。唐鞅為康的相國。佃不禮，史記趙世家作田不禮。

【今譯】范吉射染於長柳朔王胜，中行寅染於籍秦高彊，吳王夫差染於王孫雒太宰嚭，智伯搖染於智國張武，中山尚染於魏義偃長，宋康染於唐鞅佃不禮，這六位國君因為所染不得當，所以國破家亡，身受刑戮，宗廟毀滅，子孫斷絕，君臣分散，百姓逃亡，凡是舉天下貪暴苛刻的，必定稱這六人。

凡君之所以安者何也？以其行理也，行理性㈠於染當。故善為君者，勞於論人，而佚㈡於治官；不能為君者，傷形費神，愁心勞意，然國逾危，身逾辱。此六君者，非不重其國，愛其身也，以不知要故也。不知要者，所染不當也。

【今註】㊀性：生字的誤寫。㊁佚：與逸同，與勞為對文。

【今譯】大凡人君之所以能夠安定，是甚麼緣故呢？這無非因為他們行事合理，而行事之所以能夠合理，全由於平日薰感得當。所以善於做國君的，選擇人材時很是費力，然而使用人材時卻很閒逸；不會做國君的，勞神傷身，用盡心思，然而國家反更危險，自己反更受屈辱。以上所講的這六個國君，並非不重視他們的國家，不愛護他們的身體，那是因為他們不知道何事最切要的緣故，不知何事最切要，就是說所從薰染的不得其人。

非獨國有染也，士亦有染，其友皆好仁義，淳謹畏令，則家日益，身日安，名日榮，處官得其理矣，則段干木㊀禽子㊁傅說㊂之徒是也。其友皆好矜㊃奮，創作比周，則家日損，身日危，名日辱，處官失其理矣，則子西易牙豎刁㊄之徒是也。詩曰：『必擇所堪㊅。』必謹所堪者，此之謂也。」

【今註】㊀段干木：段干，魏邑名，因以為姓。段干木為魏文侯師，曾學於子夏。㊁禽子：畢沅氏以為此禽子就是禽滑釐，係墨子的弟子，墨子著書不應該稱「禽子」，所以懷疑這篇是「墨家門人小子之文。」細按此禽子必為衍文，或係另一古人名的誤寫，或是「子夏」二字之誤，但不敢臆斷。而且依照這人名排列的次第來看，斷不致以禽滑釐雜置在段干木、傅說二個古人名的中間，而必為一較段干木早，傅說遲的古人名。這些地方應細心審度，畢氏校刊失之輕率。㊂傅說：說與悅同，殷的賢臣，得之傅巖之下，故稱傅說。㊃矜：與振同。㊄子西、易牙、豎刁：子西即春秋楚國的鬬宜申。易牙豎貂並齊桓公時佞臣。㊅堪：與湛同，染的意思。

【今譯】非但國君受薰染的影響，士人也受薰染的影響，一個人所交的朋友若都好仁尚義，都淳謹守法，此人經其薰染，家道必定日益興盛，身體日益安定，名聲日益榮顯，居官也就能合理了，譬如段干木禽子傅說這一般人，都是屬於這一類的；一個人所交的朋友若都不安分自守，結黨營私，妄生事端，此人經其薰染，家道必定日益衰落，身體日益危險，名聲日益降低，處理官職也就紊亂無度了，譬如子西易牙豎刁這一般人，都是屬於這一類的。詩經上說：『染漬東西時，必須選擇染料。』正是這個意思啊！」

法儀第四

子墨子曰：「天下從事者，不可以無法儀，無法儀，而其事能成者無有也。雖至士之為將相者皆有法，雖至百工從事者，亦皆有法。百工為方以矩，為圓以規，直以繩，正以縣㊀。無巧工不巧工㊁，皆以此五者為法。巧者能中之，不巧者雖不能中，放依㊂以從事，猶逾己㊃。故百工從事，皆有法所㊄度。」

【今註】㊀縣：懸的正字，從上懸下必正。㊁無巧工不巧工：無論是巧工或非巧工。㊂放依：放與倣同，照著做。㊃猶逾己：猶勝於己。㊄所：衍文應刪。

【今譯】墨子說：「天下無論做什麼事，都不可以沒有法則，沒有法則而事情能夠成功，那是從來不曾有過的事。雖然是士人將相，都有一定的法則，雖然是做工匠的，也都有法則遵守。工人畫方形用矩，畫圓形用規，畫直線用繩墨，量偏正用懸錘。無論是巧工或非巧工，都以此四者為法則。巧的能夠適合，不巧的雖不能適合，但是摹倣著去做，仍然勝過自己做的。所以百工製造物件時，都有法則。」

今大者治天下，其次治大國，而無法所㈠度，此不若百工辯㈡也，然則奚㈢以為治法而可，當皆法其父母奚若？天下之為父母者眾，而仁者寡，若皆法其父母，此法不仁也。法不仁不可以為法，當皆法其學奚若？天下之為學者眾，而仁者寡，若皆法其學，此法不仁也。法不仁不可以為法，當皆法其君奚若？天下之為君者眾，而仁者寡，若皆法其君，此法不仁也，法不仁不可以為法，故父母學君三者，莫可以為治法。

【今註】㈠所：同上。㈡辯：與辨同，治的意思。㈢奚：怎樣。

【今譯】現在大者治天下，其次治大國，若都沒有法則，這不是反不如工匠聰明嗎？那麼應當用什麼來做治國的法則呢？如果以自己的父母為法則何如？天下做父母的很多，可是仁愛的卻很少，倘若人人都以自己的父母為法則，這乃是效法不仁，豈可以為治國的法則呢？如果以自己的師長為法則何如？天下做師長的很多，可是仁愛卻很少，倘若人人都以自己的師長為法則，這乃是效法不仁，豈可以為治國的法則呢？如果以自己的國君為法則何如？天下做國君很多，可是仁愛的卻很少，倘若人人都以自己的國君為法則，這乃是效法不仁，豈可以為治國的法則呢？所以父母、師長和國君三者，都不可以為治國的法則。

然則奚以為治法而可，故曰莫若法天，天之行廣而無私，其施厚而不德，其明久而不衰，故聖王法之，既以天為法，動作有為，必度於天，天之所欲則為之，天所不欲則止。然而天何欲何惡者也，天必欲人之相愛相利，而不欲人之相惡相賊也，奚以知天之欲人之相愛相利，而不欲人之相惡相賊也。以其兼而愛之，兼而利之也。奚以知天兼而愛之，兼而利之也，以其兼而有之，兼而食之也。

【今譯】那麼什麼可以用來做治國的法則呢？最好是法天，天的運行廣大無私，他的施惠深厚無窮，他的光明歷久不衰，所以聖王拿它來做法則，既然以天為法則，動作行事，自必視天而定，天所欲為的就去做，天所不欲為的就停止不做。然而天的所欲和所惡又是什麼呢？天希望人類能相親相愛，而不相互仇視賊害；何以知道天要人類相親相愛，而不要相互仇視賊害呢？因為上天兼愛人和兼利人的緣故。何以知道天兼愛兼利呢？因為天以人類普遍為他所有，普遍供給他們的食物。

今天下無大小國，皆天之邑也。人無幼長貴賤，皆天之臣也，此以莫不犓羊㈠，豢犬豬㈡，絜㈢為酒醴粢盛㈣，以敬事天，此不為兼而有之，兼而食之邪？天苟兼而有食之，夫奚說以不欲人之相愛相利也？故曰：「愛人利人者，天必福之，惡人賊人者，天必禍之。曰殺不辜者，得不祥焉。」夫奚說人為其相殺而天與禍乎？是以知天欲人相愛相利，而不欲人相惡相賊也。

【今註】㈠犓羊：犓音ㄔㄨˊ，應為芻牛羊三字之誤。以草餵牛羊叫做芻。㈡豢犬豬：以穀米餵犬豕叫做豢。㈢絜：即潔字。㈣粢：音ㄗ，黍稷叫做粢，在器皿裏面叫做盛。盛讀ㄔㄥˊ。說文：「粢，稻餅也。」

【今譯】現在天下無論大國小國，都是天的國家。人無論長幼貴賤，都是天的臣民，所以人莫不養牛馬，餵豬犬，釀酒製米餅，以誠敬事天，這豈不是證明兼而有之，兼而食之麼？天既然如此，為何說天不要人類相愛相利呢？所以說：「愛人利人的，天一定降福與他。仇視和賊害人的，天一定降禍與他。每天殘殺無罪的人，一定會有禍殃。」何以說人類若互相殺害，天一定要降災禍給他們呢？於此可見上天要人類相愛相利，而不要人類互相仇視賊害。

昔之聖王禹湯文武，兼愛天下之百姓，率以尊天事鬼，其利人多，故天福之，使立為天子，天下諸侯，皆賓事之。暴王桀紂幽厲，兼惡天下之百姓，率以詬天侮鬼，其賊人多，故天禍之，使遂失其國家，身死為僇於天下，後世子孫毀之，至今不息。故為不善以得禍者，桀紂幽厲是也，愛人利人以得福者，禹湯文武是也，愛人利人以得福者有矣，惡人賊人以得禍者亦有矣。

【今譯】從前的聖王，像夏禹、商湯、周文王、周武王，兼愛天下的百姓，率領他們尊敬上天，祭祀鬼神，他們對於人類的利益，貢獻很多，所以上天降福給他們，使立為天子，天下的諸侯都服事他們。暴虐的君王，像夏桀、商紂、周幽王、周厲王，兼惡天下的百姓，率領他們咒罵上天，侮慢鬼神，他們害的人太多，所以上天降禍給他，使他失掉了國家，身死還要受戮示眾，被後代的子孫毀罵，直到現在不休。所以做壞事得禍的，桀、紂、幽、厲都是。而愛人利人得福的，禹、湯、文、武都是。凡是愛人利人得福的是有的，仇視賊害人而得禍的，也是有的呀。

七患第五

子墨子曰：「國有七患，七患者何？城郭溝池不可守，而治宮室，一患也；邊國至境，四鄰莫救，二患也；先盡民力無用之功，賞賜無能之人，民力盡於無用，財寶虛於待客，三患也；仕者持祿㈠，游者愛佼㈡，君脩法討臣、臣懾而不敢拂㈢，四患也；君自以為聖智，而不問事，自以為安彊，而無守備，四鄰謀之不知戒，五患也；所信者不忠，所忠者不信，六患也；畜種菽粟，不足以食之，大臣不足以事之，賞賜不能喜，誅罰不能威，七患也。

【今註】㈠持祿：但知保持祿位。㈡游者愛佼：游者，指游談未仕之人，佼是交字的繁文，管子七臣七主篇：「好佼友而行私請。」即此意。㈢拂：違的意思，是說臣下不敢違拂上意，一味順從。

【今譯】墨子說：「國家的禍患有七，是那七個禍患呢？內外城池壕溝都不能守，而去修治宮室，這是第一個禍患；敵兵臨境，四方的鄰國都不肯來援救，這是第二個禍患；先耗費民力去做無用的事，賞賜沒有才能的人，民力都因做無用的事而耗盡，財寶都因款待賓客而用空了，這是第三個禍患；做官的人祇顧自己的俸祿，游學的人祇顧結交朋友，國君修訂法律以誅戮人臣，人臣都畏懼而不違逆，這是第四個禍患；人君自以為聰明神聖，而不過問國家大事，自以為國家鞏固強盛，不作防守的準備，四面的鄰國在圖謀攻打他，而他尚不知道戒備，這是第五個禍患；所信任的人並不忠實，而盡忠的人反不見信任，這是第六個禍患；家畜和米糧不夠吃，大臣對於國事不勝任使，國君行賞賜不能使人歡喜，行誅罰不能使人畏懼，這是第七個禍患。

以七患居國，必無社稷；以七患守城，敵至國傾；七患之所當，國必有殃。

【今譯】治國若有這七個禍患，必亡社稷；守城若有這七個禍患，敵兵一到，國家立即傾覆。七患所在的地方，國家必有禍殃。

凡五穀者，民之所仰也，君之所以為養也，故民無仰，則君無養，民無食，則不可事；故食不可不務也，地不可不立也，用不可不節也。五穀盡收，則五味盡御㊀於主，不盡收則不盡御。一穀不收謂之饉，二穀不收謂之旱，三穀不收謂之凶，四穀不收謂之餽㈡，五穀不收謂之饑。

【今註】㈠御：進的意思。㈡餽：與匱同。

【今譯】五穀（米麻粟麥豆）是人民所仰賴以生存的，也是人君所用以自養和養人的。所以人民若沒有生存的仰望，國君也就沒有供養了。人民若沒有糧食，就什麼也不能做。所以糧食不可以不盡力生產，土地不可以不盡力耕種，用度不可以不盡力節省。五穀若都豐收，人主進食時則兼五味，否則五味不能全進。凡一穀不收的叫做饉，兩穀不收成的叫做旱，三穀不收的叫做凶，四穀不收的叫做餽，五穀一齊沒有收成叫做饑。

歲饉，則仕者大夫以下，皆損祿五分之一。旱，則損五分之二。凶，則損五分之三。餽，則損五分之四。饑，則盡無祿，稟食㈠而已矣。故凶饑存乎國人，君徹㈡鼎食五分之五，大夫徹縣㈢，士不入學，君朝之衣不革制㈣，諸侯之客，四鄰之使，雍食㈤而不盛，徹驂騑，塗不芸㈥，馬不食粟，婢妾不衣帛，此告不足之至也。

【今註】㈠稟食：只有飯吃，沒有俸祿。㈡徹：去的意思，與撤同。㈢縣：同懸，懸是指鐘鼓之類，遇到凶年，大夫們都把樂器撤下，不聽音樂。㈣革制：改製，是說君上的朝衣也不改製新的。㈤雍食：王引之云：「當為饔飧（ㄩㄥ ㄙㄨㄣ）。」即熟食。㈥芸：修除。

【今譯】遇著歲饉，做官的自大夫以下都減去五分之一的俸；歲旱，減去五分之二的俸；歲凶，減去五分之三的俸；歲餽，減去五分之四的俸；歲饑，大家都沒有俸，只領取一點賜穀而已。所以凶饑到了一個國家，國君撤鼎食五分之三，大夫撤去左右懸掛的樂器，士人停止入學，國君的朝服不改製，諸侯的客人，鄰國的使者，來時宴饗不豐，駟馬撤其二，道路不修，馬不吃米糧，婢妾不穿絲織品，這就是告人以困乏之至。

今有負其子而汲㈠者，隊㈡其子於井中，其母必從而道㈢之。今歲凶民饑道餓重其子此疚於隊㈣，其可無察邪？故時年歲善，則民仁且良；時年歲凶，則民吝且惡。夫民何常此之有？為者疾㈤，食者眾，則歲無豐。

【今註】㈠汲：取水。㈡隊井：墜的正字。㈢道：與導同，引的意思。㈣今歲凶民饑道餓重其子此疚於隊：文句錯落，依王引之校，應作「今歲凶，民饑，道餓，此其疚重於墜其子。」㈤為者疾：下脫：「食者寡，則歲無凶；為者緩，食者眾，」共計十三字，在歲無豐一句之上。應增。

【今譯】譬如現在有一人背著他的孩子在井邊汲水，把孩子掉下井去，那麼母親必定要設法將他從井中救出來，現在凶年人民饑餓無食，其禍患較孩子跌落井中更為嚴重，可以忽視的嗎？年成好時，人民就仁慈馴良，凶年饑饉時，人民就吝嗇凶惡，人民的性情那有一定呢？凡是生產的人多而消費的人少，那就沒有了凶年；生產的人少而消費的人多，那就沒有了豐年。

故曰：『財不足則反之時㈠，食不足則反之用㈡。』故先民以時生財，固本而用財，則財足。故雖上世之聖王，豈能使五穀常收，而旱水不至哉？然而無凍餓之民者，何也？其力時急㈢，而自養儉也。故夏書曰：『禹七年水。』殷書曰：『湯五年旱。』此其離㈣凶餓甚矣。然而民不凍餓者，何也？其生財密，其用之節也。

【今註】㈠財不足則反之時：是說財不足則反之時以求其足，反之時，就是從時間上去求補足。㈡食不足則反之用：是說極力節儉。㈢其力時急：勤勞不休。㈣離：讀如罹，遭遇的意思。

【今譯】所以說：『財不足，就從時間上去求補足，食不足就從節省上去求補足。』所以古代的賢人以力作而生財，等到基礎穩定然後用財，那就自然財用充足。所以雖是前世的聖王，豈能使五穀永遠豐收，水旱之災不降臨呢？然而從來沒有凍餓之民，這是何故呢？因為他們增產急而自奉卻非常儉約。夏書上說：『禹有七年的水患。』殷書上說：『湯有五年的旱災。』他們所遭的凶荒是何等的嚴重，然而人民為甚麼沒有凍餓之患呢？也不過是生財的方法周密而用度很節儉而已。

故食無備粟，不可以待凶饑；庫無備兵器，雖有義不能征無義；城郭不備全，不可以自守；心無備慮，不可以應卒㊀。是若慶忌㊁無去之心，不能輕出。

【今註】㊀卒：與猝同，倉猝的意思。㊁慶忌：吳王僚之子，古代有名的勇士，為要離所刺死。

【今譯】所以倉裏面沒有存糧，就不能應付凶年饑饉；庫裏面沒有預備的兵器，雖自己有義也不能征伐無義；城郭若不完備，自家就不能防守，計劃若不周到，就不能應付倉卒的事。如此雖有慶忌之勇，倘若毫不設防，也不可以輕出。

夫桀無待湯之備故放，紂無待武之備故殺。桀紂貴為天子，富有天下，然而皆滅亡於百里之君者，何也？有富貴而不為備也。故備者國之重也，食者國之寶也，兵者國之爪㊀也，城者所以自守也，此三者國之具也。

【今註】㊀爪：爪牙。

【今譯】桀對湯沒有防備，故被放逐；紂對武王沒有防備，故被殺死。桀和紂雖貴為天子，富有天下，然而為甚麼都被百里大小的國君所滅亡呢？那是因為他們雖然富貴，卻不曉得防備別人。所以防備實在是國家最重要的事，糧食乃是國家的寶貝，兵器乃是國家的爪牙，城郭乃是用來守衛的，這三者乃是維持國家的工具。

故曰以其極賞，以賜無功，虛其府庫，以備車馬衣裘奇怪㈠，苦其役徒，以治宮室觀樂，死又厚為棺槨㈡，多為衣裘，生時治臺榭，死又脩墳墓，故民苦於外，府庫單㈢於內，上不厭㈣其樂，下不堪其苦。故國離㈤寇敵則傷，民見凶饑則亡，此皆備不具之罪也。且夫食者，聖人之所寶也。故周書曰：『國無三年之食者，國非其國也；家無三年之食者，子非其子也。』此之謂國備。」

【今註】㈠奇怪：指稀奇的珍物。㈡槨：即槨字，外棺叫做槨。㈢單：與殫同。㈣厭：與饜同，滿足的意思。㈤離：遭受。

【今譯】所以說：以最高的賞賜去賜給沒有功勞的人，將府庫內的貯藏都用空，任意去添置車馬衣服珍奇玩好，役使人民，勞苦不休，去建築宮室樓閣，死後又要厚為棺槨，多製衣服，生時造臺榭，死後又要修墳墓，所以民苦於外，財竭於內，上不滿其樂，下不堪其苦，所以國家一遇敵寇就受損傷，人民一遭凶饑即亡，這都是平時防備不完全的罪過啊！並且糧食聖人所寶貴的，所以周書上說：『國家若沒有三年的糧食，這個國家就不是這一國的人所有，家庭若沒有三年的糧食，這一家的孩子就不是這個家庭所有。』這就叫做國備。」

辭過第六

子墨子曰：「古之民，未知為宮室時，就陵阜而居，穴而處，下潤溼傷民，故聖王作為宮室，為宮室之法，曰室高足以辟㊀潤溼，邊足以圉㊁風寒，上足以待㊂雪霜雨露，宮牆之高，足以別男女之禮，謹㊃此則止，凡費財勞力，不加利者，不為也。役㊄，脩其城郭，則民勞而不傷，以其常正㊅，收其租稅，則民費而不病，民所苦者非此也，苦於厚作斂於百姓，是故聖王作為宮室，便於生，不以為觀樂也，作為衣服帶履便於身，不以為辟怪㊆也，故節於身，誨於民，是以天下之民可得而治，財用可得而足。」

【今註】㊀辟：與避同。㊁圉：玉篇：「圉，禁也。」㊂待：王引之云：「待，禦也。」㊃謹：與廑同，僅的意思。㊄役：上脫三字，應作「以其常役。」㊅正：同征。㊆辟怪：辟同僻。

【今譯】墨子說：「上古的人民不知道造宮室時，靠近山陵而住，住在土穴裏，地下潮溼，傷害人民，所以聖王才開始造宮室，宮室的制度是地基的高度足以避溼氣，四周可以禦風寒，屋頂足以禦霜雪和雨露，牆壁的高度足以分隔內外，使男女有別，宮室的制度只此而已。凡是勞民傷財，實際沒有大益處的，聖王都不做，照規定的服勞役，修繕城郭，人民雖然勞作，但不受損傷，照常例去征收租稅，人民雖然出費，但不會困苦，人民所感到困苦的並不是那些應盡的義務，而是苦於勞役不休和橫徵暴斂，所以聖王造宮室，只求便利生活，並不是為著美觀和享樂的，製成衣服帶履，為的是便於身體，並不是要做奇怪的裝束，所以自身節儉，教導百姓，因此天下的人民得以治理，財用得以充足。」

當今之主，其為宮室，則與此異矣，必厚作斂於百姓，暴奪民衣食之財，以為宮室，臺榭曲直之望，青黃刻鏤之飾，為宮室若此，故左右皆法象之，是以其財不足以待凶饑，振孤寡，故國貧而民難治也。君實欲天下之治，而惡其亂也，當為宮室，不可不節，古之民，未知為衣服時，衣皮帶茭㊀冬則不輕而溫，夏則不輕而清，聖王以為不中㊁人之情，故作誨婦人，治絲麻，梱布絹㊂，以為民衣，為衣服之法，冬則練帛之中㊃，足以為輕且暖，夏則絺綌㊄之中，足以為輕且清，謹㊅此則止。故聖人之為衣服，適身體，和肌膚而足矣，非榮耳目而觀愚民也。

【今註】 ㊀茭：說文：「筊，竹索也。草索則謂之茭。」 ㊁中：讀去聲，合的意思。 ㊂梱布絹：

墨子非樂上作「綑布縿」，非命下作，「捆布縿」，捆、綑、梱都是一個字，束的意思。絹當為綃，與繰通。㊃中：中衣，古時內衣，都叫中衣。㊄絺綌：說文：「絺，細葛。綌，粗葛。」㊅謹：僅的意思，見前。

【今譯】當今的人主，造宮室時，就和這不同了，一定要向百姓橫徵暴斂，強奪百姓的衣食財用，去造宮室，講究亭臺樓閣曲折的形勢，顏色雕刻的裝飾，像這樣宮室的建造，左右的人也都效法他，所以財用不能應付凶年飢饉，賑恤孤寡，因此國家窮困而人民也難治理。人君如果真想天下治理，真不願天下混亂的話，那麼建造宮室時，就不可不節儉。上古的人民，不知道做衣服時，都穿獸皮，帶著草索，冬天不輕便又不溫暖，夏天不輕便又不涼爽，聖王以為這樣不合人情，就教婦人治絲麻，織布匹，製成衣服，衣服的制度是冬天穿生絲製的中衣，只求其輕暖，夏天穿葛製的中衣，但取其涼爽，只此而已。所以聖人做衣服，只求其能合身體，使肌膚舒適就好了，並不是為誇耀耳目，炫動愚民。

當是之時，堅車良馬不知貴也，刻鏤文采，不知喜也，何則？其所道之然㊀，故民衣食之財，家足以待旱水凶饑者，何也？得其所以自養之情，而不感於外也，是以其民儉而易治，其君用財節而易贍㊁也，府庫實滿，足以待不然㊂，兵革不頓，士民不勞，足以征不服，故霸王之業，可行於天下矣。

【今註】㊀其所道之然：視為固然。㊁贍：應作詹，讀如澹，足的意思。古無从貝的贍字，此是俗寫。㊂不然：是說非常之變。

【今譯】當這個時候，堅車良馬沒有人知道貴重，雕刻文采沒有人知道歡喜，那是什麼緣故呢？因為在上位的教導人民如此啊！人民的衣食財用足以自給，家資足以防備水旱凶饑，那是因為他們懂得生活的意義，而不被外物所誘惑的緣故，所以人民都節儉而容易治理，人君用財有節度而容易富足，府庫充實，足以應付非常的變故，兵甲不敝壞，士民不勞苦，足以征伐不服之臣，所以霸王的事業，可行於天下了。

當今之主，其為衣服，則與此異矣，冬則輕煗㊀，夏則輕清，皆已具矣，必厚作斂於百姓，暴奪民衣食之財，以為錦繡文采靡曼之衣，鑄金以為鉤，珠玉以為珮，女工作文采，男工作刻鏤，以為身服，此非云益煗之情㊁也。單㊂財勞力，畢歸之於無用也，以此觀之，其為衣服非為身體，皆為觀好，是以其民淫僻而難治，其君奢侈而難諫也，夫以奢侈之君，御好淫僻之民，欲國無亂，不可得也。

【今註】㊀煗：與煖暖並同。㊁益煗之情：情與實同，這是說徒然好看，與煖的部份沒有增加。

㊂單：見前。

【今譯】當今的人主作衣服時，就和這不同了，冬天已經輕煖了，夏天已經涼快了，而還要向百姓橫徵暴斂，強取人民穿衣吃飯的資本，去做錦繡文彩華麗的衣服，將黃金鑄成帶鉤，珠玉做成佩環，女工繡文采，男工作雕刻，用來穿戴在身上，這並非取其溫煖合身，不過勞民傷財，而畢竟是沒有用罷了，這樣看來，他們作衣服，都不是為身體的合適，而只是為外表好看，所以他們的人民都邪僻難治，人君都奢侈而難以進諫，以奢侈的人君去治邪僻的百姓，想使國家不亂，是不可能的事了。

君實欲天下之治而惡其亂，當為衣服不可不節，古之民未知為飲食時，素食而分處，故聖人作誨，男耕稼樹藝㊀，以為民食，其為食也，足以增氣充虛，彊體養腹而已矣。故其用財節，其自養儉，民富國治，今則不然，厚作斂於百姓，以為美食芻豢，蒸炙魚鼈，大國累百器，小國累十器，美食方丈，目不能徧視，手不能徧操，口不能徧味，冬則凍冰㊁，夏則飾饐㊂，人君為飲食如此，故左右象之，是以富貴者奢侈，孤寡者凍餒，雖欲無亂，不可得也。

【今註】㊀藝：正字作「埶」，說文：「埶，種也，持而種之。」㊁凍冰：是說食品太多，冬天就凍冰了。㊂飾饐：飾為餕字的錯誤。餕，食餘也。食物變壞叫做饐。餕饐，是說食餘而致壞。

【今譯】人君如果真想天下治理而不混亂，作衣服時就不可以不節儉。上古的人民不知道製造飲食時，只吃素食而各自分居，聖人於是教男子們耕稼種植，供給人民食糧。飲食的功用，只在能補氣益虛，強身飽腹而已。所以他們用錢省，自奉薄，於是人民富足，國家也治理了。現在情形不同，厚斂民財，來享受牛羊美味，蒸烤魚鼈，大國之君有上百樣的菜，小國之君也有上十樣的菜，食品擺在前面有一丈見方，眼睛不能全看到，筷子不能全夾到，嘴不能全嚐到，冬天就凍冰，夏天就餕壞，人君這樣考究飲食，所以左右的人都效法他，因此富貴的人家更加奢侈，孤苦窮困的人家受凍挨餓，像這樣要國家不亂，是不可能的事了。

君實欲天下治而惡其亂，當為食飲不可不節，古之民未知為舟車時，重任不移，遠道不至，故聖王作為舟車，以便民之事，其為舟車也，全固輕利，可以任重致遠，其為用財少，而為利多，是以民樂而利之，故法令不急而行，民不勞而上足用，故民歸之。當今之主，其為舟車，與此異矣，全固輕利皆已具，必厚作斂於百姓，以飾舟車，飾車以文采，飾舟以刻鏤，女子廢其紡織而修文采，故民寒，男子離其耕稼而修刻鏤，故民饑，人君為舟車若此，故左右象之，是以其民饑寒並至，故為姦邪，姦邪多則刑罰深，刑罰深則國亂。

【今譯】人君如果真想天下治理而不混亂，對於飲食的費用，不可不加以節省，上古的人民不知道造舟車時，重的物件搬不動，遠的地方去不了，所以聖王乃造舟車，便利人民，所造的舟車堅固輕便，可以運重的東西，行遠的路程，費用很少，而利益很大，所以人民都覺得便利，而樂於用它，法令不用催促而自行，人民不必勞苦而財用充足，所以民心就自然歸向他了。當今的人主造舟車就和這個不同，舟車已經堅固輕便了，還要向百姓橫徵暴斂，以修飾舟車，車上畫文采，船上施雕刻，女子廢棄紡織去描繪文采，所以人民因沒有衣服穿而受凍，男子離開種田去從事雕刻，所以人民因缺食而挨餓，人君這樣考究舟車，左右的人也都學他，所以他國裏的人民飢寒交迫，不得已去作姦邪的事，姦邪的事既多，則刑罰繁重，刑罰一繁重，國家就亂了。

君實欲天下治而惡其亂，當為舟車不可不節，凡回㈠於天地之間，包於四海之內，天壤之情，陰陽之和，莫不有也，雖至聖不能更也，何以知其然？聖人有傳㈡，天地也，則曰上下；四時也，則曰陰陽；人情也，則曰男女；禽獸也，則曰牡牝雄雌也。

真天壤之情，雖有先王不能更也，雖上世至聖，必蓄私，不以傷行，故民無怨，宮無拘女㊂，故天下無寡夫，內無拘女，外無寡夫，故天下之民眾。當今之君，其私蓄也，大國拘女累千，小國累百，是以天下之男多寡無妻，女多拘無夫，男女失時，故民少。君實欲民之眾而惡其寡，當蓄私不可不節，凡此五者，聖人之所儉節也，小人之所淫佚也，儉節則昌，淫佚則亡，此五者不可不節，夫婦節而天地和，風雨節而天地和，風雨節而五穀孰，衣服節而肌膚和。

【今註】㈠回：孫詒讓云：「回字訛。」按回，應作周迴的意思。㈡聖人有傳：聖人的書傳。㈢拘女：女在宮中如同拘囚。

【今譯】人君如果真想天下治理而不混亂，對於製造舟車，不可不力求節儉，凡是人類周迴於天地之間，包裹在四海之內的，對於天地之「情」，陰陽之「和」，一切都具備了，縱然是至聖也不能加以更動的，何以知道它這樣呢？聖人的書傳上說過，天地就稱為上下，四時就稱為陰陽，人類就稱為男女，禽獸就稱為牝牡和雌雄，這即是真正的天地之情，雖是從前的聖王都不能加以更動。雖然是上古的聖王，一定都有私人的姬侍，但不至傷害自己的品行，所以人民沒有因為配偶失時而愁怨的，宮裏沒有拘禁的女子，天下沒有鰥夫，宮內沒有拘禁的女子，外面沒有鰥夫，所以天下的人民眾多。現在的人君養姬妾，大國拘禁女子上千，小國拘禁數百，所以天下男子大多沒有妻子，女子多遭拘禁而沒有丈夫，男女婚姻失時，所以百姓減少了。人君如果真想人民眾多而不願減少，那麼對於養姬妾就不可以沒有節度。以上所論的五事，都是聖人所節儉的，小人所淫佚無度的，節儉的必定昌盛，淫佚的一定滅亡，對於這五事不可以沒有節度，夫婦能節，則天地陰陽之氣自然和順，風雨有節，五穀自然豐收，衣服有節，身體和肌膚都安適了。

三辯第七

程繁㈠問於子墨子曰：「夫子曰：『聖王不為樂。』昔諸侯倦於聽治，息於鐘鼓之樂；士大夫倦於聽治，息於竽㈡瑟之樂；農夫春耕夏耘，秋斂冬藏，息於聆缶㈢之樂。今夫子曰：『聖王不為樂。』此譬之猶馬駕而不稅㈣；弓張而不弛，無乃非有血氣者之所不能至邪？」

【今註】㈠程繁：兼治儒墨的學者。㈡竽：古樂，長四尺二寸，用竹作成吹之。㈢聆缶：應作瓴缶。瓴，似缾者。缶，即瓦盆。可以敲打作樂。㈣稅：與脫同，放下使馬休息。

【今譯】程繁問墨子道：「夫子曾經說過：『聖王不作音樂』然而從前諸侯工作累了，借鐘鼓之類的音樂來休息；士大夫工作累了，借竽瑟之類的音樂來休息；農夫春天耕種，夏天除草，秋天收穫，冬天貯藏，也借瓦盆土器的音樂來休息。現在夫子說：『聖王不作音樂。』這就譬如使馬永遠駕車，而不卸去車子；將弓永遠拉開，不肯放鬆。這恐怕不是有血氣的人所能夠做得到的吧？」

子墨子曰：「昔者堯有茅茨㈠者，且以為禮，且以為樂；湯放桀於大水㈡，環天下自立為王，事成功立，無大後患，因先王之樂，又自作樂，命曰『護』㈢又脩『九招』㈣；武王勝殷殺紂，環天下自立為王，事成功立，無大後患，因先王之樂，又自作樂，命曰『象』㈤周成王因先王之樂，又自作樂，命曰『騶虞』㈥周成王之治天下也，不若武王；武王之治天下也，不若成湯；成湯之治天下也，不若堯舜。故其樂愈繁者，其治愈寡。自此觀之，樂非所以治天下也。」

【今註】㈠茅茨：茅，草名。茨，蒺藜。古代堯舜作宮室，茅茨不翦。㈡大水：桀流放於海，死於南巢。㈢護：湯命伊尹作大護。護一作濩，樂的名稱。㈣九招：招與韶同，舜的樂名，禹又脩治之。㈤象：武王伐紂時所製的樂名。㈥騶虞：成王作樂名叫騶吾，吾一作虞。

【今譯】墨子道：「從前堯舜時祇有茅草蓋的屋子，禮樂之制，不過如此。等到湯放逐桀於大水之後，統一天下，自立為王，事成功立，沒有大的後患了，於是就著先王所傳下的音樂，自己又更作新的音樂，取名為『護』，又脩『九招』之樂；武王既滅殷，將紂殺死，統一天下，自立為王，事成功立，沒有大的後患了，於是就著先王所傳下的音樂，自己又更作一種新的，取名為『象』；周成王因著先王所傳下的音樂，自己又創作新的音樂，取名為『騶虞』。周成王治理天下不及周武王；周武王治理天下不及成湯；成湯治理天下又不及堯舜。所以所制的音樂愈繁複的，對於治理天下的功用也就愈少。這樣看來，音樂是不能用來治理天下的了。」

程繁曰：「子曰：『聖王無樂。』此亦樂已，若之何其謂聖王無樂也？」

【今譯】程繁問道：「夫子說：『聖王沒有音樂。』但是這就是音樂，怎麼說聖王沒有音樂呢？」

子墨子曰：「聖王之命㈠也，多寡之㈡。食之利也，以知饑而食之者，智也，因為無智矣㈢。今聖㈣有樂而少，此亦無也。」

【今註】㈠命：與令同。此句下有缺文和誤字，無從校補。㈡多寡之：應作多者寡之。㈢因為無智矣：因是固字之誤，是說人饑而知食，不關智慧的事，如果以饑知食為智，那就無所謂智慧了。㈣聖：聖字下脫一王字，應增。

【今譯】墨子道：「聖王的命令，（下面有缺文和誤字）凡是太多的就給他減少……？飲食是於人有利的，但如果說餓了知道去吃飯，就算是智慧，那就無所謂智慧了。現在看聖王雖有音樂，但是為數極少，這也如同沒有音樂一樣。」

尚賢上第八

子墨子言曰：「今者王公大人，為政於國家者，皆欲國家之富，人民之眾，刑政之治，然而不得富而得貧，不得眾而得寡，不得治而得亂，則是本㊀失其所欲，得其所惡，是其故何也？」

【今註】㊀本：張純一墨子集解以為誤字，應刪。

【今譯】墨子說：「現在的王公大人，治理國家，都希望國家富足，人民眾多，刑政治理，可是結果國家不富足，反而窮困，人民不增加，反而減少，刑政不治理，所希望的剛剛適得其反，這是什麼原故呢？」

子墨子言曰：「是在王公大人，為政於國家者，不能以尚賢事能為政也，是故國有賢良之士眾，則國家之治厚，賢良之士寡，則國家之治薄，故大人之務，將在於眾㊀賢而已。」曰：「然則眾賢之術將奈何哉？」子墨子言曰：「譬若欲眾其國之善射御之士者，必將富之貴之，敬之譽之，然后㈡國之善射御之士，將可得而眾也。況又有賢良之士，厚乎德行，辯乎言談，博乎道術者乎，此固國家之珍，而社稷之佐也，亦必且富之貴之，敬之譽之，然后國之良士，亦將可得而眾也。」

【今註】㈠眾：增多或增強。㈡后：與後同。

【今譯】墨子說：「那是因為王公大人治理國家時，不能夠尊敬賢者，任用能者，在一個國家裏面，如果賢良之士多，那麼國家的政風就會加厚，如果賢良之士少，國家的政風也會衰薄，所以王公大人的要務，將是如何使賢人增多而已。」那麼究應使賢人增多呢？墨子說：「譬如要使這個國裏善於射箭駕車的人增多，一定要使他們富貴，尊敬他們，讚美他們，然後國中善於射箭駕車的人，才可以增多，何況有賢良的人，敦厚德行，辯於言談，使道術廣博呢！這本來是國家的珍寶，社稷的輔佐呀！也一定要富貴他們，尊敬他們，讚美他們，然後國中的賢士，才能增多。」

是故古者聖王之為政也言曰：「不義不富，不義不貴，不義不親，不義不近。」是以國之富貴人聞之，皆退而謀曰：「始我所恃者，富貴也，今上舉義不辟㈠貧賤，然則我不可不為義。」

親者聞之，亦退而謀曰：「始我所恃者親也，今上舉義不避疏，然則我不可不為義。」近者聞之，亦退而謀曰：「始我所恃者近也，今上舉義不避遠，然則我不可不為義。」遠者聞之，亦退而謀曰：「我始以遠為無恃，今上舉義不辟遠，然則我不可不為義。」逮㈡至遠鄙郊外之臣，門庭庶子㈢，國中之眾，四鄙之萌人㈣聞之，皆競為義，是其故何也？曰：上之所以使下者，一物也，下之所以事上者，一術也，譬之富者，有高牆深宮，牆立既㈤，謹上㈥為鑿一門，有盜人入，闔其自入而求之，盜其無自出，是其故何也？則上得要也。

【今註】㈠辟：與避同。㈡逮：與及同。㈢庶子：官吏的長子叫嫡子，其餘叫庶子。㈣萌是田民，與氓同。㈤牆立既：應為「牆既立」之誤倒。㈥謹上：應作僅止。辭過篇：「謹此則止。」謹與僅通，是說在牆間僅開一門，不敢多為門戶。

【今譯】所以古代的聖王為政，說道：「不義的不使他富，不義的不使他貴，不義的不使他相親，不義的不使他接近。」所以國中富貴的人聽到了，都退下來商量道：「當初我所依靠的是富貴，現在上面只舉義而不避貧賤，那麼我不可以不為義。」親的人聽到了，也退下來商量道：「當初我所倚仗的是親，現在上面只舉義而不避疏，那麼我不可以不行義。」近的人聽到了，也退下來商量道：「當初我所倚仗的是近，現在上面只舉義而不避遠，那麼我不可以不行義。」遠的人聽到了，也退下來商量道：「我們當初認為太疏遠無所倚仗，現在上面只舉義而不避遠，那麼我不可不行義。」一直到邊鄙遠地的臣僚，宮庭宿衛的人員，國內的民眾，四野的農民聽到，都爭先為義，這是什麼原故呢？那就是上對下，下事上，都只循著一條路徑。好比富人有高牆深宮，牆已經立好了，僅只在上面開一個門，如果有強盜進入，立刻將他進入的那張門關閉，強盜就出不去了。為什麼呢？這就是在上面能得到要領的緣故。

故古者聖王之為政，列德而尚賢，雖在農與工肆之人㈠，有能則舉之，高予之爵，重予之祿，任之以事，斷㈡予之令，曰：「爵位不高，則民弗敬，蓄祿不厚，則民不信，政令不斷，則民不畏。」舉三者授之賢者，非為賢賜也，欲其事之成。故當是時，以德就列，以官服事，以勞殿㈢賞，量功而分祿，故官無常貴，而民無終賤，有能則舉之，無能則下之，舉公義，辟私怨，此若言㈣之謂也。

【今註】 ㈠工肆之人：墨子新釋：「肆，市也，謂商人。」㈡斷：與決同，是說其令必行。㈢殿：

畢云：殿後的意思。孫以為應當作定的解釋，定殿是一聲之轉。孫解較優。㊃此若言：管子山國軌篇：「此若言何謂也。」「若」與「此」同義。古書常以「此若」二字並用。王念孫以為是古人常用的一種複語。

【今譯】所以古代聖王為政，任德尊賢，儘管是農人或者經商的人，如果有能即舉用他，給他高的爵位，重的俸祿，實際的任務，統一的事權。那是說爵位不高，人民就不尊敬他，俸給不厚，人民就不信任他，權力不大，人民就不畏懼他。拿這三樣東西給予賢人，並不是單為他本身打算，而是要事業的成功。所以在這時，以德任官，以官服務，以勞定賞。衡量各人的功勞而分予祿位，所以做官的不會經常富貴，而人民不會永遠貧賤，有能力就舉用他，沒能力就罷黜他。舉公義，除私怨，就是這個意思。

故古者堯舉舜於服澤㊀之陽，授之政，天下平，禹舉益於陰方㊁之中，授之政，九州成，湯舉伊尹於庖廚之中，授之政，其謀得，文王舉閎夭泰顛於罝罔㊂之中，授之政，西土服，故當是時，雖在於厚祿尊位之臣，莫不敬懼而施㊃，雖在農與工肆之人，莫不競勸而尚㊄意，故士者所以為輔相承嗣㊅也，故得士則謀不困，體不勞，名立而功成，美章而惡不生，則由得士也。

是故子墨子言曰：「得意賢士不可不舉，不得意賢士不可不舉，尚㊆欲祖述堯舜禹湯之道，將不可以不尚賢，夫尚賢者，政之本也。」

【今註】㊀服澤：畢沅云：「其地未詳，或即蒲澤。」㊁陰方：未詳其地名。㊂置罔：置，獵兔之物，罔即網。㊃施：依俞樾注，施當讀為惕。警惕的意思。㊄意：孫以為當為德字之誤。㊅輔相承嗣：輔相即左輔右弼之意，承嗣為古代長子的通稱。㊆尚：與上同。

【今譯】所以古時堯推舉舜於服澤之陽，把政事授給他，而天下平，禹推舉益於陰方之中，把政事授給他，而九州平，湯推舉伊尹於庖廚之中，把政事授給他，而計謀得。文王推舉閎夭泰顛於置網之中，把政事授給他，而西土服。所以在這個時候，雖然是在厚祿位尊的大臣，沒有不敬懼而加以儆惕的，雖然是農人和經商的人，沒有不爭相規勸而崇尚道德的。

凡是士都是用來作輔佐和接替的人選的，得到了士，計謀即不會困乏，身體也不會勞苦，名立而功成，美的更加彰著，壞的不會產生。都是由於得到士人的緣故。所以墨子說：「得意的時候不可不舉用賢士，不得意的時候，也不可不舉用賢士，如果想承繼堯舜禹湯的大道，就不可不尚賢，尚賢是為政的根本啊！」

尚賢中第九

子墨子言曰：「今王公大人之君人民，主社稷，治國家，欲脩㊀保而勿失，故㊁不察尚賢為政之本也。」何以知尚賢之為政本也？曰：「自貴且智者，為政乎愚且賤者，則治；自愚且賤者，為政乎貴且智者，則亂。」是以知尚賢之為政本也。

【今註】㊀脩：與長同。㊁故：應作胡，「何不」的意思。

【今譯】墨子說：「現在王公大人統治人民，主持社稷，管理國家，想長久保持而不失，不可不知尚賢就是為政的根本。」怎麼知道尚賢是為政的根本呢？答道：「凡是貴且智的人，管理愚且賤的則治；而愚且賤的，管理貴且智的則亂。」因此知道尚賢是為政的根本。

故古者聖王甚尊尚賢而任使能，不黨父兄，不偏貴富，不嬖㊀顏色。賢者舉而上之，富而貴之，以為官長；不肖者抑而廢之，貧而賤之，以為徒役。是以民皆勸其賞，畏其罰，相率而為賢者。以賢者眾，而不肖者寡，此謂進賢㊁。然後聖人聽其言，迹其行，察其所能而慎予官，此謂事能㊂。故可使治國者，使治國。可使長官者，使長官。可使治邑者，使治邑。凡所使治國家，官府，邑里，此皆國之賢者也。

【今註】㊀變：與愛同。賤而得寵的叫做變。㊁進賢：應作尚賢。㊂事能：應作使能。

【今譯】所以古代的聖王很尊崇賢人而任用能人，不黨父兄，不偏富貴，不愛倖美色。凡是賢者，舉而進之，富而貴之，給他作官長；不肖的，屈而廢之，貧而賤之，給他作僕役。於是人民都互相勸賞而懼罰，大家爭相做賢人，所以賢人眾多，而不賢的人減少，這叫做「進賢」。然後聖人聽他的言語，查他的行為，察他的能力，謹慎地給他官職，這叫做「事能」。所以可使他治國的，就使他治國。可使他居官的，就給他居官。可使他治一縣的，就叫他治理一縣。凡是治國家，居官府，長邑里的，這些都是國家的賢人。

賢者之治國也，蚤㊀朝晏退，聽獄治政，是以國家治而刑法正，賢者之長官也，夜寢夙興，收斂關市，山林，澤梁之利，以實官府，是以官府實而財不散。賢者之治邑也，蚤出莫㊁入，耕稼，樹藝㈢，聚菽粟，是以菽粟多而民足乎食。故國家治則刑法正，官府實則萬民富。上有以絜㈣為酒醴，粢盛㈤，以祭祀天鬼；外有以為皮幣㈥，與四鄰諸侯交接；內有以食飢息勞，將養㈦其萬民，外有以懷㈧天下之賢人，是故上者天鬼富之，外者諸侯與之，內者萬民親之，賢人歸之，以此謀事則得，舉事則成，入守則固，出誅㈨則彊㈩。故唯昔三代聖王，堯舜禹湯文武之所以王天下，正諸侯者，此亦其法已。

【今註】㈠蚤：與早同。㈡莫：與暮同。㈢樹藝：種植果木。㈣絜：與潔同。㈤粢盛：黍稷為粢，在器為盛，盛字讀平聲。㈥皮幣：古代以皮為貨幣。㈦將養：與持養同義，保養，保育的意思。㈧懷：懷徠，徠與來同，就是招來的意思。㈨誅：與征同。㈩彊：與強同。

【今譯】賢人治理國家，一早就上朝，到天晚才退班，審聽刑獄，處理政務，所以國家治而刑法正。賢者做官，早起早睡，徵收關，市，山林，川澤的利益，以充實官家府庫，所以倉廩府庫充實而財用不散。賢人的治理都邑，早出晚歸，耕田種菜，多聚豆粟，所以豆粟多而人民食用充足，因此國家治，刑法正，倉廩實，萬民富，上能潔治酒食，去祭祀上帝鬼神，外能製造皮幣，和四鄰諸侯交易，內可以使饑者得食，勞者得休，保養萬民，外可以招徠天下的賢人，所以在上，天帝鬼神降福給他，在外，諸侯們和他親善，在內，萬民親近他，賢人歸順他，以此謀事則得，做事則成，入守則固，出征則強，所以從前三代聖王，像堯舜禹湯文武等統治天下，為諸侯君長，這也是他們的方法。

既曰若法㈠，未知所以行之術，則事猶若未成，是以必為置三本，何謂三本？曰：「爵位不高，則民不敬也。蓄祿不厚，則民不信也。政令不斷，則民不畏也。」故古聖王高予之爵，重予之祿，任之以事，斷予之令，夫豈為其臣賜哉？欲其事之成也。詩曰：「告汝憂邮，誨汝予爵，孰能執熱，鮮不用濯？」㈡則此語古者國君諸侯之不可以不執善，承嗣輔佐也，譬之猶執熱之有濯也，將休其手焉。

【今註】㈠若法：畢沅謂「若」與「順」同。王引之謂「若法」即此法。㈡詩曰：「告汝憂邮，誨汝予爵……」鄭箋：「恤（邮）亦憂也，我語汝以憂天下之憂，教汝以次序賢能之爵，其為之，當如手持熱物之用濯，謂治國之道，當用賢者。」濯，指濯手，鄭及趙歧注孟子，意思和墨子同。

【今譯】既然如此，但不知道如何推行的方法，那麼這事情還等於沒有成功。所以一定要給他們立下三個基本，什麼叫做三個基本呢？答道：「爵位不高，人民就不尊敬他。蓄祿不厚，人民就不信用他，權力不大，人民就不懼怕他。」所以古代聖王，給他們高的位置，重的俸祿，實際的任務，決定一切的權力，像這樣，難道是專為給他們這些好處麼？只不過希望事情能夠成功而已。詩經上說：「告訴你憂天下之憂，教給你序次賢士的爵祿；誰能兩手拿過熱的東西而不用水去洗濯呢？」這是說古代的國君諸侯不可以不親善那些接替和輔佐的賢士，就如同拿過熱的東西後，用水洗濯一樣，使他自己的手得到休息。

古者聖王唯毋㈠得賢人而使之，般㈡爵以貴之，裂地以封之，終身不厭㈢。賢人唯毋得明君而事之，竭四肢之力，以任君之事，終身不倦，若有美善，則歸之上，是以美善在上，而所怨謗在下，寧樂在君，而憂慼在臣，故古者聖王之為政若此。

【今註】㈠唯毋：王云：「毋，語詞，本無意義，唯毋得賢人而使之者，唯得賢人而使之耳。」按墨子書用「唯毋」或「唯無」字最多，或單用「無」字，亦同。皆發聲助詞，王說最精詳。㈡般：與頒同。㈢厭：墨子新釋：棄的意思。

【今譯】古代聖王得到賢人任用他，頒賜爵位使他貴顯，分割土地封給他，終身不棄。至於賢人得事奉明君，也必竭盡他的全力為國君服務，終身不倦。如果有了美和善，一定歸功於主上，所以美善在上，而怨謗在下，安寧和歡樂在君，憂慼在臣，古代聖王的為政，大概是這樣的。

今王公大人亦欲效人以尚賢使能為政，高予之爵而祿不從也。夫高爵而無祿，民不信也，曰：「此非中㈠實愛我也，假藉㈡而用我也。」夫假藉之民，將㈢豈能親其上哉？故先王言曰：「貪於政者，不能分人以事；厚於貨者，不能分人以祿。」事則不與，祿則不分，請問天下之賢人，將何自至乎王公大人之側哉？

【今註】㈠中：誠心的意思。㈡藉：即借，古無借字，只用藉。㈢民將：墨子新釋從將字落句，以為：「將，進也。」

【今譯】現在王公大人也想效法古人為政，尊敬賢者，任用能者，給他高的爵位，而俸給不隨著增加，爵位高而俸給低，人民不會相信他的，他說：「這不是真正的愛我呀！只不過是假借虛名用我罷了。」像這樣，以假意虛名對人，又怎能希望人家和上面相親呢？所以先王說：「貪於權位的，不肯把事務分給人家，重視財貨的，不肯把俸祿分給人家。」事務既不肯分，俸祿又不肯給，請問天下的賢人，怎麼會到王公大人的旁邊來呢？

若苟賢者不至乎王公大人之側，則此不肖者在左右也，不肖者在左右，則其所譽不當賢，而所罰不當暴，王公大人尊此以為政乎國家，則賞亦必不當賢，而罰亦必不當暴。若苟賞不當賢而罰不當暴，則是為賢者不勸而為暴者不沮㊀矣。是以入則不慈孝父母㊁，出則不長弟鄉里，居處無節，出入無度，男女無別，使治官府，則盜竊；守城則倍畔㊂；君有難則不死，出亡則不從，使斷獄則不中，分財則不均，與謀事不得，舉事不成，入守不固，出誅不彊。故雖㊃昔者三代暴王桀紂幽厲之所以失措㊄其國家，傾覆其社稷者，已㊅此故也。何則㊆，皆以明小物而不明大物也。

【今註】㊀沮：止與敗的意思。㊁慈孝父母：親愛子叫做慈，子愛親叫做孝，而孝於父母者，亦可叫作孝慈。莊子漁父篇：「事親則慈孝。」與此同。㊂倍畔：即背叛。㊃雖：與唯同，古唯雖字通用。㊄失措：應是「失損」之誤。㊅已：古字以、已二字通用。㊆何則：為什麼呢？

【今譯】如果賢人不到王公大人的旁邊，就是不肖的人在左右了。不肖的人在左右，他們所稱讚的不會是真賢，所懲罰的也不會是真暴，王公大人遵信這些人以治理國家，所賞的也一定不會是賢，所罰的也一定不會是暴，如果所賞非賢，所罰非暴，那麼做賢人的得不到獎勉，而作惡人的也就得不到阻遏了；所以在家不知道孝順父母，出外不知道和順鄉里，居處沒有節制，出入沒有限度，男女沒有分別，使他治理官府，就會貪贓，守城就會背叛，君上有難不肯犧牲，逃亡不肯跟從。使他判案即不當，分財即不均，和他謀事得不到要領，舉辦一件事亦無所成，在內防守不固，在外征伐不強，像從前三代暴君桀紂幽厲們所以損失其國家，傾覆其社稷，就是這個原故。為什麼呢？他們都只明了小事而不明了大事。

今王公大人，有一衣裳不能制也，必藉㊀良工，有一牛羊不能殺也，必藉良宰，故當若㊁之二物者，王公大人，未㊂知以尚賢使能為政也。逮至其國家之亂，社稷之危，則不知尚賢使能以治之，親戚則使之，無故富貴㊃，面目佼㊄好則使之。夫無故富貴，面目佼好，則使之，豈必智且有㊅慧哉？若使之治國家，則此使不智慧者治國家也，國家之亂，既可得而知已。

【今註】㊀藉：借，借重的意思。㊁若：此。㊂未：王云：「當作未嘗不知。」孫以為是「本」字之誤，王說是。㊃無故富貴：是說不是由學問功勳得來的富貴。㊄佼：與姣同。㊅有：衍文，應刪。孫云：「此字為後人所加。」

【今譯】現在王公大人，有一件衣服不能製作，一定要借重好的成衣匠，有一隻牛羊不能宰殺，一定要借重好的屠夫，所以遇著上面這兩種事情，王公大人也未嘗不知道以尚賢使能為重，而一到國家喪亂，社稷顛危，就不知道尚賢使能以治理之。凡是親戚就用他，無緣無故得到富貴的，面貌生得美麗的，就用他，那些無故富貴，面貌美麗的，難道都很有智慧嗎？如果使他們治理國家，那是使不智慧的人治理國家呀！國家的亂是可以想得到的了。

且夫王公大人有所愛其色而使之，其心不察其知㈠而與其愛，是故不能治百人者，使處乎千人之官，不能治千人者，使處乎萬人之官。此其故何也？曰：「處若官者，爵高而祿厚，故愛其色而使之焉！」夫不能治千人者，使處乎萬人之官，則此官什倍㈡也。夫治之法，將日至者也㈢，日以治之，日不什脩㈣，知以治之，知不什益，而予官什倍，則此治一而棄其九矣。雖日夜相接以治若官，官猶若不治，此其故何也？則王公大人不明乎以尚賢使能為政也。

【今註】㈠知：同智，下均同。㈡此官什倍：是說此官職之大，十倍他的才能。㈢將日至者也：政治的措施，每天都要去做。㈣日不什脩：脩與長同，是說一天的時間，不能加長到十倍。㈤知不什益：是說在智能的方面，也不能給他增加十倍。

【今譯】王公大人因為愛一個人的美麗而用他，不考察他的智慧，而給他以愛。因此，不能治理百人的，叫他做一千人的官，不能治理千人的，叫他做一萬人的官。這是為什麼呢？答道：「做了這種官，爵位高而俸祿厚，因為愛他的美麗，才給他的呀！」凡是不能治理百人的，叫他做一千人的官，不能治理千人的，叫他做一萬人的官，這就無異乎超過他的才能十倍了。那些政治的措施，是每天要去做的，一天的時間，我們不能給他延長十倍，而在智能的方面，我們亦不能給他增強十倍，卻顛倒給他以十倍其才的官職，在政治方面來說，只用得上一成，而另外的九成等於白費了。縱然夜以繼日的去幹，仍舊是無法治理得好的，為什麼呢？是王公大人不明白尚賢使能的緣故啊！

故以尚賢使能為政而治者，夫若言㈠之謂也，以下賢不使能為政而亂者，若吾言㈡之謂也。今王公大人，中實將欲治其國家，欲脩保㈢而勿失，胡不察尚賢為政之本也？

【今註】㈠若言：孫以為「夫」與下吾言的「吾」字為對文，應當作彼字講。張純一以為應倒轉作「若夫言」，夫言就是彼言，即上文所說的。㈡吾言：張純一以為應作「此言」，與上「夫言」相對。吾言就是此言。彼言是上文說過的，吾言是現在所說的。㈢脩保：長保。

【今譯】所以，以尊賢使能為政而治的，就像我前面所說過的一樣（意指古代聖王得賢人而使之那一段）。以下賢和不使能為政而亂的，就像我現在所說的一樣。現在王公大人，心中真正想治理國家，長保而不失，為什麼不去體察「尚賢為政」的根本呢！

且以尚賢為政之本者，亦豈獨子墨子之言哉？此聖王之道，先王之書，距年㊀之言也。傳㊁曰：「求聖君哲人㊂，以裨輔㊃而身。」湯誓㊄曰：「聿㊅求元聖，與之戮力同心，以治天下。」則此言聖㊆之不失以尚賢使能為政也。故古者聖王唯能審以尚賢使能為政，無異物雜焉，天下皆得其利。

【今註】㊀距年：應作巨年，是說老年人。一說「拒年」，為古書名。㊁傳曰：古代典籍，經以外的叫做傳。㊂聖君哲人：這是指那些最好的輔弼人才，如像舜禹皋陶之類。㊃裨輔：裨與補同，輔與助同。㊄湯誓：書經的篇名。㊅聿：與遂同。㊆聖：下脫「王」字，應補。

【今譯】而且以尚賢作為政之本，豈僅止墨子是這樣說嗎？這原是聖王的道理，先王的書，老一輩人的話呀！傳上說：「求聖君和哲人，輔助你身。」湯誓上說：「求到大聖，和他努力同心，以治天下。」這些都可以說明聖王不肯放棄以尚賢使能作為政。他們能審慎地以尚賢使能為政，沒有其他事參雜在內。

古者舜耕歷山，陶河瀕㊀，漁雷澤，堯得之服澤之陽，舉以為天子，與接天下之政，治天下之民。伊摯㊁有莘氏女之私臣，親為庖人㊃，湯得之，舉以為己相，與接天下之政，治天下之民，傅說㊄被褐帶索㊅，庸㊆築乎傅巖㊇，武丁㊈得之，舉以為三公，與接天下之政，治天下之民。此何故始賤卒而貴，始貧卒而富？則王公大人明乎以尚賢使能為政。是以民無饑而不得食，寒而不得衣，勞而不得息，亂而不得治者。

【今註】㊀瀕：與濱同。㊁伊摯：即伊尹，名摯。㊂有莘：古國名，在河南。㊃庖人：掌廚的人。㊄傅說：古代殷賢臣名。㊅被褐帶索：披著粗布衣，以索為帶。㊆庸：與傭同。㊇傅巖：地名。殷高宗得賢臣說於此，就叫他姓傅氏，所以名叫傅說，說讀悅。古無悅字，即用說字。㊈武丁：殷高宗名。

【今譯】古時，舜在歷山下耕田，在河濱製陶器，在雷澤捕漁，堯在服澤得到他，推舉他為天子，給他接管天下的政事，管理天下的人民。伊尹本來是有莘氏女陪嫁的私臣，自己作過廚子，湯得到他，任用他為宰相，給他接管天下的政事，治理天下的人民。傅說穿著粗布衣，帶著繩索，在傅巖下做傭人築城，武丁得到他，任用他做三公，接掌天下的政事，治理天下的人民，他們為什麼先賤後貴，先貧後富呢？那是因為王公大人知道以尚賢使能為政，所以人民沒有饑不得食，寒不得衣，勞不得息，亂不得治的。

故古聖王能審以尚賢使能為政，而取法於天。雖天亦不辯貧富貴賤，遠邇親疏，賢者舉而尚之，不肖者抑而廢之。然則富貴為賢㈠，以得其賞者，誰也？曰：「若昔者三代聖王堯舜禹湯文武者是也。」所以得其賞何也？曰：「其為政乎天下也，兼而愛之，從而利之㈡，又率天下之萬民以尚尊天事鬼，愛利萬民。」是故天鬼賞之，立為天子，以為民父母，萬民從而譽之曰「聖王」，至今不已，則此富貴為賢，以得其賞者也。

【今註】 ㈠富貴為賢：意思指居富貴而行仁政的那些人，與下節「富貴為暴」相對為文。㈡從而利之：即交相利。

【今譯】 所以古代聖王能夠確實以尚賢使能為政，而取法於天。雖然天也不能辨別貧富貴賤，遠近親疏，舉用賢人和廢棄不肖。然則那些富貴而行仁政的人，又是誰得到上天的賞賜呢？答道：「像從前三代聖王堯舜禹湯文武等都是啊。」他們又是怎樣得到賞賜的呢？答道：「他們主持政治，能夠互愛互利，又率領天下的萬民，共同尊天事鬼，愛利人民。」所以天地鬼神賞賜他們，立他們為天子，做人民的父母，人民從而讚美他們為「聖王」，一直到現在。這就是「富貴為賢」，得到賞賜的。

然則富貴為暴，以得其罰者，誰也？曰：「若昔者三代暴王，桀紂幽厲者是也。」何以知其然也？曰：「其為政乎天下，兼而憎之，從而賊之㈠，又率天下之民以詬天侮鬼，賊傲㈡萬民。」是故天鬼罰之，使身死而為刑戮，子孫離散，室家喪滅，絕無後嗣，萬民從而非之曰「暴王」，至今不已。則此富貴為暴，而以得其罰者也。

【今註】㈠兼而憎之，從而賊之：憎就是仇恨，賊就是迫害。墨家主張「兼相愛」，「交相利」，與這正相反。㈡傲：殺字之誤。

【今譯】那麼「富貴為暴」以得到懲罰的又是誰呢？答道：「像從前三代暴王桀紂幽厲都是啊。」怎麼知道呢？「他們主持政務，互相仇恨和迫害，又率領天下的人民，咒罵上天，侮慢鬼神，賊殺萬民。」所以上天降給他們災禍，使他們身死名裂，受天下人的刑戮，後世的子孫離散，家室毀滅，沒有後代，萬民從而毀訾他們，稱他們為「暴王」，直到現在，那就是「富貴為暴」得到懲罰的。

然則親而不善，以得其罰者，誰也？曰：「若昔者伯鯀㈠，帝之元子㈡，廢帝之德庸，既乃刑之于羽㈢之郊，乃熱照㈣無有及也，帝㊄亦不愛，則此親而不善，以得其罰者也。」

【今註】㊀伯鯀：人名，鯀音ㄍㄨㄣˇ，夏禹的父親。㊁帝之元子：史記夏本紀：「鯀之父曰帝顓項。」漢書律曆志則云顓頊五代而生鯀，又舜為顓頊的六代孫，鯀應為舜的伯叔輩，帝之元子，是指舜的嫡系尊屬。㊂羽：羽山，地名。在沂州臨沂縣。山海經云：「殺鯀於羽郊。」㊃熱照：日月照不到的地方。㊄帝：張純一以為此「帝」是指舜，元子，或即長輩的意思，較合。

【今譯】那麼，是近親而行為不善，得到懲罰的又是誰呢？答道：「像從前伯鯀，是帝舜的尊親屬，損壞了帝舜的功德，乃被放逐於羽郊，那是日和月所照不到的地方。帝舜也不愛他，像這樣，即是『親而不善』，以得到懲罰的。」

然則天之所使能者，誰也？曰：「若昔者禹稷㊀皐陶㊁是也。」何以知其然也？先王之書呂刑㊂道之曰：「皇帝清㊃問下民，有辭有苗㊄，曰：『羣后之肆在下㊅，明明不常㊆，鰥寡不蓋㊇，德威維威，德明維明㊈。』乃名三后㊉恤功於民⑪。伯夷降典，哲民維刑⑫；禹平水土，主名山川⑬，稷隆⑭播種，農殖嘉穀⑮，三后成功，維假⑯於民。」則此言三聖人者，謹其言，慎其行，精其思慮，索天下之隱事遺利，以上事天，則天鄉⑰其德；下施之萬民，萬民被其利，終身無已。

【今註】 ㈠稷：后稷。㈡皐陶：音ㄍㄠ 一ㄠˊ，堯時掌刑之官。㈢呂刑：書經的篇名。㈣清：與訊同。㈤有辭有苗：堯帝訊問民眾，都答說受了有苗之害。㈥羣后之肆在下：羣后就是諸侯，肆與逮通，是說上自諸侯以及百官士民。㈦明明不常：明明指有德之人，他們興起不常，意思是說有才德的即被起用。㈧鰥寡不蓋：老而無妻的叫鰥，老而無子的叫寡。上面舉用賢能，鰥寡們也一樣任用，不被掩蓋。㈨德威維威德明維明：是說以德立威，以德為明。㈩名三后：指伯夷、禹、稷。名與命同。⑪恤功於民：憂勤民事。⑫哲民維刑：哲與折同，制的意思，是說伯夷頒典禮於民，不從的即制之以刑。⑬主名山川：定山川之名。⑭隆：與降同。⑮農殖嘉穀：廣雅釋詁：「農，與勉同。嘉與善同。」⑯假：與嘏通，大的意思。⑰鄉：與享通。

【今譯】 那麼天所使用賢能的是誰呢？答道：「像從前禹稷皐陶就是。」何以知道呢？先王的書呂刑篇上說：「帝堯詢問人民所患，人民都回答有苗為害。帝堯說道：『所以諸侯以及百官士民，凡是有德行的人，就可以顯用，縱然是鰥寡無依的人也都一樣不被掩蔽，大家以德來立威，以德來作聰明。』於是命令伯夷、禹、稷三人，好好勤勞民事。伯夷制定憲典，人民有不遵的，就用刑制裁他們。禹平治水，制定山川的名稱，后稷教民播種，勉勵大家種殖嘉穀。這三位官員的成功，大有益於人民。」

這就是說那三位聖人，謹言慎行，精細的思考，去求索天下沒有被發現的事務和被遺忘的利益，就這樣以上事天，天即享用其德，下施於萬民，萬民即蒙受其利，終身不止。

故先王之言曰：「此道也，大用之天下則不窕㊀，小用之則不困，脩用之則萬民被其利，終身無已。」周頌道之曰：「聖人之德，昭於天下，若天之高，若地之普。若山之承，不坼不崩。若日之光，若月之明，與天地同常㊁。」則此言聖人之德，章明博大，埴㊂固以脩久也。故聖人之德，蓋總乎天地者也。

【今註】㊀窕：不滿的意思。㊁常：悠久。㊂埴：埴訓黏土堅牢之意。

【今譯】所以先王說：「這種道，大用之以治天下就不會窕，小用之就不會困。長久用它，則萬民受其利，終身不止。」周頌上說：「聖人的德行，昭顯於天下。像天一樣的高，像地一樣的普。像山一樣的受和承，也不會裂，也不會崩。像太陽一樣的光，像明月一樣的亮，和天一樣的久長。」這是說聖人的德，彰明博大，堅牢而長久。所以聖人的道德，是可以與天地配合的。

今王公大人欲王天下，正諸侯，夫無德義，將何以哉？其說將必挾震威彊㊀，今王公大人將焉取挾震威彊哉，傾者民之死也㊁？

民，生為甚欲，死為甚憎㊂，所欲不得而所憎屢至，自古及今，未嘗能有以此王天下，正諸侯者也。今大人欲王天下，正諸侯，將欲使意得乎天下，名成乎後世，故不察尚賢為政之本也？此聖人之厚行也。

【今註】㊀挾震威彊：震與振同，彊與強同。是說挾持一種威力與強權。㊁傾者民之死也：應作「傾諸民之死耶？」意思是何必使用威力強權，置民眾於死地呢？者字是諸字的省文。㊂生為甚欲死為甚憎：是說尋常人對於生命都很愛惜，對於死都十分憎恨。

【今譯】現在王公大人要統治天下，做諸侯之長，沒有德義，怎麼可以呢？他們說一定要使用威力和強權。實際現在王公大人何必要用威力強權，使百姓們走上死路呢？尋常的人對於生命都很愛惜，對於死都十分憎恨，百姓們如果得不到自己所希求的，而只經常得到所厭惡的，從古到今，絕對沒有像這樣而能王天下，長諸侯的了。今天王公大人想王天下，長諸侯，將要使自己得志於天下，成名於後代，為什麼不想想為政尚賢的根本原因呢？這就是聖人深厚的德行了！

尚賢下第十

子墨子言曰：「天下之王公大人，皆欲其國家之富也，人民之眾也，刑法之治也。然而不識以尚賢為政其㊀國家百姓，王公大人本失㊁尚賢為政之本也。若苟王公大人本失尚賢為政之本也，則不能毋㊂舉物示之乎？今若有一諸侯於此，為政其國家也，曰：『凡我國能射御之士，我將賞貴之。不能射御之士，我將罪賤之。』問於若國之士，孰喜孰懼？我以為必能射御之士喜，不能射御之士懼，我賞㊃因而誘之矣，曰：『凡我國之忠信之士，我將賞貴之，不忠信之士，我將罪賤之。』問於若國之士，孰喜孰懼，我以為必忠信之士喜，不忠信之士懼。」

【今註】㊀其：其上應增於字。㊁本失：王闓運本作「未知」，應照改。㊂毋：語辭，一種幫助發語的「助辭」，沒有意義，墨子書中經常見到。㊃賞：孫以為當作「嘗」，嘗試的意思。

【今譯】墨子說：「天下的王公大人，都希望國家富足，人民眾多，政治安定。可是不知道對自己的國家人民以尚賢為政。王公大人從來就不曾知道尚賢是政治的根本。如果王公大人不知道尚賢是為政之本，那我們不是可以舉一個例子來開導他嗎？現在假定有一個諸侯主持一國的政事，他說道：『凡是我國能射擊和駕馭的人，我將給以獎賞而尊貴他，不能的人，我將降罪及賤視他。』這時，試問在他國的人士，誰歡喜誰懼怕呢？我認為必是能射御的人欣喜，不能射御的人懼怕了。於是試著再進一步的說道：『凡是我國忠信的人士，我將獎賞和尊貴他，不忠信的，我將降罪及賤視他。』這時，試問他國的人士，又是誰歡喜誰懼怕呢？我認為忠信的人士歡喜，不忠信的人懼怕。」

今惟毋㈠以尚賢為政其國家百姓，使國家為善者勸，為暴者沮，大以為政於天下，使天下之為善者勸，為暴者沮，然昔吾所以貴堯舜禹湯文武之道者，何故以哉？以其唯毋臨眾發政而治民，使天下之為善者可而㈡勸也，為暴者可而沮也。然則此尚賢者也，與堯舜禹湯文武之道同矣，而今天下之士君子，居處言語皆尚賢，逮至其臨眾發政而治民，莫知尚賢而使能，我以此知天下之士君子，明於小而不明於大也。何以知其然乎？

【今註】 ㈠惟毋：與唯毋同，發聲助辭，見前。㈡可而：與可以同。

【今譯】 現在對自己的國家人民，以尚賢為政，使一國為善的人受到激勵，為暴的人受到阻遏，大之使普及於天下，使天下的為善者激勵，為暴者阻遏。因之我想到，從前所以看重堯舜禹湯文武的大道，是什麼原故呢？因為他們治理人，當著大眾發政而治民，使天下為善的人，可以受到激勵，而為暴的人，可以受到阻遏而已。這樣的尚賢，就和堯舜禹湯文武之道是一樣的了。而今天下的士君子，他們平居言談都知道尚賢，而一等當著大眾施政與治民的時候，就不知道尚賢使能了，我因此知道天下的士君子，只明於小而不明於大哩！何以知道他們是這樣？

今王公大人，有一牛羊之財㈠不能殺，必索㈡良宰，有一衣裳之財不能制，必索良工，當王公大人之於此也，雖有骨肉之親，無故富貴㈢，面目美好者，實知其不能也，不使之也。是何故，恐其敗財也，當王公大人之於此也，則不失尚賢而使能，王公大人，有一罷㈣馬不能治，必索良醫，有一危㈤弓不能張，必索良工，當王公大人之於此也，雖有骨肉之親，無故富貴，面目美好者，實知其不能也，必不使，是何故？恐其敗財也，當王公大人之於此也，則不失尚賢而使能，逮至其國家則不然，王公大人，骨肉之親，無故富貴，面目美好者，則舉之，則王公大人之親㈥其國家也，不若親其一危弓，罷馬，衣裳，牛羊之財與，我以此知天下之士君子，皆明於小而不明於大也，此譬猶瘖㈦者而使為行人㈧，聾者而使為樂師。

【今註】㈠財：與材同。㈡索：訪覓，求。㈢無故富貴：即被寵倖的那些無功受祿之輩。㈣罷：與疲同。㈤危弓：周禮考工記弓人篇：「豐肉而短，寬緩以荼，謂之危弓。」鄭注：「危，疾也。」就是一種難開的弓。㈥親：孫以為疑作「視」，下同。㈦瘖者：瘖，不能言語的啞巴。㈧行人：古代派往外國的使者叫做行人。

【今譯】現在王公大人，有一隻牛羊不會殺，一定去找好的屠夫，有一件衣服不會做，一定去找好的成衣匠，當王公大人在這時候，雖然有骨肉之親，和無緣無故得到富貴，以及面貌生得漂亮的那些人，他會知道他們沒有這種能力，不會叫他們去嘗試，為什麼呢？是恐怕損失自己財物而已。當王公大人在這時候，尚不失為一個尚賢使能的人。王公大人，有一匹病馬不能治，一定去找好的醫生，有一張壞弓不能開，一定去找好的工匠，當王公大人在這時候，雖然有骨肉之親，無緣無故富貴和面貌漂亮的，他會知道他們不行，而不用他們。為什麼呢？也是恐怕損失財物罷了，當王公大人在這時，尚不失為一個尚賢使能的人。而一等到他治理國家，就不是這樣了。王公大人的骨肉之親，無緣無故富貴以及面貌漂亮的，就用他。像這樣，難道王公大人看他自己的國家，還比不上一張壞弓，一匹病馬，一件衣服，一隻牛羊麼？我因此知道天下的士君子，都只看到小處，沒看到大處。這正好比叫一個啞巴去充當外交人員，一個聾子去充當音樂師一樣。

是故古之聖王之治天下也，其所富，其所貴，未必王公大人骨肉之親，無故富貴，面目美好者也。是故昔者舜耕於歷山，陶於河瀕㈠，漁於雷澤，灰於常陽，堯得之服澤之陽，立為天子，使接天下之政，而治天下之民，昔伊尹為莘氏女師僕㈢，使為庖人㈣，湯得而舉之，立為三公，使接天下之政，治天下之民，昔者傅說㈤居北海之洲，圜土㈥之上，衣褐帶索，庸築於傅巖之城，武丁㈦得而舉之，立為三公，使之接天下之政，而治天下之民。是故昔者堯之舉舜也，湯之舉伊尹也，武丁之舉傅說也，豈以為骨肉之親，無故富貴，面目美好者哉？惟法其言，用其謀，行其道，上可而㈧利天，中可而利鬼，下可而利人。

【今註】㈠河瀕：瀕與濱同，河邊。㈡灰於常陽：俞樾以為灰字當係販字之誤。常陽，畢沅以為疑即恒山之陽。㈢女師僕：應該是女私臣，陪嫁的臣僕。㈣庖人：主廚的人，見前。㈤傅說：見尚賢中篇。㈥圜土：牢獄的裏面，叫做獄城。㈦武丁：殷高宗名。㈧可而：即「可以」，見前。

【今譯】所以古代聖王治理天下，所富所貴，未必是王公大人骨肉之親，和無故富貴，面貌漂亮的那些人。從前舜在歷山下耕田，在河濱製陶器，在雷澤捕魚，在常陽販賣，堯在服澤之陽得到他，立為天子，使他接管天下的政事，治理天下的人民。從前伊尹是有莘氏女之私臣，使他做廚司，湯得而任用他，立為三公，使他接管天下的政治，治理天下的人民。從前傅說住在北海之洲，獄城的裏面，穿著粗布衣，帶著繩索，像傭人一樣在傅巖築城，武丁得而任用他，立他為三公，使他接管天下的政事，治理天下的人民。我們想到，當初堯舉舜，湯舉伊尹，武丁舉傅說，難道是因為他們是骨肉之親，無故富貴，面貌漂亮嗎？那只是法其言，用其謀，行其道，上可以有利於天，中可以有利於鬼，下可以有利於人而已。

是故推而上之，古者聖王，既審尚賢，欲以為政。故書之竹帛，琢之槃盂，傳以遺後世子孫，於先王之書，呂刑之書然，王曰：「於㈠！來！有國有士，告女訟刑㈡，在今而安百姓，女何擇言人，何敬不刑，何度不及㈢。」能擇人而敬為刑，堯舜禹湯文武之道可及也，是何也？則以尚賢及之，於先王之書，豎年㈣之言然，曰：「晞夫聖武知人㈤，以屏輔而身。」此言先王之治天下也，必選擇賢者，以為其羣屬輔佐，曰：「今也天下之士君子，皆欲富貴而惡貧賤，曰然女何為而得富貴而辟貧賤，莫若為賢。」為賢之道將奈何？曰：「有力者疾以助人，有財者勉以分人，有道者勸以教人。」若此則飢者得食，寒者得衣，亂者得治，若飢則得食，寒則得衣，亂則得治，此安生生㊅。

【今註】㊀於：吁，嘆詞。㊁告汝訟刑：古訟公兩字通用，這裡應作公刑，意思就是公眾遵守的法律。書經作詳刑或祥刑。告汝訟刑，孔傳解釋是：告訴你善用刑的道理。㊂何擇言人，何敬不刑，何度不及：古文尚書作何擇非人。三句的解釋，照孔傳說：「在今爾（你）安百姓兆民之道，當何所擇，非惟吉人乎？當何所敬，非惟五刑乎？當何所度？非惟及世輕重所宜乎。」度音鐸，慮的意思。何慮不及，是說能擇人而敬為刑，何慮其不及堯舜禹湯文武之道。言人，依孔傳應為吉人，即是賢人的意思。㊃豎年：應為距年，老年人，見前。㊄晞夫聖武知人：晞字應該作目旁，望的意思。夫字是助辭。聖武是指聖人和武人，逸周書：「乃求元聖武夫」，就是這個意思。知人即智者。㊅此安生生：安與乃同，是說如此乃得生生。

【今譯】由此向上推到古代的聖王，既已經明白了尚賢的道理，想要以此為攻，所以寫在竹帛，雕在盤盂，傳留給後代的子孫。在先王書中的呂刑篇上就曾經這樣說過，王說道：「吁！來！有國家有領土的人，我告訴你們以善用刑之道，在現今你要安撫百姓，應當選用賢能，慎用刑典，多多思考。」如果能夠選用賢能，慎用刑典，即可以追蹤堯舜禹湯文武之道，為什麼呢？就是以尚賢趕上他們。在先王書上，老年人曾經說道：「唉！希望有聖者武夫和哲人，來輔佐你身。」這是說先王治理天下，一定要選擇賢能的人，做他屬僚輔佐啊。我嘗想到，現在天下的士君子，不是都希望富貴而厭惡貧賤嗎？我可以告訴他們說，你們要怎樣才能得到富貴而避免貧賤呢？那就莫如做賢人。那做賢人的道理又是怎麼樣的呢？答道：「有力量的趕快助人，有錢財的相勉以分人，有道的相勸以教人。」像這樣，飢的得食，寒的得衣，亂的得治，就會各安其生。

今王公大人，其所富，其所貴，皆王公大人骨肉之親，無故富貴，面目美好者也，今王公大人骨肉之親，無故富貴，面目美好者，焉故㈠必知㈡哉？若不知使治其國家，則其國家之亂，可得而知也。

【今註】㈠焉故：與「何故」同。㈡知：與智同。

【今譯】現在王公大人，其所富所貴的，都是一些骨肉之親，以及無故富貴，面貌漂亮的人們。這些骨肉之親，無故富貴，面貌漂亮的，怎會一定有智慧呢？如果不智，而使他治理國家，那麼國家又怎會不亂。

今天下之士君子，皆欲富貴而惡貧賤，然女何為而得富貴而辟㈡貧賤哉？曰：莫若為王公大人骨肉之親，無故富貴，面目美好者，王公大人骨肉之親，無故富貴，面目美好者，此非可學能者也，使不知辯，德行之厚，若禹湯文武，不加得也，王公大人，骨肉之親，躄瘖聾暴為桀紂㈢，不加失也，是故以賞不當賢，罰不當暴，其所賞者，已無故㈣矣，其所罰者，亦無罪。是以使百姓皆攸心㈤解體，沮以為善，垂㈥其股肱之力，而不相勞來㈦也，腐臭餘財，而不相分資也，隱慝良道，而不相教誨也。若此則飢者不得食，寒者不得衣，亂者不得治。推而上之以㈧。

【今註】㈠女：與汝同，古書汝多作女。㈡辟：與避同。㈢躄瘖聾暴為桀紂：躄（音ㄅㄧˋ）與跛同，全句應作「躄瘖聾瞽，暴如桀紂。」應依孫說校增。㈣故：應作功。㈤攸心：攸與悠同，悠忽的意思。㈥垂：孫以為係「舍」字之誤，與捨同。按此字應為墮字，由隓（音ㄏㄨㄟ）與垂，形近致誤也。㈦勞來：爾雅：「勞來，動也。」㈧推而上之以：五字衍文，應刪。

【今譯】現在天下的士君子，都希望富貴而厭惡貧賤，可是你要怎樣才能得到富貴而免除貧賤呢？那就只有做王公大人的骨肉之親，和無故富貴，面貌漂亮的人了。但是那些王公大人骨肉之親，無故富貴，面貌漂亮的人，卻並不是學得到的呀！假定全不知道分別的話，儘管德行厚道，和禹湯文武一樣，也不會得到什麼；而王公大人骨肉之親，縱然是跛、啞、聾、瞎、乃至暴戾到和桀紂一樣，也不會失掉什麼。所以賞的不是賢人，那麼所賞的就白費了。而所罰的，也不當其罪，因此使得百姓們都輕心解體，阻遏他們為善，怠惰他們的肢體，而不相互耕作。腐朽而剩餘的財物，而不相互資助，隱藏著很好的學問，而不相互教誨，像這樣，人們就會飢不得食，寒不得衣，亂不得治。

是故昔者，堯有舜，舜有禹，禹有皐陶，湯有小臣㈠，武王有閎夭，泰顛，南宮括，散宜生，而天下和，庶民阜。是以近者安之，遠者歸之，日月之所照，舟車之所及，雨露之所漸㈡，粒食㈢之所養，得此莫不勸譽。

【今註】 ㈠小臣：指伊尹，做過有莘氏女的媵臣。媵臣是陪嫁的小臣。㈡漸：漬的意思。㈢粒食：吃穀米的叫做粒食。

【今譯】 所以從前堯有舜，舜有禹，禹有皐陶，湯有伊尹，武王有閎夭，泰顛，南宮括，散宜生，而天下太平，百姓富足。因此，近的人得到安定，遠處的人來歸服，凡是日月所照，車船所到，雨露所滋潤，穀食所養，得到這些賢人，沒有不互相勸勉而讚揚的。

且天下之王公大人士君子，中㈠實將欲為仁養，求為上士㈡，上欲中㊂聖王之道，下欲中國家百姓之利，故尚賢之為說，而不可不察此者也，尚賢者，天鬼百姓之利，而政事之本也。

【今註】 ㊀中：內心。㊁上士：古代把賢士叫做上士。㊂中：讀去聲。合的意思，中國北方人把不合用叫做不中。

【今譯】 天下的王公大人及士君子，內心裏真正想行仁義，求做上士，上之想適合聖王的大道，下之想適合國家百姓的利益，那就對「尚賢」的這一個說法，是不可不深深的考慮了，因為尚賢是天帝鬼神百姓的利益，政事的根本啊！

尚同上第十一

子墨子言曰：「古者民始生，未有刑政之時，蓋其語，人異義㈠。是以一人則一義，二人則二義，十人則十義。其人茲㈡眾，其所謂義者亦茲眾，是以人是其義，以非人之義，故交相非也。是以內者父子兄弟作怨惡，離散不能相和合，天下之百姓，皆以水火毒藥相虧害，至有餘力，不能以相勞㈢。腐朽餘財，不以相分，隱匿良道㈣，不以相教，天下之亂，若禽獸然。」

【今註】㈠蓋其語人異議：說話各有一番道理。㈡茲：與滋同，更的意思。㈢勞：共營互助之意。㈣良道：好的道理。

【今譯】墨子說：「古時候，當天下的人民過著還沒有行政的原始生活時，所說的話各人都有一番道理。所以一個人就有一種道理，兩個人就有兩種道理，十個人就有十種道理，人數愈多，所說的道理也就愈多。每個人都以為自己對而別人錯，因此彼此之間互相攻擊，在家庭裏面常常因為父子兄弟各人的看法不一致而互相怪恨，使得親戚離散，不能和睦相處，天下的老百姓，也都以水火毒藥這些東西來損害別人，以致於有餘力的人，不願意替別人服務；即使家裏的財物多得腐壞，也不願意分一些給別人；把好的學問隱藏起來，不願意教導別人，因此天下就亂得像禽獸一樣。」

夫明乎天下之所以亂者，生於無政長。是故選天下之賢可者，立為天子。天子立，以其力為未足，又選天下之賢可者，置立之以為三公，天子三公既以立，以天下為博大，遠國異土之民，是非利害之辯，不可一二而明知，故畫分萬國，立諸侯國君，諸侯國君既已立，以其力為未足，又選擇其國之賢可者，置立之以為正長。

【今註】㈠三公：古代以太師、太傅、太保為三公。

【今譯】明白了天下所以大亂的原因，是由於沒有行政長官，所以就選擇天下賢能的人，立他為天子。立了天子之後，認為力量還不夠，又再選擇天下賢能的人，給他們做三公，天子和三公立定了，又因為天下的面積太廣闊，對於遠國異邦的人民，是非利害的辨別，不可能逐一知道得清楚，所以把天下劃分為萬國，然後設立諸侯國君，諸侯國君也立定了，認為他們的力量還不夠，又在他的國家之內選擇一些賢明能幹的人，給他們做行政長官。

正長既已具，天子發政於天下之百姓，言曰：「聞善而㈠不善，皆以告其上。上之所是，必皆是之，所非，必皆非之。上有過則規諫之，下有善則傍薦㈡之。上同而不下比㈢者，此上之所賞，而下之所譽也。意若聞善而不善，不以告其上，上之所是弗能是，上之所非弗能非，上有過弗規諫，下有善弗傍薦，下比不能上同者，此上之所罰，而百姓所毀也。上以此為賞罰，甚明察以審信。」

【今註】㈠而：王引之謂「而」「與」二字古同義。㈡傍薦：傍與訪通。詳見中篇。㈢比：比周，有偏私和掩蓋的意思。

【今譯】已經設立了行政長官之後，天子就發佈政令於天下的百姓道：「你們聽到『善』和『不善』，都要報告上面。上面所認為對的，大家也必定要認為對；上面認為錯的，大家也必定要認為錯。上面有過，就進規諫，下面有善，就去查訪，並加以推薦。和上面協同，而不和下面比周，這是上面所讚賞，下面所稱譽的。如果聽到『善』和『不善』，不向上面報告，上面以為對的，卻不認為對；上面認為錯的，也不認為錯。上面有過不規諫，百姓有善不推薦，和下面比周而不和上面協同，這是上面所要懲罰的，也是百姓所詆毀的。上面根據這些作為賞罰，非常明察而有信用。」

是故里長者里之仁人也。里長發政里之百姓。言曰：「聞善而不善，必以告其鄉長。鄉長之所是，必皆是之，鄉長之所非，必皆非之。去若不善言，學鄉長之善言；去若不善行，學鄉長之善行，則鄉何說以亂哉？察鄉之所治者何也？鄉長唯能壹同鄉之義，是以鄉治也。」

【今譯】所以里長就是這一里內的仁人。里長發佈政令於里中的百姓，說道：「聽到『善』與『不善』，必定要報告鄉長。鄉長認為對，大家也必定要認為對；鄉長所認為錯，大家也必定認為錯。去掉你不好的話，學習鄉長的好話；去掉你不好的行為，學習鄉長的好行為，那麼，這一鄉還有什麼理由會亂呢？我們考察一鄉所以治理得好的緣故，是因為鄉長能夠和同鄉協同一致，所以這一鄉就治理好了。」

鄉長者，鄉之仁人也。鄉長發政鄉之百姓，言曰：「聞善而不善者，必以告國君，國君之所是，必皆是之；國君之所非，必皆非之。去若不善言，學國君之善言；去若不善行，學國君之善行，則國何說以亂哉？察國之所以治者何也？國君唯能壹同國之義，是以國治也。」

【今譯】鄉長是這一鄉的仁人。也發佈政令於鄉中百姓，說道：「聽到『善』和『不善』，必定要報告國君。國君所認為對的，大家也必定都要認為對；國君所認為錯的，大家也必定都要認為錯。去掉你不好的話，學習國君的好話；去掉你不好的行為，學習國君好的行為，那麼，這一國還有什麼理由會亂呢？我們考察一國所以能夠治理得好的緣故，那是因為國君和國人能夠協同一致，所以這一國就治理好了。」

國君者，國之仁人也。國君發政國之百姓，言曰：「聞善而不善，必以告天子。天子之所是，皆是之；天子之所非，皆非之。去若不善言，學天子之善言；去若不善行，學天子之善行。則天下何說以亂哉？察天下之所以治者何也？天子唯能壹同天下之義，是以天下治也。」

【今譯】國君是這一國的仁人。國君發佈政令於國中百姓：「聽到『善』和『不善』，必定要報告天子。天子認為對的，大家也必定認為對；天子所認為錯，大家也必定認為錯。去掉你不好的話，學習天子的好話，去掉你不好的行為，學習天子的好行為。那麼，天下還有什麼理由會亂呢？我們考察天下所以治理得好的緣故，那是因為祇有天子能夠和天下人協同一致，所以天下就能治理得好了。」

天下之百姓，皆上同於天子，而不上同於天，則菑㊀猶未去也。今若天飄風㊁苦雨，溱溱㊂而至者，此天之所罰百姓之不上同於天者也。

【今註】㊀菑：與災同。㊁飄風：暴起的風。㊂溱溱：溱音ㄓㄣ，盛的意思。

【今譯】天下的老百姓，如但只上同於天子，而不上同於天，那麼災害還不會完全除去的，例如時常飈大風下豪雨，連續不止，這就是上天對那些人民不肯上同於天的一種懲罰。

是故子墨子言曰：「古者聖王為五刑㊀，請以治其民。譬若絲縷之有紀㊁，罔罟㊂之有綱㊃，所以連收天下之百姓，不尚同其上者也。」

【今註】㊀五刑：古代以墨、劓、剕、宮、大辟為五刑。㊁紀：說文：「紀，絲別也。」㊂罔罟：罔與網同，魚網叫做罟。㊃綱：網的大繩叫做綱。

【今譯】所以墨子說：「古時候聖王制定五種刑法，用以治理人民。譬如絲縷的紀和網罟的綱一樣，對於那些不上同於天子的人民，給他們收緊起來。」

尚同中第十二

子墨子曰：「方今之時，復㊀古之民始生，未有正長之時，蓋其語曰：『天下之人異義。』是以一人一義，十人十義，百人百義，其人數茲眾，其所謂義者亦茲眾。是以人是其義，而非人之義，故相交㊁非也。內之父子兄弟作怨讎，皆有離散之心，不能相和合，至乎舍餘力不以相勞，隱匿良道，不以相教，腐殀餘財，不以相分，天下之亂也，至如禽獸然，無君臣上下長幼之節，父子兄弟之禮，是以天下亂焉。」

【今註】㊀復：與反同。㊁相交：應從上篇作交相。

【今譯】墨子說：「現在回想到古代的初民生活，還沒有設立行政首長的時候。他們的說法是：『天下人的道理都不一樣。』因此一個人就有一種道理，十個人就有十種道理，一百個人就有一百種道理，人數愈多，所說的道理也就愈多了。所以每個人都以為自己對而別人錯，因此彼此之間互相攻擊。在家庭裏面往往因為父子兄弟的意見衝突而互相仇恨，一家人都有離散的心，不能和睦相處。以致有餘力的不願意幫助他人；把優良的道義隱藏起來，不願意教導別人；即使財物多得腐壞，也不願意分給他人，因此天下就亂得像禽獸一樣，沒有君臣上下長幼的分別，更沒有父子兄弟的禮節，這是天下所以大亂的原因。」

明乎民之無正長，以一同天下之義，而天下亂也。是故選擇天下賢良聖知辯慧之人，立以為天子，使從事乎一同天下之義。天子既以立矣，以為唯其耳目之請㈠，不能獨一同天下之義，是故選擇天下贊閱㈡賢良聖知辯慧之人，置以為三公，與從事乎一同天下之義。天子三公既已立矣，以為天下博大，山林遠土之民，不可得而一也，是故靡㈢分天下，設以為萬諸侯國君，使從事乎一同其國之義。國君既已立矣，又以為唯其耳目之請，不能一同其國之義，是故擇其國之賢者，置以為左右將軍大夫，以遠至乎鄉里之長，與從事乎一同其國之義。

【今註】㈠請：與情同，古情字多作請，下同。㈡贊閱：贊與進同，閱與簡同。㈢靡：磨的誤字，與歷同，分劃的意思。見非攻下篇。

【今譯】明白了人民沒有行政首長來統一天下，天下就亂了的道理，所以就選擇天下最賢明能幹，智慧高而口才好的人，推舉他為天子，使他從事於統一天下的義理。天子已經立定了，但靠他一個人的耳目所及，不可能使天下協同一致，所以選擇天下，進用最聰明能幹，智慧高而口才好的人，推舉他們為三公，從事於協同天下一致的工作。天子和三公已經立定了，又因為天下的面積太廣闊，遠方山野的人民，不能夠統一，所以將天下劃分，設立了數以萬計的諸侯國君，使他們從事協同一國的工作。國君已經立定了，又因為但靠他一個人耳目所及，不可能使其國家協同一致，所以又在他的國家之內選擇一些賢人，設立他們做左右將軍大夫，以及鄉里之長，來共同從事他們的國家協同一致的工作。

天子諸侯之君，民之正長，既已定矣。天子為發政施教曰：「凡聞見善者，必以告其上，聞見不善者，亦必以告其上，上之所是，亦必是之，上之所非，亦必非之。己㊀有善，傍薦㊁之；上有過，規諫之。尚同義㊂其上，而毋有下比㊃之心。上得則賞之，萬民聞則譽之。意㊄若聞見善，不以告其上，聞見不善，亦不以告其上。上之所是不能是；上之所非不能非。己有善，不能傍薦之；上有過，不能規諫之，下比而非其上者，上得則誅罰之，萬民聞則非毀之。故古者聖王之為刑政賞譽也，甚明察以審信，是以舉天下之人，皆欲得上之賞譽，而畏上之毀罰。」

【今註】㊀己：王念孫以為是「民」字之誤。㊁傍薦：孫詒讓以為傍即訪的借字，傍薦就是訪薦。並按公孟篇云：「己有善則訪之上，而無敢以告外。」訪，謀也。是說進其謀於上，而不敢以告人。這就是善則歸君之意。㊂義：乎字的錯誤。㊃比：掩蓋的意思，與朋黨比周相同。詳見上篇。㊄意：與抑同。「若是」之意。

【今譯】天下的諸侯國君，人民的行政長官，已經立定了之後，天子就發佈政令說：「凡是聽到或看到好的事，必定要報告上面，聽到或看到不好的事，也必定要報告上面。上面認為對的，也必定要認為對；上面認為錯的，也必定要認為錯。自己有善，就獻給上面。上面有過，就加以規諫。與上面協同一致，而沒有與下面比周的私心。這樣，上面知道了，就會賞賜他，萬民聽見了，就會讚美他。如果聽到或見到好的事，不去報告上面；聽到或見到不好的事，也不去報告上面。上面所認為對的，不肯說對；上面認為錯的，不肯說錯。自己有善，不能進獻給上面，上面有過，不能規諫。與下比周而非毀其上級的，上面知道了，就要誅罰他，萬民聽見了，就要非毀他。所以古代的聖王制定刑法政策作為賞罰，非常的明察而有信用。因此凡是天下的人民，都想得到上面的讚揚與賞賜，而懼怕上面的非毀與誅罰。」

是故里長順天子政，而一同其里之義。里長既同其里之義，率其里之萬民，以尚同乎鄉長，曰：「凡里之萬民，皆尚同乎鄉長，而不敢下比。鄉長之所是，必亦是之；鄉長之所非，必亦非之。去而㈠不善言，學鄉長之善言；去而不善行，學鄉長之善行。鄉長固鄉之賢者也，舉鄉人以法鄉長，夫鄉何說而不治哉？察鄉長之所以治鄉者，何故之以也？曰、唯以其能一同其鄉之義，是以鄉治。」

【今註】㈠而：與汝同。

【今譯】所以里長順從了天子的政令，使他這一里協同一致。這一里協同一致了，然後又率領他里內的人民，與鄉長協同，他說：「凡是里內的人民，都應該上同於鄉長，而不敢和下面比周。鄉長所認為對的，大家也必定都要認為對；鄉長認為錯，大家也必定都認為錯。去掉你不好的話，學習鄉長的好話；去掉你不好的行為，學習鄉長的好行為。鄉長本是一鄉之中最賢明能幹的人，如果所有的鄉人都能夠效法鄉長，那麼，這一鄉還會治不好嗎？鄉長之所以能把鄉治好，那是甚麼緣故呢？答道：祇因為他能夠使全鄉協同一致，所以這一鄉就治理好了。」

鄉長治其鄉，而鄉既已治矣。有㊀率其鄉萬民，以尚同乎國君，曰：「凡鄉之萬民，皆上同乎國君，而不敢下比。國君之所是，必亦是之；國君之所非，必亦非之，去而不善言，學國君之善言，去而不善行，學國君之善行。國君固國之賢者也，舉國人以法國君，夫國何說而不治哉？察國君之所以治國，而國治者，何故之以也？曰、唯以其能一同其國之義，是以國治。」

【今註】㊀有：讀為又，下同。

【今譯】鄉長治理他的鄉，而他的鄉已經治理好了。又率領他的鄉內的萬民，而上同於國君，他說：「凡是鄉內的萬民，都應該上同於國君，而不敢和下面比周。國君所認為對的，大家也必定都要認為對；國君所認為錯的，大家也必定都要認為錯。去掉你不好的話，學習國君的好話；去掉你不好的行為，學習國君的好行為。國君本是一國之中最賢明能幹的人，如果所有的國人都能夠效法國君，那麼，這一國還會治不好嗎？國君之所以能夠把國家治好，那是甚麼緣故呢？答道：祇因為他能夠使全國協同一致，所以國君就治好了。」

國君治其國，而國既已治矣。有率其國之萬民，以尚同乎天子，曰：「凡國之萬民，上同乎天子，而不敢下比。天子之所是，必亦是之，天子之所非，必亦非之。去而不善言，學天子之善言；去而不善行，學天子之善行。天子者固天下之仁人也。舉天下之萬民，以法天子，夫天下何說而不治哉？察天子之所以治天下者，何故之以也？曰，唯以其能一同天下之義，是以天下治。」

【今譯】國君治他的國家，而國家已經治好了。又率領他的國家的萬民，上同於天子，他說：「凡是國內的萬民，上同於天子，而不敢和下面比周。天子所認為對的，大家也必定都要認為對；天子所認為錯的，大家也必定都要認為錯。去掉你不好的話，學習天子的好話；去掉你不好的行為，學習天子的好行為。天子本是天下最仁愛的人，如果所有天下的萬民都能夠效法天子，那麼，天下還會不治理得好嗎？天子之所以能夠把天下治理得好，那是甚麼緣故呢？答道：祇因為他能夠使天下協同一致，所以天下就治好了。」

夫既尚同乎天子，而未上同乎天者，則天菑將猶未止也。故當若天降寒熱不節，雪霜雨露不時，五穀不孰㈠，六畜不遂㈡，疾菑戾㊂疫，飄風苦雨，荐臻㊃而至者，此天之降罰也，將以罰下人之不尚同乎天者也。

【今註】㊀孰：熟的本字。㊁遂：長的意思。㊂菑戾：菑同災。戾，惡氣。㊃荐臻：荐與薦同，重的意思。臻，與至、及同。

【今譯】已經上同於天子，而還未上同於天，那麼天災還是不能完全停止的。例如氣候的寒熱不調節，雪霜雨露降得不是時候，五穀不熟，六畜不能繁殖生長，癘疫流行，大風豪雨，一再來臨，這就是上天所降下的懲罰，用來懲誡那些不肯上同於天的人。

故古者聖王，明天鬼之所欲，而避天鬼之所憎，以求興天下之利，除天下之害，是以率天下之萬民，齋戒沐浴，潔為酒醴粢盛㊀，以祭祀天鬼。其事鬼神也，酒醴粢盛，不敢不蠲㊁潔；犧牲不敢不腯肥㊂；珪璧幣帛㊃不敢不中度量；春秋祭祀，不敢失時幾㊄；聽獄不敢不中；分財不敢不均；居處不敢怠慢。曰，其為正長若此，是故上者天鬼有厚乎其為正長也，下者萬民有便利乎其為政長也。天鬼之所深厚而能彊從事焉，則天鬼之福可得也。萬民之所便利而能彊從事焉，則萬民之親可得也。其為政若此，是以謀事得，舉事成，入守固，出誅㈥勝者，何故之以也？曰，唯以尚同為政者也。

【今註】㈠粢盛：祭品。黍稷曰粢，在器曰盛。㈡蠲：音ㄐㄩㄢ，明與絜之義。㈢腯肥：曲禮：「豚曰腯肥。」鄭注：「腯亦肥也。」㈣珪璧幣帛：珪璧指玉器，幣帛指布帛，祭神時用，都有一定的度量。㈤幾：與期同。㈥彊：與強同，勉力的意思。㈦出誅：出征。

【今譯】所以古代的聖王，知道上帝鬼神所喜好的，而避免上帝鬼神所憎惡的，以求興天下之利，除天下之害，所以率領天下的萬民，齋戒沐浴，預備了潔淨而豐盛的酒飯，來祭祀上帝鬼神。他們對鬼神的奉祀，酒飯不敢不潔淨豐盛；犧牲不敢不肥大；珪璧幣帛不敢不合度量；春秋二季的祭祀，不敢錯過時期；審理獄訟，不敢不公正；分配財物，不敢不平均；待人處事，不敢怠慢禮節。那是說：他當行政長官像這樣，在上的天帝鬼神深深的看重他，下面的萬民也便利他。天帝鬼神深深的看重他，而他能努力辦事，那麼就可以得到天帝鬼神所降的福了；萬民便利他，而他能努力辦事，那麼就可以得到萬民的愛戴了。他主政如此，所以謀的事得到，作的事成就，國防鞏固，出戰勝利。這是甚麼緣故呢？答道：那就是在政治上能夠做到協同一致罷了。

故古者聖王之為政若此，今天下之人曰：「方今之時，天下之正長，猶未廢乎天下也，而天下之所以亂者，何故之以也？」子墨子曰：「方今之時以㊀正長，則本與古者異矣！譬之若有苗之以五刑然，昔者聖王制為五刑㊁，以治天下，逮至有苗之制五刑，以亂天下，則此豈刑不善哉？用刑則不善也。是以先王之書，呂刑之道，曰：『苗民否用練折則刑㊂，唯作五殺之刑，曰法。』則此言善用刑者以治民，不善用刑者以為五殺，則此豈刑不善哉？用刑則不善，故遂以為五殺。是以先王之書，術令㊃之道曰：『惟口出好興戎㊄。』則此言善用口者出好，不善用口者以為讒賊寇戎，則此豈口不善哉？用口則不善也，故遂以為讒賊寇戎。」

【今註】㊀以：衍文，應刪。㊁五刑：尚書舜典孔傳：「五刑，墨、劓、剕、宮、大辟。」墨是臉上刺字。劓是割去鼻子。剕是刖足。宮是腐刑。大辟是死刑。㊂苗民否用練折則刑：否用與不用同。練制，古文尚書作「弗用靈制以刑。」靈就是令，折就是制，是說苗民不聽命令就加以刑。㊃術令：孫以為是說命的假借字，尚書的篇名。㊄出好興戎：尚書偽孔傳云：「好謂賞善，戎謂伐惡。」墨子則以為戎是讒賊寇戎。

【今譯】所以古代聖王的行政是這樣的。現在天下的人說：「當今天下的行政長官，並沒有廢掉呀！天下卻亂成這個樣子，這是甚麼緣故呢？」墨子說：「現在天下的行政長官，根本就和古代不同了。譬如有苗的用五刑一樣。古代的聖王制定五刑，用來治理天下；等到有苗制定五刑，卻用來擾亂天下。那麼這難道是刑罰不好嗎？是應用得不適當而已。所以先王的書——呂刑有這樣的記載，說：『苗民不服從政府的命令，就加之以刑，而他們卻作了五殺之刑，也叫做法。』如此說來，善用刑罰可以治理人民，不善用刑罰就變成五殺了。這難道是刑罰不好嗎？乃是用得不適當的緣故，所以纔變成了五殺。因此，先王的書——說命有這樣的記載，說：『唯口出好興戎。』這就是說善用口的，可以說出好話，而不善用口的，成為讒賊寇讎，這難道是口不好嗎？乃是用得不好的緣故。」

故古者之置正長也，將以治民也。譬之若絲縷之有紀，而罔罟之有綱也，將以運役㊀天下淫暴，而一同其義也。是以先王之書，相年㊁之道曰：「夫建國設都，乃作后王君公，否用泰也，輕㊂大夫師長，否用佚也，維辯㊃使治天均㊄。」則此語古者上帝鬼神之建設國都，立正長也，非高其爵，厚其祿，富貴佚㊅而錯㊆之也，將以為萬民興利除害，富貴貧寡㊇，安危治亂也。

【今註】㈠運役：依上篇應作連收，連收天下淫暴，一同其義，是說使他們改過歸善的意思。㈡相年：此相年二字，畢沅以為當作拒年。遠年之意。按尚賢中篇作距年，下篇又作豎年，均不明其意。或以為古代逸書之名，或以為係大年之意，是說前輩老年人，也可通。㈢輕：當為卿字之誤。㈣辯：與辨同，分的意思。㈤天均：均與平同，詩大雅節南山：「秉國之均。」作宰之意。㈥佚：佚字上有游字脫去，應增，即淫佚。㈦錯：與措同。舉的意思。㈧富貴貧寡：應為富貧眾寡之誤。

【今譯】所以古時候設置行政長官，是用來治理人民的。譬如絲縷的紀，和網罟的綱一樣，是用來收服那些淫暴之徒，使他們也能改過歸善，協同一致的。所以先王的書——相年有這樣的記載，說：「建國設都，設立天子諸侯，並不是叫他高高在上的；而設立卿大夫師長，也並不是叫他們享樂的，乃是叫他們明白治理天下的任務。」這就是說古時候天帝鬼神建設國都，設置官長，並不是因為要提高他們的爵位，增加他們的俸祿，使他們過著富貴淫佚的生活，而擇定他們的乃是要為天下萬民興利除害。使貧窮的富有，寡少的增多，危險的安定，混亂的治理。

故古者聖王之為若此，今王公大人之為刑政則反此，政㈠以為便譬㈡，宗於㈢父兄故舊，以為左右，置以為正長。民知上置正長之非正㈣以治民也，是以皆比周隱匿，而莫肯尚同其上，是故上下不同義。若苟上下不同義，賞譽不足以勸善，而刑罰不足以沮暴，何以知其然也？曰，上唯毋㊄立而為政乎國家，為民正長。曰，人可賞吾將賞之，若苟上下不同義，上之所賞，則眾之所非。曰人眾與處，於眾得非，則是雖使得上之賞，未足以勸乎。上唯毋立而為政乎國家，為民正長，曰，人可罰吾將罰之，若苟上下不同義，上之所罰，則眾之所譽，曰人眾與處，於眾得譽，則是雖使得上之罰，未足以沮乎。若立而為政乎國家，為民正長，賞譽不足以勸善，而刑罰不沮暴，則是不與鄉㊅吾本言，「民始生，未有正長之時」同乎，若有正長，與無正長之時同，則此非所以治民一眾之道。

【今註】㊀政：同正。㊁便嬖：便讀ㄆㄧㄢˊ，嬖讀如辟。便嬖，就是左右得寵的小人。㊂宗於：應作宗族。㊃正：衍文，應刪。㊄唯毋：語詞，無意義，墨子書多見。㊅鄉：與嚮同。

【今譯】所以古代聖王的作為是這樣的，而現在王公大人卻恰巧相反，他們將那些佞倖得寵的人，和宗族父兄故舊，安置左右，給他們作行政首長。於是人民知道了天子設立行政首長不是用來治理人民，所以大家都朋比蒙蔽，不肯與上面協同一致，以致上下對於事理的看法發生偏差。如果上下對於事理的看法發生偏差，那麼讚賞也就不能夠勸人為善，而刑罰也就不能夠阻止暴亂了。何以知道如此呢？答道：假定上面主管政治作行政首長的說：「這個人可以賞，我將要賞他。」如果上下對於事理的看法不同，上面說這人要賞，大家卻都不以為然，說是我們相處在一起，大家都不說他好呀！那麼，這人雖然得到上面的賞，也就不能起勸導作用了！上面的行政首長又假定說：「這個人可以罰，我將要罰他。」如果上下對於事理的看法有異，上面說這人要罰，卻剛剛是大家所讚譽的人。說是我們相處在一起，大家都讚美他呀！那麼，這人雖然得到上面的罰，也就不能起阻止作用了。如果為主管國家的行政首長們讚賞不能勸善，而刑罰又不能止暴，那不是與我前面所說的，「人民過著原始生活，還沒有行政長官的時候」相同嗎？如果有了行政長官，和沒有的時候一樣，這就不是用來治理人民，統一羣眾的好方法了。

故古者聖王，唯而㈠審以尚同，以為正長，是故上下情請為㈡通。上有隱事遺利，下得而利之；下有蓄怨積害，上得而除之。是以數千萬里之外，有為善者，其室人未徧知，鄉里未徧聞，天子得而賞之。數千萬里之外，有為不善者，其室人未徧知，鄉里未徧聞，天子得而罰之。是以舉天下之人，皆恐懼振動惕慄㈢，不敢為淫暴，曰天子之視聽也神。先王之言曰：「非神也，夫唯能使人之耳目，助己視聽；使人之吻，助己言談；使人之心，助己思慮；使人之股肱，助己動作。」助之視聽者眾，則其所聞見者遠矣。助之言談者眾，則其德音之所撫循㈣者博矣。助之思慮者眾，則其談㈤謀度㈥速得矣。助之動作者眾，即其舉事速成矣。

【今註】㈠唯而：唯能之誤。㈡請為：二字衍文，應刪。㈢慄：畏懼。㈣撫循：一作拊循，慰悅之也。㈤談：衍文應刪。㈥度：音ㄉㄨㄛˋ，審度。

【今譯】所以古代的聖王，因為能夠審擇尚同的人們，立做行政首長，所以上下的情意就溝通了。上面如果有什麼沒有計劃到的事，和沒有興辦的利益，下面能夠隨時開發他。下面有什麼蓄積下來的怨和害，上面也能夠隨時除掉他。所以遠在數千或萬里之外，如果有人做了好事，他的家人還未完全知道，他的鄉里也還未完全聽到，天子先就能夠賞他。遠在數千或萬里之外，如果有人做了壞事，他的家人還未完全知道，他的鄉里也還未完全聽到，而天子先就能夠罰他。所以所有天下的人，十分害怕和振動儆惕，不敢做淫暴的事情。都說天子的視聽靈敏如神！先王說過這樣的一句話：「這不是神奇，祇是能夠使他人的耳目，幫助自己視聽；使他人的脣吻，幫助自己言談；使他人的心，幫助自己思慮；使他人的四肢，幫助自己動作。」幫助他的視聽的人多，那麼他的所見所聞就遠大了。幫助他的言談的人多，那麼他的聲音所能安撫人的範圍就廣闊了。幫助他的思慮的人多，那麼他的計劃很快就可以實行了。幫助他的動作的人多，那麼他所做的事情很快就可以成功了。

故古者聖人之所以濟事成功，垂名於後世者，無他故異物焉，曰，唯能以尚同為政者也。是以先王之書，周頌㈠之道之曰：「載來見辟王㈡，聿求厥章㈢。」則此語古者國君諸侯之以春秋來朝聘天子之廷，受天子之嚴教，退而治國。政之所加，莫敢不賓。當此之時，本無有敢紛㈣天子之教者，詩曰：「我馬維駱㈤，六轡沃若㈥，載馳載驅㈦，周爰咨度㈧。」又曰：「我馬維騏㈨，六轡若絲，載馳載驅，周爰咨謀。」即此語也。

【今註】 ㈠周頌：詩經的篇名。㈡載來見辟王：一作載見辟王。載見是開始見到，辟王指武王之子成王。㈢聿求厥章：聿與曰同，發語辭。厥章指那些車服禮儀的文章制度。㈣紛：變亂的意思。㈤駱：白馬黑鬣叫做駱。㈥沃若：柔美的意思。㈦載馳載驅：說文：「走馬謂之馳，策馬謂之驅。」㈧咨度：咨度、咨謀皆詢訪的意思。周，普遍。爰是語詞。㈨騏：蒼綦曰騏。綦，是青黑色。

【今譯】 因此古代的聖人所以能夠濟事成功，名傳後代，並沒有其他的緣故，祇是能夠以尚同為政而已。所以先王的書——周頌有這樣的記載，說：「載來見辟王，聿求厥章。」這就是說古代的諸侯國君在每一年的春秋二季，到天子的朝廷來朝聘，接受天子嚴厲的教令，然後回去治理他們的國家，因此政令所到的地方，沒有一個敢不服。當這個時候，天下根本沒有一個敢變亂天子的教令。詩經上說：「我馬維駱，六轡沃若，載馳載驅，周爰咨度。」又說：「我馬維騏，六轡若絲，載馳載驅，周爰咨謀。」這些話就是這個意思。

古者國君諸侯之聞見善與不善也，皆馳驅以告天子。是以賞當賢，罰當暴，不殺不辜，不失有罪，則此尚同之功也。是故子墨子曰：「今天下之王公大人士君子，請㈠將欲富其國家，眾其人民，治其刑政，定其社稷，當若尚同之不可不察，此之本也。」

【今註】㈠請：與誠同。

【今譯】古代的諸侯國君，不論聽到或看到好與壞的事情，都跑到天子那裏去報告。所以賞的是賢，罰的是暴，不殺害無辜，也不放過有罪，這就是上同的功效啊！所以墨子說：「當今天下的王公大人士君子，如果真想使他們的國家富有，人民眾多，刑政治理，國家安定，應當按照我所說的上同，不可以不觀察這為政的根本啊！」

尚同下第十三

子墨子言曰：「知者之事，必計國家百姓所以治者而為之；必計國家百姓之所以亂者而辟㈠之。然計國家百姓之所以治者何也？上之為政，得下之情則治，不得下之情則亂。何以知其然也？上之為政，得下之情，則是明於民之善非㈡也，若苟明於民之善非也，則得善人而賞之，得暴人而罰之也。善人賞而暴人罰，則國必治。上之為政也，不得下之情，則是不明於民之善非也，若苟不明於民之善非，則是不得善人而賞之，不得暴人而罰之，善人不賞而暴人不罰，為政若此，國眾㈢必亂。故賞㈣不得下之情，而不可不察者也。」

【今註】㈠辟：與避同。㈡善非：善與不善。㈢眾：似應為家之誤。㈣賞：下脫一罰字，應增。

【今譯】墨子說道：「智者的要務，必定計慮到國家百姓所以治的原因，去照著做；也必定計慮到國家百姓所以亂的原因，去儘量避免他。然而我們考慮到國家百姓所以治的原因究竟為了甚麼呢？這很簡單，即是上面主政的人，能通達下情的則治，不能通達下情的則亂。何以知道如此呢？上面主政的人，通達下情，對於人民的善與非都得到瞭解，這樣就可以得到善人給賞，得到暴人處罰。善人得賞，而暴人得罰，那麼國家必治。反之，在上面主政的人，不通達下情，對於人民的善與非全不明瞭，就無從知道誰是善人應賞，誰是暴人應罰。善人不賞，而暴人不罰，像這樣地施政，國家一定大亂。所以賞與罰不得下情，就不可不事先求得瞭解了。」

然計得下之情，將奈何可？故子墨子曰：「唯能以尚同一義為政，然後可矣。」何以知尚同一義之可而㈠為政於天下也？然胡不㈡審稽㈢古之治㈣為政之說乎？古者天之始生民，未有正長也，百姓為人㈤。若苟百姓為人，是一人一義，十人十義，百人百義，千人千義，逮至人之眾，不可勝計也，則其所謂義者，亦不可勝計。此皆是其義，而非人之義，是以厚者有鬭，而薄者有爭，是故天之欲同一天下之義也。是故選擇賢者，立為天子。天子以其知力㈥為未足獨治天下，是以選擇其次，立為三公。三公又以其知力為未足獨左右天子也，是以分國建諸侯。諸侯又以其知力為未足獨治其四境之內也，是以選擇其次，立為卿之宰㊆。卿之宰又以其知力為未足獨左右其君也，是以選擇其次，立而為鄉長家君。是故古者天子之立三公、諸侯、卿之宰，鄉長家君，非特富貴游佚㊇而擇之也，將使助治亂刑政也。故古者建國設都，乃立后王君公，奉以卿士師長，此非欲用說㊈也，唯辯而使助治天明也。

【今註】㊀而：與「以」字用法同。㊁胡不：何不。㊂審稽：審察的意思。㊃治：始字的誤寫。㊄百姓為人：百姓各自為理，不相統屬。㊅知力：即智力，下同。㊆卿之宰：卿與宰。㊇佚：與逸同。㊈亂：衍文，應刪。㊉說：同悅，依孫說應為逸字之誤。⑪唯辯而使助治天明也：辯與分同，助字衍文應刪。天明，即天之明道。左傳哀二年：「二三子順天明。」又左昭二十五年傳：「則天之明。」義並同。

【今譯】然而怎樣纔可以瞭解人民的情況呢？墨子說道：「祇有用『上同』這一個道理為政就行了。」何以知道「上同」這個道理可以為政於天下呢？那麼，你來看看古代開始施政時的情形罷！從前初民時代，沒有行政首長，所有的百姓彼此都不相統屬。如果所有的百姓都不相統屬，那麼一個人就有一種道理，十個人就有十種道理，一百個人就有一百種道理，一千個人就有一千種道理，等到人數多得數不清，那麼他們所說的道理，也就多得數不清了。他們都認為自己對，而他人非，於是重則發生鬭毆，輕則發生爭執，因此上天要想使天下人對事理的看法一致，於是選擇賢人立為天子。天子因為自己的智力不能獨治天下，所以又選擇其次的給他們做三公。三公又因為自己的智力不足以獨自輔佐天子，所以將天下劃分成許多國家，建立許多諸侯。諸侯又因為自己的智力不足以獨自治理他們四境之內，所以又選擇其次的給他們做卿與宰。卿與宰又因為自己的智力不足以獨自輔佐他們的國君，所以又選擇其次的給他們做鄉長家君。所以古代的天子設立三公、諸侯、卿與宰、鄉長家君，並不是為著要使他們富貴快樂而選擇的，乃是要使他們幫助治理國家的刑政。因此古時候建國設都，設立的國君王公，輔佐的卿士師長，並不是要使他們安逸，乃是要他們共同分擔治理天下人民的工作。

今此何為人上而不能治其下，為人下而不能事其上？則是上下相賊也。何故以然㊀？則義不同也。若苟義不同者有黨，上以若人㊁為善，將賞之，若人唯㊂使得上之賞，而辟㊃百姓之毀，是以為善者，必未可使勸，見有賞也。上以若人為暴，將罰之，若人唯使得上之罰，而懷百姓之譽，是以為暴者，必未可使沮，見有罰也。故計上之賞譽，不足以勸善，計其毀罰，不足以沮暴。此何故以然？則義不同也。

【今註】㊀何故以然：為什麼會如此。㊁若人：某人。㊂唯：與雖同。㊃辟：與避同。㊄沮：

阻的意思。

【今譯】現在何以為人上的不能治其下，為人下的也不能事其上呢？那就是上下相賊害了。為甚麼會如此呢？不過是對事理的看法不一致啊！如果對事理的看法不一致的那些人結成一黨，那麼，上面以為某人為善，將要賞他，那人雖然得到賞，卻免不了百姓們的毀罵。這樣，所謂善的得了賞，也就不能發生勸導作用了。還有，上面以為某人為暴，將要罰他。那人雖然得到罰，卻還受到了百姓們衷心的讚譽，這樣，所謂暴的得罰，也就產生不了嚇阻的作用了。因此，上面的讚賞不能勸善，毀罰也不能阻暴。為甚麼會如此呢？就是對事理的看法不一致啊！

然則欲同一天下之義，將奈何可？故子墨子言曰：「然胡不賞使家君㊀試用家君，發憲布令其家，曰，若見愛利家者，必以告，若見惡賊家者，亦必以告。若見愛利家以告，亦猶愛利家者也，上得且賞之，眾聞則譽之。若見惡賊家不以告，亦猶惡賊家者也，上得且罰之，眾聞則非之。得以徧若㊁家之人，皆欲得其長上之賞譽，辟其毀罰，是以善言之，不善言之，家君得善人而賞之，得暴人而罰之，善人之賞，而暴人之罰，則家必治矣。然計若家之所以治者，何也？唯以尚同一義為政故也。

【今註】㊀賞使家君：賞應作嘗，下二字衍文，應刪。㊁若：其的意思，下同。

【今譯】然則要使天下人對事理的看法一致，怎樣纔可以呢？墨子說：「何不試使一個家長對全家人發佈法令說：你們若見到愛利家的，必定要報告。若見到賊害家的，也必定要報告。如果見到愛利家的就往上報，那就等於自己愛利家了，上面知道將要賞你，眾人聽了，就要讚美你。若是見到賊害家的不上報，那就等於自己賊害家了，上面知道將要懲罰你，眾人聽到了，就要毀罵你。所以所有全家的人們，都想得到長上的讚賞，避免毀罰，因此見到善和不善的都向上報，家君得到善人就賞他，得到暴人就懲罰他。善人得賞，暴人得罰，那麼一家就治好了。究竟你的家是怎樣治好的呢？不過是以尚同這一個道理為政而已。

家既已治，國之道盡此已邪㊀？則未也，國之為家數也甚多，此皆是其家，而非人之家，是以厚者有亂，而薄者有爭，故又使家君，總其家之義，以尚同於國君。國君亦為發憲布令於國之眾，曰，若見愛利國者，必以告。若見惡賊國者，亦必以告。若見愛利國以告者，亦猶愛利國者也，上得且賞之，眾聞則譽之。若見惡賊國不以告者，亦猶惡賊國者也，上得且罰之，眾聞則非之。是以徧若國之人，皆欲得其長上之賞譽，避其毀罰，是以民見善者言之，見不善者言之。國君得善人而賞之，得暴人而罰之，善人賞而暴人罰，則國必治矣！然計若國之所治者，何也？唯能以尚同一義為政故也。

【今註】㊀邪：與耶同，疑問詞。

【今譯】家庭已經治理好了，難道治理國家的方法這樣就已經完備了嗎？還沒有哩！國家是由許多的家庭組織而成的，大家都認為自己家庭的道理對，而別家的道理錯，於是重的就出亂子，而輕的就起爭執，所以又使家君統一全家人的意見以上同於國君。國君也對全國民眾發佈法令說：你們若是見到愛利國家的，必定要報告。若是見到賊害國家的，也必定要報告。若是見到愛利國的就上報，那就等於自己愛利國了，國君知道，將要賞賜你，眾人聽到了，就要讚美你。若是見到賊害國的不上報，那就等於自己賊害國了，國君知道，將要懲罰你，眾人聽到了，就要毀罵你。所以所有你們全國的人們，都想得到長上的讚賞，而避免他的毀罰，因此人民見到善的就給他傳揚，見到不善的也給他傳揚，國君得到善人賞他，得到暴人懲罰他。善人得賞，暴人得罰，那麼國家就治好了。究竟你的國是怎樣治好的呢？只不過是用尚同這一個道理為政而已。

國既已治矣，天下之道盡此已邪？則未也。天下之為國數也甚多，此皆是其國，而非人之國，是以厚者有戰，而薄者有爭，故又使國君選㊀其國之義，以尚同於天子。天子亦為發憲布令於天下之眾，曰，若見愛利天下者，必以告。若見惡賊天下者，亦以告。若見愛利天下以告者，亦猶愛利天下者也，上得則賞之，眾聞則譽之。若見惡賊天下不以告者，亦猶惡賊天下者也，上得且罰之，眾聞則非之。是以徧天下之人，皆欲得其長上之賞譽，避其毀罰，是以見善不善者告之。天子得善人而賞之，得暴人而罰之，善人賞而暴人罰，天下必治矣！然計天下之所以治者，何也？唯而㊁以尚同一義。

【今註】㊀選：選與總及齊並同。㊁而：畢沅以為而字與「能」同。

【今譯】國已經治理好了，難道治理天下的方法這樣就已經完備了嗎？還沒有哩！天下是由許許多多的國組織而成的，大家都認為我國的對，別國的錯，於是重則交戰，輕則相爭，所以又使國君統一全國人民的道理去尚同於天子。天子也對天下的萬民發佈法令說：你們若見到愛利天下的必定要報告。若見到賊害天下的也必定要報告。若是見到愛利天下的往上報，那麼，就等於自己愛利天下了，上面知道，將要賞你，眾人聽到了，就要讚美你。若是見到賊害天下的不上報，那就等於自己賊害天下了，上面知道，將要罰你，眾人聽到，就要毀罵你。所以所有天下的人，都想得到天子的讚賞，避免他的毀罰，因此所見的事不論好壞都來報告，天子得到善人就賞他，得到暴人就罰他。善人得賞，而暴人得罰，那麼天下就必定治好了。究竟天下是怎樣治好的呢？只不過是用尚同這一個道理為政而已。

天下既已治，天子又總天下之義，以尚同於天，故當尚同之為說也，尚用之天子，可以治天下矣。中用之諸侯，可而㊀治其國矣。小用之家君，可而治其家矣。是故大用之，治天下不窕㊁，小用之，治一國一家而不橫㊂者，若道之謂也。故曰，治天下之國，若治一家；使天下之民，若使一夫㊃。意獨子墨子有此，而先王無此其有邪㊄？則亦然也。聖王皆以尚同為政，故天下治。何以知其然也？於先王之書也；大誓㊅之言然，曰：『小人見姦巧乃聞，不言也㊆發罪鈞㊇。』此言見淫辟㊈不以告者，其罪亦猶淫辟者也。

【今註】㊀而：與以同。㊁窕：不滿的意思。㊂橫：充塞的意思。㊃一夫：一個人。㊄無此其有邪：應為無有此邪之誤，邪疑問詞。㊅大誓：即書經的泰誓。㊆不言也：也應為者。㊇發罪鈞：泰誓文為：「厥罪惟鈞。」發應作厥，鈞與均同。㊈辟：與僻同。

【今譯】天下已經治理好了，於是天子又統一天下的意見而尚同於天。這種尚同的說法，上用之於天子，可以治理天下。中用之於諸侯，可以治理他們的國。下用之於家君，可以治理他們的家。所以大用之以治天下，不會不完滿，小用之以治理一國或一家，也不會發生阻礙，就是這個道理啊！所以說：『治天下之國，就如同治一個家；用天下之民，就如同用一個人。』難道祇有墨子有這種見解，而先王沒有嗎？那也是一樣的。聖王都能以尚同為政，所以天下治。何以知道如此呢？這可於先王的書上見到，尚書大誓這樣說：『人民若見到姦巧就報告。否則事情發覺，和姦人同罪。』這就是說見到淫僻的事而不報告的，他的罪也與淫僻的人一樣。

故古之聖王治天下也，其所差論㈠，以自左右羽翼者皆良，外為之人㈡助之視聽者眾，故與人謀事，先人得之；與人舉事，先人成之；光譽令聞，先人發之，唯信身而從事，故利若此。古者有語焉，曰，一目之視也，不若二目之視也。一耳之聽也，不若二耳之聽也。一手之操也，不若二手之彊也。夫唯能信身而從事，故利若此，是故古之聖王之治天下也，千里之外，有賢人焉，其鄉里之人，皆未之均聞見也，聖王得而賞之。千里之內，有暴人焉，其鄉里未之均聞見也，聖王得而罰之，故唯毋㈢以聖王為聰耳明目與㊃？豈能一視而通見千里之外哉？一聽而通聞千里之外哉？聖王不往而視也，不就而聽也。然而使天下之為寇亂盜賊者，周流天下無所重足㊄者，何也？其以尚同為政善也。」

【今註】㊀差論：選擇。㊁外為之人：指在外面執事者，與左右羽翼在內的不同，猶如現在的外圍工作人員。㊂唯毋：發聲詞。㊃與：即歟字，疑問詞。㊄重足：託足的意思。

【今譯】古代的聖王治理天下，他所選擇作為左右輔佐的都很了不起，而在外圍的人幫助他看和聽的也很多，因此替人謀事，提前得到，給人辦事，提前完成；美聞令譽，提前傳佈。惟其以誠信從事，所以有這樣多的利益。古時候有這麼一句話說：『一目視，不如兩目之明，一耳聽，不如兩耳之聰；一手操作，不如兩手之強。』惟其以誠信從事，所以有這樣多的利益。因此古代的聖王治理天下，千里之外，有了賢人，那一鄉里的人還未完全聽到或見到，而聖王卻已經賞了他。千里之內，有了暴人，他的鄉里的人還未完全聽到或見到，而聖王卻已經罰了他。我們能說這聖王的耳目聰明嗎？他難道一看就能見到千里以外，一聽就能聞知千里以外麼？但他是不會親自去看的，也不會親自去聽的，然而使天下那些賊寇強徒，走遍天下，沒有託足之地，是什麼緣故呢？那就是以尚同為政的好處。」

是故子墨子曰：「凡使民尚同者，愛民不疾㊀，民無可使，曰，必疾愛而使之，致信而持之，富貴以道㈡其前，明罰以率其後，為政若此，唯㈢欲毋㈣與我同，將不可得也。」

【今註】㈠疾：與力同，是說愛民不力，民即無可用。㈡道：引導的意思。㈢唯：與雖同。㈣毋：與不同。

【今譯】所以墨子說：「凡是要人民尚同的，如果愛民不切實，人民就不可能供他使用，必定要切實愛護他們，並保持誠信，以富貴誘導於前，以賞罰分明鼓動於後，像這樣雖欲使他們不與我同，也將不可能的了。」

是以子墨子曰：「今天下王公大人士君子，中情㈠將欲為仁義，求為上士，上欲中聖王之道，下欲中國家百姓之利，故當尚同之說，而不可不察尚同為政之本，而治㈡要也。」

【今註】㈠情：與誠通，見前。㈡治：下脫一之字，應增。

【今譯】所以墨子說：「當今天下的王公大人士君子，內心如果真的想實行仁義，希望成為上士，上合乎聖王之道，下合乎國家百姓的利益，那麼，對於尚同的說法，是不可不知道，這是一種為政的根本，而治理的要領。」

兼愛上第十四

聖人以治天下為事者也，必知亂之所自起，焉㈠能治之。不知亂之所自起，則不能治；譬之如醫之攻㈡人之疾者然，必知疾之所自起，焉能攻之。不知疾之所自起，則弗能攻，治亂者何獨不然，必知亂之所自起，焉能治之。不知亂之所自起，則弗能治。

【今註】㈠焉：與乃同。㈡攻：治的意思。

【今譯】聖人以治理天下為事，必須要知道亂從那兒起，才能治理。如果不知道亂從那兒起，就不能治理；譬如醫生給人治病一樣，一定要知道疾病的來源，才能醫治。如果不知道疾病的來源，就不能醫治。整頓混亂又何嘗不是這樣。一定要知道亂的起原，才能整頓好，不知道亂的起原，就不能整頓。

聖人以治天下為事者也，不可不察亂之所自起，當㈠察亂何自起？起不相愛。臣子之不孝君父，所謂亂也。子自愛，不愛父，故虧父而自利，弟自愛，不愛兄，故虧兄而自利，臣自愛，不愛君，故虧君而自利，此所謂亂也。雖父之不慈子，兄之不慈弟，君之不慈臣，此亦天下之所謂亂也。父自愛也，不愛子，故虧子而自利，兄自愛也，不愛弟，故虧弟而自利，君自愛也，不愛臣，故虧臣而自利，是何也，皆起不相愛。雖至天下之為盜賊者亦然，盜愛其室，不愛其㊁異室，故竊異室以利其室，賊愛其身不愛人，故賊人以利其身，此何也，皆起不相愛。雖至大夫之相亂家，諸侯之相攻國者亦然。大夫各愛其家，不愛異家，故亂異家以利其家，諸侯各愛其國，不愛異國，故攻異國以利其國，天下之亂物㊂，具此而已矣！察此何自起，皆起不相愛。

【今註】㊀當：讀為嘗，試的意思。㊁其：衍文，應刪。㊂亂物：物與事同，是說天下的亂事，都具備在此。

【今譯】聖人是以治理天下為事，就不可以不考察混亂的起原。我曾經考察過混亂的起原，認為就是起於人與人不相愛。臣對君不忠，子對父不孝，這就是所謂亂了。子自愛不愛父，所以損害父親而自利；弟自愛而不愛兄，所以損害兄長而自利；臣自愛不愛君，所以損害君上而自利；這也是所謂亂了。反過來看，父對子不慈，兄對弟不慈，君對臣不慈，這也是天下所謂亂了。父自愛不愛子，所以損害兒子的利益以自利，兄自愛不愛弟，所以損害弟弟的利益以自利，君自愛不愛臣，所以損害臣下的利益以自利，這是什麼原故呢？都是起於不相愛。雖然是天下做盜賊的，也是這樣，賊只愛自家，不愛別家，所以偷竊別人以自利，賊只愛自身，不愛人身，所以戕害他人的身以自利。這是什麼原故呢？都起於不相愛。推而至於大夫互相侵擾其家，諸侯互相攻打其國，原因也是一樣。大夫各愛自己的家，不愛別人的家，所以擾亂別人的家，以增進自家的利益，諸侯各愛自己的國家，不愛別國，所以攻打別國，以增進本國的利益，天下各種亂事，全部都具備在這裏了。細察他們的起原，都是起於不相愛。

若使天下兼相愛，愛人若愛其身，猶有不孝者乎？視父兄與君若其身，惡施不孝，猶有不慈者乎？視弟子與臣若其身，惡施㊀不慈，故不孝不慈亡有，猶有盜賊乎？故視人之室若其室，誰竊？視人身若其身，誰賊？故盜賊亡有，猶有大夫之相亂家，諸侯之相攻國者乎？視人家若其家，誰亂？視人國若其國，誰攻？故大夫之相亂家，諸侯之相攻國者亡有，若使天下兼相愛，國與國不相攻，家與家不相亂，盜賊無有，君臣父子，皆能孝慈，若此則天下治。故聖人以治天下為事者，惡得㊁不禁惡而勸愛，故天下兼相愛則治，交相惡則亂，故子墨子曰：「不可以不勸愛人者」，此也。

【今註】㊀惡施：惡音烏，與何同，即何施不孝。㊁惡得：惡與㊀同，惡得即怎得。

【今譯】如果使天下的人都能相愛，愛他人如同愛自己一樣，還有不孝的嗎？把父兄和君上看作和自己一樣，從何處去行不孝？還會有不慈的嗎？把子弟和臣看作和自己一樣，從何處去行不慈呢？所以不孝不慈都沒有了，還會有盜賊嗎？把別人的家看作和自己的家一樣，誰還去偷？把別人的身體看作和自己的身體一樣，誰還去傷害？所以盜賊都沒有了，還會有大夫互相亂家，諸侯互相攻國的事嗎？把別人的家看作和自己的家一樣，誰再去亂？把別人的國看作和自己的國一樣，誰再去攻？所以像大夫去互相亂家，諸侯互相攻國，這類事都不會有的了。假使天下的人都能相愛，國與國不相攻打，家與家不相侵凌，盜賊沒有了，君臣父子間都能忠孝仁慈，這樣天下就能治理了。聖人既以治理天下為事，怎麼可以不禁止人民互相憎惡，而勸導人民互相親愛呢？天下的人能互相親愛，天下就會治，若互相憎惡，就會亂，所以墨子說：「不可以不勸人相愛。」道理也就在此了。

兼愛中第十五

子墨子言曰：「仁人之所以為事者，必興天下之利，除去天下之害，以此為事者也。」然則天下之利何也？天下之害何也？子墨子言曰：「今若國之與國之相攻，家之與家之相篡，人之與人之相賊，君臣不惠忠，父子不慈孝，兄弟不和調，此則天下之害也。」然則崇㈠此害亦何用㈡生哉？以不相愛生邪？子墨子言：「以不相愛生。今諸侯獨知愛其國，不愛人之國，是以不憚㈢舉其國，以攻人之國，今家主㈣獨知愛其家，而不愛人之家，是以不憚舉其家，以篡人之家，今人獨知愛其身，不愛人之身，是以不憚舉其身，以賊人之身，是故諸侯不相愛，則必野戰，家主不相愛，則必相篡，人與人不相愛，則必相賊，君臣不相愛，則不惠忠，父子不相愛，則不慈孝，兄弟不相愛，則不和調，天下之人皆不相愛，強必執㈤弱，富必侮貧，貴必敖㈥賤，詐必欺愚，凡天下禍篡怨恨，其所以起者，以不相愛生也。」

【今註】㈠崇：察字的錯誤。㈡用：與由同。㈢不憚：不惜和不怕的意思。㈣家主：有采邑的官員，采邑是古代的封地。㈤執：與制同。㈥敖：與傲同。

【今譯】墨子說：「仁人所要做的事，必須是興天下的利，除天下的害，以這個做目標。」究竟天下的利是什麼，天下的禍又是什麼呢？墨子說：「現在像國與國間互相攻打，家與家間互相爭奪，人與人間互相損害。君對臣無恩惠，臣對君不盡忠，父對子不慈愛，子對父不孝順，兄弟之間不和睦，這都是天下的禍害了。」考察這些禍害究是從那裏發生的呢？是因為人相愛而生的嗎？墨子說：「是由於人不相愛而生的，現在諸侯只知愛他自己的國，不愛別人的國，所以不惜用全國的力量去攻打別國。家主（指卿大夫）只知愛他自己的家，不愛別人的家，所以不惜用他一家的力量，去爭奪別人的家。人只知愛自己的身體，不愛別人的身體，所以不惜用他全身的力量去損害他人的身體。凡是諸侯不相愛，必定發動野戰，家主不相愛，必定互相爭奪，人與人不相愛，就互相損害，君臣不相愛，就沒有了惠與忠，父子不相愛，就沒有了慈與孝，兄弟不相愛，就不會和睦，天下的人都不相愛，強必陵弱，富必慢貧，貴必傲賤，詐必欺愚，凡是天下的爭奪怨恨，他們的起因，都是由於不相愛。」

是以仁者非之，既以非之，何以易之，子墨子言曰：「以兼相愛㈠，交相利㈡之法易之。」然則兼相愛，交相利之法，將奈何哉？子墨子言：「視人之國，若視其國，視人之家，若視其家，視人之身，若視其身，是故諸侯相愛，則不野戰，家主相愛，則不相篡，人與人相愛，則不相賊，君臣相愛，則惠忠，父子相愛，則慈孝，兄弟相愛，則和調，天下之人皆相愛，強不執弱，眾不劫寡，富不侮貧，貴不敖賤，詐不欺愚，凡天下禍篡怨恨，可使毋起者，以相愛生也，是以仁者譽之。」

【今註】㈠兼相愛：兼是併的意思，墨家的兼相愛係一種特有的主張，認為天下人都應該相愛，沒有什麼等差（等級）。㈡交相利：隨著兼相愛同時發生的。交就是互的意思。墨子言愛必提到利，這種利是大家的利益，和儒家所斥的私利不同。

【今譯】所以仁人認為這樣不對，既認為不對，用什麼方法去改變呢？墨子說：「用兼相愛，交相利的方法去改變它。」這兼相愛，交相利的方法又是怎樣的呢？墨子說：「把別人的國，看作自己的國，把別人的家，看作自己的家，把別人的身，看作自己的身。所以諸侯相愛，就不會發動野戰，家主相愛，就不會互相爭奪，人民相愛，就不會互相損害，君臣相愛，必定上惠下忠，父子相愛，必定上慈下孝，兄弟相愛，必定和睦，天下的人都相愛，強的就不會陵弱，多數的就不會壓制少數，富的就不會慢貧，貴的就不會傲賤，奸詐的就不欺騙愚蠢的，凡是天下的一切爭奪怨恨，都可使不發生，那是由於相愛的緣故，所以仁者讚美它。」

然而今天下之士君子曰：「然。乃若兼則善矣，雖然，天下之難物於故㊀也。」子墨子言曰：「天下之士君子，特不識其利，辯其故也，今若夫攻城野戰，殺身為名，此天下百姓之所皆難也，若君說之，則士眾能為之，況於兼相愛，交相利，則與此異，夫愛人者，人必從而愛之，利人者，人必從而利之，惡人者，人必從而惡之，害人者，人必從而害之，此何難之有，特上弗以為政，士不以為行故也。昔者晉文公好士之惡衣，故文公之臣，皆牂羊之裘㊂，韋㊃以帶劍，練帛㊃之冠，入以見於君，出以踐於朝，是其故何也？君說㊄之，故臣為之也。昔者楚靈王好士細要㊅，故靈王之臣，皆以一飯為節，脅息㊆然後帶，扶牆然後起，比㊇期年，朝有黧㊈黑之色，是其故何也？君說之，故臣能之也。昔越王勾踐，好士之勇，教馴㊉其臣和合之㊁，焚舟失火，試其士曰：越國之寶盡在此。」越王親自鼓其士而進之，士聞鼓音，破碎亂行㈢，蹈火而死者，左右百人有餘，越王擊金而退之。是其故何也？君說之，故臣為之也。

【今註】㈠難物於故：難物即難事，物與事同。「於故」，道藏本作「于故」，俞樾以為二字衍文，應删。㈡牂羊之裘：牂羊就是母羊，牂音臧，以其皮為裘。㈢韋：一種柔皮。㈣練帛：大帛，一種厚的繒布。㈤說：與悅同。㈥細要：即細腰。㈦脇息：脇下吸一口氣。㈧比：到。㈨黧：音ㄌㄧˊ，深黑。㈩馴：與訓同。⑪和合之：孫以為是「私令人」三字之誤，並屬下句讀。按和合之，集合之意，所改亦可。⑫破碎亂行：大家奮勇爭先，破碎了整齊的行列。孫改碎為萃，說是聚集部隊叫做萃。

【今譯】但是現在天下的士君子都說：「不錯。兼愛當然很好，但這是天下一件很難的事情呀？」墨子說：「天下之士君子，只不過是不知道它的利益和不曾辯明它的功效罷了。現在譬如攻城野戰，為著名譽而犧牲自己的生命，這乃是天下百姓所認為最難的了。但是君子如果喜歡，那麼他的部下也能夠做得到，何況兼相愛，交相利，就和這個完全不同了。凡是愛別人的，別人也必定跟著愛他，利別人的，別人也必定跟著利他，憎惡別人的，別人也必定跟著憎惡他，損害別人的，別人也必定跟著損害他。而這種兼愛又有什麼困難呢？只不過是在上位的不把它施行在政治方面，社會人士不把它應用在行為方面罷了。從前晉文公喜歡人家穿彆腳的衣裳，於是他的臣子都穿母羊皮做的裘，用軟皮條掛佩劍，戴厚布做的帽子，就這樣，進可以見君，出可以上朝，這是什麼原故呢？君上喜歡這樣，臣子們就照著做了。從前楚靈王喜歡人家細腰，於是他的臣子每天都只吃一頓飯，從脇下先吸口氣，才繫上腰帶，扶著牆才能起來，到了一年，滿朝的臣子，又黑又瘦，這是什麼緣故呢？君上喜歡這樣，臣子們就照著做了。從前越王勾踐喜歡人家勇敢，教練他的臣下們，集合起來，放火燒船，告訴他們說：「越國的財寶都在這裏。」於是越王親自擊鼓，令他們前進，勇士聽到鼓音都不按次序，爭先赴火而死的，左右約一百人有餘。越王才鳴金叫他們退下。這是什麼緣故呢？君上喜歡這樣，臣子們就照著做了。

是故子墨子言曰：「乃若夫少食惡衣，殺身而為名，此天下百姓之所皆難也，若苟君說㈠之，則眾能為之，況兼相愛，交相利與此異矣，夫愛人者，人亦從而愛之，利人者，人亦從而利之，惡人者，人亦從而惡之，害人者，人亦從而害之，此何難之有焉，特君不以為政，而士不以為行故也。」然而今天下之士君子曰：「然，乃若兼則善矣，雖然，不可行之物也，譬若挈太山，越河濟也。」子墨子言：「是非其譬也，夫挈太山而越河濟，可謂畢劫㈡有力矣，自古及今，未有能行之者也，況乎兼相愛，交相利，則與此異。古者聖王行之，何以知其然？古者禹治天下，西為西河漁竇（三），以泄渠孫皇（四）之水，北為防原泒（五），注后之邸（六），嘑池之竇（七），洒為底柱（八），鑿為龍門（九），以利燕代胡貉（一〇）與西河之民，東為漏大陸（一一），防孟諸之澤（一二），灑為九澮（一三），以楗（一四）東土之水，以利冀州之民，南為江漢淮汝，東流之，注五湖（一五）之處，以利荊楚干越（一六）與南夷之民，此言禹之事，吾今行兼矣。昔者文王之治西土，若日若月，乍光於四方，于西土，不為大國侮小國，不為眾庶侮鰥寡，不為暴勢奪穡人（一七）黍稷狗彘，天屑（一八）臨文王慈，是以老而無子者，有所得終其壽，連（一九）獨無兄弟者，有所雜（二〇）於生人之間，少失其父母者，有所放依（二一）而長，此文王之事，則吾今行兼矣。昔者武王將事太山隧（二二），傳曰：『泰山，有道曾孫（二三），周王有事，大事既獲，仁人尚作（二四），以祗（二五）商夏，蠻夷醜貉（二六），雖有周親，不若仁人，萬方有罪，維予一人。』此言武王之事，吾今行兼矣。」

【今註】（一）說：與悅同。（二）畢劫：畢本訓疾，劫當為劼之誤，劫，用力的意思。或當為勁。（三）漁竇：畢沅以為疑即龍門。一說魚竇，即山西河東鯉魚澗。稱為竇，就是魚往還之所。㈣泄渠孫皇之水：泄，宣洩，渠孫皇，古水名，無考。㈤原泒：原泒皆水名，無考。畢云：「泒，疑即雁門泒水。」一說原泒，即今「大沽河。」均應存疑。㈥后之邸：地名，無考。㈦嘑池之竇：嘑池即嘑沱河。竇與瀆同。㈧洒為底柱：洒，分流的意思。底柱，山名，在黃河水中。㈨龍門：山名，在河津韓城二縣界。㈩貉：貊與貉為北方之一種蠻族。⑪東為漏大陸：原句為「東方漏之陸」，依孫說改。漏大陸，是說將停滯在大陸之水，穿而洩之。大陸，地名，在今山東鉅鹿縣。⑫孟諸之澤：孟諸，書經作「孟豬」，在今山東虞城縣東北。澤，藪澤。⑬灑為九澮：灑，分的意思，九澮即九河。⑭楗：限制。⑮五湖：今太湖之別名。計有一、長蕩湖，二、太湖，三、射湖，四、貴湖，五、滆湖。周行五百餘里。⑯干越：干越即吳越，干指吳言，與邗同，邗本屬吳。⑰穡人：田夫。⑱天屑：屑與顧同。⑲連獨：即矜獨，矜與苦同。⑳雜：讀如集，成就的意思。㉑放依：憑依，依靠。㉒隧：地道通路。㉓有道曾孫：有道曾孫是祭神時的稱呼，自稱有道，是指紂王無道，自己有道，以靠神求助。曾孫，曲禮說是諸侯自稱之辭。㉔仁人尚作：仁人，指當時的太公，周、召公那一批人。作，是起的意思。㉕祇：拯救的意思。㉖醜貉：貉是古代一種蠻族，醜，眾的意思。

【今譯】所以墨子說：「少吃飯，穿壞衣服，為空名而犧牲自己的生命，這都是天下百姓認為很難的事，但是如果君上喜歡，眾人也就能做到。至於兼相愛，交相利，那就和這個不同得多了。凡是愛別人的，別人也會愛他，利別人的，別人也會利他，憎惡別人的，別人也會憎惡他，損害別人的，別人也會損害他。這種事做起來又有什麼困難呢？只不過因為君上不以施政，而士人們不以見之行為罷了。」

但是現在天下的士君子說：「不錯。能夠兼，當然是好的！不過，這是行不通的事呀！如若行起來，就好比舉起泰山，超越黃河和濟水一樣。」墨子說：「不是這種比方呀！舉泰山超越河濟，可以說是強勁有力了。從古到今，還沒有人能行。至於兼相愛，交相利，就和這個不同。古代聖王就曾經做過，何以知道呢？從前禹治理天下時，西邊開西河魚竇，以泄渠孫皇的水。北面為防原泒兩水泛濫，注入后之邸和滹沱河，分流底柱山，鑿開龍門，以利燕代胡貉與西河的人民。東面穿泄大陸的迂水，疏通孟諸的澤藪，分為九條河，制限東土的水，以利冀州的人民。南面作成長江漢水淮河汝水。東流注入五湖的地方，以利荊、楚、干、越與南夷的人民。這是大禹的事業，我們現在要用這種精神，實行兼愛了。

從前周文王治理西土（指岐周）時，光明有如日月，照耀四方以及西土，不為大國侵陵小國，不為眾人欺負鰥寡孤獨，不為強暴勢力，奪取農夫的豬狗黍豆，上天眷顧文王的慈政，所以年老無子的得以壽終，孤獨無兄弟的，得以維持生活，幼小無父母的也有所依託而得長大成人，這是周文王治理西土的事業，我們現在要用這種精神去實行兼愛。從前周武王既定天下，掘地為隧道，去祀泰山的神，傳記上曾說道：『泰山！有道曾孫，周王有事，現在大事既成，又得了仁人們的助力，來拯救商、夏四夷之民。雖然有了至親，但並不如仁人，萬方有罪，都歸我一個人承擔。』這是說周武王的事，我們現在要用這種精神來實行兼愛。」

是故子墨子言曰：「今天下之士君子，忠㊀實欲天下之富，而惡其貧；欲天下之治，而惡其亂，當兼相愛，交相利，此聖王之法，天下之治道也，不可不務為也。」

【今註】㊀忠：應作中。

【今譯】所以墨子說：「現在天下的士君子，中心果然想使天下富庶，厭惡貧窮，想要天下治理，厭惡混亂，就應當實行兼相愛，交相利。這是聖王的常法，天下的治道，不可不努力去做。」

兼愛下第十六

子墨子言曰：「仁人之事者，必務求興天下之利，除天下之害。」然當今之時，天下之害孰為大？曰：「若大國之攻小國也，大家之亂小家也，強之劫弱，眾之暴寡，詐之謀愚，貴之敖㈠賤，此天下之害也。」又與㈡為人君者之不惠也，臣者之不忠也，父者之不慈也，子者之不孝也，此又天下之害也。又與今人之賤人，執其兵刃毒藥水火，以交相虧賊，此又天下之害也，姑嘗本原若眾害之所自生，此胡自生？此自愛人利人生與？即必曰非然也，必曰從惡人賊人生。分名乎㈢天下惡人而賊人者兼與別與㈣？即必曰別也。然即㈤之交別㈥者，果生天下之大害者與？是故別非也。子墨子曰：「非人者必有以易之，若非人而無以易之，譬之猶以水救水㈦也。」其說將必無可焉。是故子墨子曰：「兼以易別。」

【今註】㈠敖：同傲。㈡與：同如。㈢分名：分別給他一個名目。㈣兼與別與：兼是兼相愛，別是別相惡。又稱「交相別」，兼愛是墨子全部的主張。別與兼是對待辭，就是等差，也就是分別，墨子所最反對的。下「與」字同「歟」，疑問辭。㈤然即：就是「然則」，下同。㈥交別：是說交相別。㈦水救水：俞校作「以水救水，以火救火」，近是。

【今譯】墨子說：「仁人的事，一定要興天下的利，除去天下的害。」可是當今之時，天下之害，什麼算得最大呢？答道：「例如大國攻打小國，大家擾亂小家，強劫弱，眾暴寡，奸欺愚，貴傲賤，這就是天下的禍害了。」又如為人君的不惠，為人臣的不忠，父親的不慈，兒子的不孝，這也都是天下的禍害。又如現在的賤民，拿著刀兵、毒藥、水火，互相殘害殺傷，這又是天下的禍害了。我們姑且推究這些禍害發生的原因，究竟是那兒生的呢？是不是從愛人利人生的呢？必定回答說不是，必定說是由憎惡人賤害人而生的。請問天下憎惡人，賤害人的人算是「兼」，還是「別」呢？那就一定要說是「別」了。然則這個「交相別」果然是產生天下一切大害的東西，所以「別」是不對的。墨子說：「如果以別人為不對，那就要有一種理由去代替他，若光是以別人為非，而沒有理由代替，這譬如用水去救水，用火去救火一樣。」這種說法是不可以的。所以墨子說：「要用兼來代替別。」

然即兼之可以易別之故何也？曰：「藉㈠為人之國，若為其國，夫誰獨舉其國，以攻人之國者哉？為彼者由㈡為己也。為人之都，若為其都，夫誰獨舉其都，以伐人之都者哉？為彼猶為己也，為人之家，若為其家，夫誰獨舉其家，以亂人之家者哉？為彼猶為己也，然即國都不相攻伐，人家不相亂賊，此天下之害與？天下之利與？即必曰天下之利也。」

【今註】㈠藉：假使。㈡由：應作擔。

【今譯】然則兼可以代替別的原因在那兒呢？答道：「假使為別人的國，像自己的國，誰肯拿自己的國去攻打他人的國呢？因為他人和自己都是一樣的呀！又假定為別人的都城，像自己的都城，誰肯拿自己的都城，去攻打他人的都城呢？因為他人和自己都是一樣的呀！又假定為別人的家，像自己的家，誰肯拿自己的家，去侵擾別人的家呢？因為他人的家和自己也都是一樣的呀！國和都不相攻打，人與家不相侵害，這就是天下的禍呢？還是天下的利呢？必定要說是天下的利了。」

姑嘗本原若眾利之所自生，此胡自生？此自惡人賊人生與？即必曰非然也，必曰從愛人利人生，分名乎天下愛人而利人者別與兼與？即必曰兼也，然即之交兼㈠者，果生天下之大利者與？是故子墨子曰：「兼是也。」

【今註】㊀交兼：交相兼。

【今譯】現在姑且來推究這些利從何發生？這是由於憎恨人賊害人而生的嗎？必定要說不是的，必定要說這是由於愛人利人而生的，請問天下愛人與利人的，是「別」還是「兼」呢？必定說是「兼」，那麼這種「交相兼」，不是能產生天下一切大利的嗎？所以墨子說：「兼是對的。」

且鄉吾本言曰：「仁人之事者，必務求興天下之利，除天下之害。」今吾本原兼之所生，天下之大利者也，今吾本原別之所生，天下之大害者也。是故子墨子曰：「別非而兼是者。」出乎若方㊀也。

【今註】㊀若方：若與此同，方與道同。若方就是這種道理。

【今譯】並且我曾經說過：「仁人的任務，必須是興天下的利，除天下的害。」現在我指出由「兼」而生的，都是天下的大利，也指出由「別」而生的，都是天下的大害。所以墨子說：「別非而兼是。」就是這個道理。

今吾將正求與㊀天下之利而取之，以兼為正，是以聰耳明目相與視聽乎？是以股肱畢強，相為動宰㊁乎？而有道肆相教誨㊂，是以老而無妻子者，有所侍養以終其壽，幼弱孤童之無父母者，有所放依，以長其身。今唯母以兼為正，即若其利也，不識天下之士，所以皆聞兼而非者，其故何也？

【今註】㈠與：應作興。㈡動宰：孫詒宰當作舉，即動作。㈢肆相教誨：肆，勤也，即勤力相教誨。

【今譯】現在我將求出一個興天下之利的辦法來採取他。用兼愛為政，大家都會耳聰目明，彼此互相的看和聽，大家都會手足堅強，彼此互相協助。而有道德的人，也會勉力教導人。所以老年沒有妻子的，都有所供養而得以壽終，幼弱孤童沒有父母的，都有所依靠而得以長成。現在若用兼愛為政，就可以得到這些利益，不知道天下許多人士，為什麼聽到兼愛，還要表示反對？原因究竟在那裏？

然而天下之士，非兼者之言，猶未止也。曰：「即善矣，雖然，豈可用哉？」子墨子曰：「用而不可，雖我亦將非之，且焉有善而不可用者？」姑嘗兩而進之，誰㈠以為二士，使其一士者執別，使其一士者執兼。是故別士之言曰：「吾豈能為吾友之身，若為吾身，為吾友之親，若為吾親。」是故退睹其友，飢即不食，寒即不衣，疾病不侍養，死喪不葬埋。別士之言若此，行若此。兼士之言不然，行亦不然。曰：「吾聞為高士於天下者，必為其友之身，若為其身，為其友之親，若為其親，然後可以為高士於天下。」是故退睹其友，飢則食之，寒則衣之，疾病侍養之，死喪埋葬之，兼士之言若此，行若此。若之二士者，言相非而行相反與？當㊁使若二士者，言必信，行必果，使言行之合，猶合符節㊂也，無言而不行也。然即敢問，今有平原廣野於此，被甲嬰㊃胄將往戰，死生之權㊄，未可識也；又有君大夫之遠使於巴越齊荊，往來及否，未可識也。然即敢問不識將惡㊅也，家室，奉承親戚㊆，提挈妻子，而寄託之，不識於兼之有是乎？於別之有是乎？以為當其於此也，天下無愚夫愚婦，雖非兼之人，必寄託之於兼之有是也。此言而非兼，擇即取兼，即此言行費㊇也，不識天下之士，所以皆聞兼而非之者，其故何也？

【今註】㊀誰：誰是設字之誤，假設的意思。㊁當：應為嘗字。㊂合符節：古代的符節，以竹製成，長六寸，詔令兵符，皆以此為信，用的時候，剖之為兩，每方各持一半，合者為信。㊃嬰：與攖同，加的意思。㊄權：應為機字。㊅惡：讀如烏，與何同，下脫一「從」字，惡從即何從。㊆親戚：錢大昕云：「古人稱父母為親戚，孟子盡心篇：『人莫大於亡親戚君臣上下』。又大戴禮記曾子疾病篇：『親戚既沒，雖欲孝誰為孝』。」按親戚子，亦見非命上中篇及節葬下篇，皆作父母義。

㊇費：與拂同，違背的意思。

【今譯】然而天下的人士，反對兼愛的言論，還是沒有停止呀！他們說：「好是好的，但是這怎麼可以用呢？」墨子說：「如果真不可用，我也會反對它，但那有好的東西不能用呢？」現在姑且試將兼愛和別愛二者進而比較之，假設此地有二個士人，一個士人主張別愛，另一個士人主張兼愛，主張別愛的士人說：「我怎能將我友的身，看做自己的身，將我友的雙親，看做自己的雙親。」所以他看見朋友飢餓時，即不給以食，寒冷時，也不給以衣，有病也不服侍，死了也不葬埋。別士的言論是這樣，行為也是這樣。而兼士的言和行就大不相同了。他說：「我聽說要做一個天下的高士，必須將朋友的身，看做自己的身，朋友的雙親，看做自己的雙親。」所以他看見朋友饑餓，就給他食，寒冷就給他穿，疾病前去服侍，死亡給他葬埋。兼士的言論是這樣，行為也是這樣。這兩個士人，不是言論相非，行為相反嗎？假使這兩人，言出必行，行為果決，他們的言與行，就像符節一樣的符合，沒有一句話不實行。那麼請問，假定有一片平原曠野在這裏，人們披甲戴盔的將往作戰，生死不可預卜；又有一個國君的大夫，奉命出使那遙遠的巴越齊楚，能否重回故土，也未可知。那麼請問，如果要事奉自己的父母，寄頓自己的妻子，究竟是拜託那兼愛的友人呢？還是別愛的友人呢？我以為當這個時候，無論天下什麼愚夫愚婦，雖然反對兼愛的人，一定要寄託給主張兼愛的友人了。在言論上反對「兼」，而在選擇時，倒採取了「兼」，這就是言行相反了。我不知道天下的人士一聽到兼愛就表示反對，原因究竟在那裏？

然而天下之士，非兼者之言猶未止也。曰：「意可擇士，而不可以擇君乎？」姑嘗兩而進之，誰㊀以為二君，使其一君者執兼，使其一君者執別，是故別君之言曰：「吾惡能為吾萬民之身，若為吾身，此泰㊁非天下之情也。人之生乎地上之無幾何也。譬之猶馳駟而過隙㊂也。」是故退睹其萬民，飢即不食，寒即不衣，疾病不侍養，死喪不葬埋。別君之言若此，行若此。兼君之言不然，行亦不然，曰：「吾聞為明君於天下者，必先萬民之身，後為其身，然後可以為明君於天下。」是故退睹其萬民，飢即食之，寒即衣之，疾病侍養之，死喪葬埋之。兼君之言若此，行若此，然即交若之二君㊃者，言相非而行相反與？常使若二君者，言必信，行必果，使言行之合，猶合符節也，無言而不行也。然即敢問今歲有癘疫，華民多有勤苦凍餒，轉死溝壑㊄中者，既已眾矣。不識將擇之二君者，將何從也？我以為當其於此也，天下無愚夫愚婦，雖非兼者，必從兼君是也。言而非兼，擇即取兼，此言行拂也，不識天下所以皆聞兼而非之者，其故何也？

【今註】㊀誰：設，見前。㊁泰：與大同。㊂馳駟而過隙：一個車子用四匹馬駕著，叫做駟。莊子知北遊：「人生天地之間，若白駒之過隙，忽然而已。」㊃然即交若之二君：墨子閒詁引戴云：「然即交三字無義，當是衍文。」㊄溝壑：孟子：「志士不忘在溝壑。」與谿谷同，是說窮人死了，沒有棺材，屍首丟在谿谷中。

【今譯】然而天下的人士反對兼愛的言論，還是沒有停止呀！他們說：「或許可以這樣選擇士，但不可以這樣擇國君吧？」現在姑且試將兼愛與別愛二者進而比較之，假設此地有兩個國君，一個國君主張兼，另一個國君主張別。主張別的國君說：「我怎能將萬民的身，看做我自己的身呢？這太不近人情了。人生在世，沒有幾何時間，就像一輛四匹馬駕的車，跑過空隙的地方一樣。」所以他看見人民飢餓，即不給食，寒不給衣，疾病不給休養，死亡不給葬埋。別君的話是這樣，行為也是這樣。兼君的言行就不相同了，他說：「我聽說要做一個賢明的國君，必先為萬民的身，然後為自己的身，那樣，才可為賢明之君於天下。」所以他看見人民飢餓，就給他們吃，寒冷就給他們穿，疾病服侍他，死亡葬埋他，兼君的言論是這樣，行為又是這樣，這一執兼一執別的兩君，不是言論相非，言行相反的嗎？如果他們講話很守信用，行為也很堅決，言行合一，就像合符節那樣，沒有說過的話不認賬。那麼請問，假使今年瘟疫流行，人民大多數因為勤苦和凍餓，輾轉死在谿谷的，已經很多了，如果從這二君中選擇一位，你說應該跟著誰呢？我以為在這個時候，無論天下愚夫愚婦，平常反對兼愛的，這時也必定會跟隨兼君的了。在言論反對兼，到選擇時仍舊採取兼，這就是言行相反了。不知道天下的人士，一聽到兼就表示反對，原因究竟在那裏？

然而天下之士非兼者之言也，猶未止也，曰：「兼即仁矣義矣，雖然，豈可為哉？吾譬兼之不可為也，猶挈泰山以超江河也。故兼者直願之也，夫豈可為之物哉？」子墨子曰：「夫挈泰山以超江河，自古之及今，生民而來，未嘗有也。今若夫兼相愛，交相利，此自先聖六王者親行之。」何知先聖六王之親行之也？子墨子曰：「吾非與之並世同時，親聞其聲，見其色也；以其所書於竹帛，鏤於金石，琢於槃盂㊀，傳遺後世子孫者知之。」泰誓㊁曰：「文王若日若月乍㊂照，光於四方於西土。」即此言文王之兼愛天下之博大也。譬之日月，兼照天下之無有私也，即此文王兼也。雖㊃子墨子之所謂兼者，於文王取法焉。

【今註】㊀竹帛、金石、盤盂：古無箋紙，都刻在竹簡和寫在帛上，所以叫做竹帛。金石指鐘鼎和石碑。盤和盂是一種器物，古代有功勳事蹟，都可以刻在上面。㊁泰誓：書經篇名。㊂乍：讀為作，古與作通。㊃雖：與唯同，古代唯雖兩字通用。

【今譯】然而天下人士，反對兼愛的言論，依然沒有終止呀！他們說：「兼，算得上是仁，也算得上是義啊！不過，這怎樣可以做得到呢？兼愛的行不通，就好比提起泰山超過江河一樣，所以兼愛只不過是一種空想罷了，那裏是做得到的事呢？」墨子說：「提起泰山超過江河，從古到今，有人民以來，那是不曾有過的事，至於『兼相愛』，『交相利』，古代有六個聖王卻都親自實行過。」怎麼知道古代有六個聖王曾親自實行過呢？墨子說：「我並非和他們同時，親自聽到他們的聲音，看到他們的容貌，而是從那些寫在竹帛，刻在金石，雕在盤盂；傳流給後代子孫的記錄上知道的。」泰誓上說：「文王像太陽，又像月亮一般照耀，光輝遍及四方和西土。」這說明了文王兼愛天下，是如此的博大，好比太陽和月亮兼照天下，一樣的沒有偏私，這就是文王的「兼」了；而墨子的所謂兼，正是由文王那兒得來的呢？

且不惟泰誓為然，雖禹誓㊀即亦猶是也。禹曰：「濟濟有眾，咸聽朕言，非惟小子，敢行稱亂，蠢茲有苗，用天之罰，若予既率爾羣對諸羣㊁，以征有苗。」禹之征有苗也，非以求以重富貴，干福祿，樂耳目也，以求興天下之利，除天下之害，即此禹兼也。雖子墨子之所謂兼者，於禹求焉。

【今註】㊀禹誓：禹征有苗誓師之文。㊁予既率爾羣對諸羣：羣對諸羣四字，依孫說應為「羣封諸君」，封與邦同，是說我率領你們眾邦國諸君，征討有苗。㊂以：衍文應刪。

【今譯】並且不但泰誓如此說，禹誓上也是這樣，禹說：「你們大家都聽我的話！並不是我敢妄自興兵騷擾，實在是因有苗暴動，所以我只得代天行罰，我現在就率領你們各邦的君長，去征討有苗。」禹征討有苗，並不是求富貴，也不是干福祿，享受聲色之樂，而是要興天下之利，除天下之害，這就是禹的兼了；而墨子的所謂兼，就是從禹那兒得來的呢。

且不惟禹誓為然，雖湯說㊀即亦猶是也。湯曰：「惟小子履㊁，敢用玄牡㊂，告於上天后曰：『今天大旱，即當朕身履，未知得罪於上下㊃，有善不敢蔽，有罪不敢赦，簡在帝心㊄，萬方有罪，即當朕身，朕身有罪，無及萬方。』」即此言湯貴為天子，富有天下，然且不憚以身為犧牲，以祠說于上帝鬼神，即此湯兼也，雖子墨子之所謂兼者，於湯取法焉。

【今註】㈠湯說：即湯誓，湯伐桀之誓詞，今已不傳。㈡予小子履：予小子，湯自己的謙稱。履是湯名。㈢玄牡：黑色的公羊。㈣未知得罪於上下：不知道怎樣得罪了上下。㈤簡在帝心：簡與閱同，帝，指上帝。是說鑒察善惡，都在上帝的心裏。

【今譯】並且不但禹誓上這樣說，湯誓上也有這類的記載；湯說：「予小子履，敢以黑色的牡牛，祭告於皇天后土說：『現在天大旱，我自己不知道因為什麼原故，得罪了天地。於今有善不敢隱瞞，有罪也不敢輕饒，這一切都在上帝的心裏面明白。如果萬方有罪，我願意一個人擔任。若是我本身有罪，請不要連累萬方。』」這是說湯貴為天子，富有天下，然而尚且不惜以自身為犧牲，用言詞向上帝鬼神祈禱，這就是湯的「兼」了；而墨子的所謂「兼」，也正是由湯那兒得來的呢。

且不惟誓命與湯說為然。周詩即亦猶是也。周詩曰：「王道蕩蕩，不偏不黨，王道平平，不黨不偏，其直若矢，其易若底㈠，君子之所履，小人之所視㈡。」若吾言非語道之謂也㈢，古者文武為正㈣，均分賞賢罰暴，勿有親戚弟兄之所阿㈤，即此文武兼也，雖子墨子之所謂兼者，於文武取法焉，不識天下之人，所以皆聞兼而非之者，其故何也？

【今註】 ㊀底：與砥同。㊁君子所履，小人所視：孟子萬章趙注：「周道平直，君子履直道，小人比而則之。」則字是效法的意思。㊂若吾言非語道之謂也：這是一種反語，是說「如果以我的話不合於道理呢？那麼古者文武為政……」。㊃正：與政同。㊄阿：私的意思。

【今譯】 並且不但禹誓和湯誓上這樣說，周詩上也有這類的話；周詩上說：「王道蕩蕩，沒有偏也沒有黨。王道平平（音便的平聲），沒有黨也沒有偏。像箭一樣直，像磨刀石一樣的平，君子在前面引導，小人在後面跟著行。」如果以我所說的話不對，試看古代文王和武王主政，十分公平，賞賢罰暴，對於親戚兄弟，絕沒有偏私。這就是文王武王的「兼」了，而墨子的所謂「兼」，也正是由文武二王那兒得來的呢？不知道天下的人，一聽到兼，就反對，原因究竟在那裏？

然而天下之非兼者之言猶未止。曰：「意不忠㊀親之利而害為孝乎㊁？」子墨子曰：「姑嘗本原之孝子之為親度㊂者，吾不識孝子之為親度者，亦欲人愛利其親與？意㊃欲人之惡賊其親與？以說觀之㊄，既欲人之愛利其親也。然即吾惡㊅先從事即得此？

若我先從事乎愛利人之親，然後人報我以愛利吾親乎？意我先從事乎惡人之親，然後人報我以愛利吾親乎？即必吾先從事乎愛利人之親，然後人報我以愛利吾親也。然即之交孝子㈦者，果不得已乎？毋㈧先從事愛利人之親與？意以天下之孝子為遇㈨，而不足以為正㈩乎？姑嘗本原之先王之所書，大雅㈡之所道曰：『無言而不讎，無德而不報，投我以桃，報之以李。』即此言愛人者必見愛也，而惡人者必見惡也。不識天下之士，所以皆聞愛而非之者，其故何也？

【今註】㈠忠：當作中，讀去聲，義見前。戴云：「中當訓為得。」㈡而害為孝乎：把兼愛認作有害於孝道，大概就是當時兼愛無父的看法。㈢度：忖度，音鐸，思考的意思。㈣意：抑，還是。㈤以說觀之：墨子新釋：「說同閱，所閱歷過的。」㈥惡先：惡讀烏，即何先。㈦之交孝子：之與是同，交，交利的意思。㈧毋：語詞，解見前。㈨遇：應為愚，孫以為是同聲假借字。㈩正：墨子新釋：「正，善也。」㈡大雅：詩經大雅抑篇的句子。

【今譯】然而天下之士反對兼愛的言論，仍然沒有終止呀！他們說：「恐怕這個不中雙親的利益，而有害於孝道吧？」墨子說：「我們姑且假設一個孝子為他的雙親打算；這個孝子希望人家愛利他的雙親呢？還是希望人家憎害他的雙親呢？照常理講，當然希望人家愛利他的雙親了。那麼，自己首先應當怎樣做，才可以得到這呢？如果我們先從事愛利人家的雙親，然而人家也以愛利我的雙親來答報呢？還是我先憎害人家的雙親，然後人家才以愛利我的雙親來答報呢？當然我必須先愛利人家的雙親，然後人家才會以愛利我的雙親相報了。然則這一執兼一執別的孝子，果真是不得已才先去愛利人家的雙親？還是以為天下的孝子都是笨人，完全不知道好歹呢？我們姑且推原先王的所書，大雅的所說：『沒有人說的話我不聽，沒有人施的德我不報，你投給我一隻桃，我會報答你一隻李。』這就是說愛人的必定被人愛，惡人的必定被人惡，不知道天下之士一聽到『兼』就反對，原因究竟在哪裏？

意以為難而不可為邪？嘗有難此而可為者。昔荊靈王㈠好小要㈡，當靈王之身，荊國之士，飯不踰乎一固㈢，據而後興，扶垣而後行，故約食為其難為也，然後為而靈王說之㈣，未踰於世㈤，而民可移也，即求以鄉㈥其上也。昔者越王勾踐好勇，教其士臣三年，以其知為未足以知之也，焚舟失火，鼓而進之，其士偃㈦前列，伏水火而死，有不可勝數也。當此之時，不鼓而退也，越國之士，可謂顫㈧矣。故焚身為其難為也，然後為之，越王說之，未踰於世，而民可移也，即求以鄉上也。昔者晉文公好苴服㈨，當文公之時，晉國之士，大布之衣，牂羊之裘，練帛之冠，且苴㈩之屨，入見文公，出以踐之朝，故苴服為其難為也，然後為，而文公說之，未踰於世，而民可移也，即求以鄉其上也，是故約食焚舟苴服，此天下之至難為也，然後為而上說之，未踰於世，而民可移也，何故也？即求以鄉其上也。今若夫兼相利，此其有利，且易為也，不可勝計也，我以為則無有上說之者而已矣，苟有上說之者，勸之以賞譽，威之以刑罰，我以為人之於就兼相愛交相利也，譬之猶火之就上，水之就下也，不可防止於天下。

【今註】㈠荊靈王：即楚靈王。㈡小要：即細腰。㈢一固：畢云：有一種本子作「一握」。孫詒讓從一字斷句，把固字屬下讀，作「固據而後興。」按孫說較優。說文：「據，杖持也。」是扶杖的意思。㈣然後為而靈王悅之：後字，孫疑為眾之誤，陳柱以為是衍文，應刪。㈤未踰於世：不超過這時代。㈥鄉：與嚮同，即向。㈦偃：僵的意思。㈧顫：孫以為應讀作憚，驚怕的意思。畢意亦同，但按上下文義，應作殫。此處全句為：「當此之時，不鼓而退也，越國之士，可謂顫矣。」意思應該是在這時，如果不停止鼓聲退卻的話，那越國的勇士們，可以說就快要死盡了。殫，就是竭和盡的意思。㈨苴服：苴與粗通，即粗服。㈩且苴：麤粗。王充論衡：「麤苴之物。」

【今譯】我們以為這樣很難，會做不到的罷，但是還有比這更難，卻依然能辦到的事。從前楚靈王喜歡細腰，當靈王在世時，楚國的人士，每天吃飯不超過一次，用力扶穩，才站了起來，扶著牆才向前走。我們知道節食是一件很難的事呀！然而因為靈王喜歡，所以沒有多久，民風已為之轉移，這無非是迎合上面的意思罷了。從前越王勾踐喜歡勇敢，訓練他的將士三年，還不知道效果如何，於是故意放火燒船，下令擊鼓前進，他的將士，拚命向前，死在水火裏面的不計其數，當這個時候，如不停止鼓聲退卻的話，越國的勇士們，就要傷亡殆盡了。我們知道以火焚身，是一件絕對難以做得的事，而因為越王歡喜，所以沒有多久，民風已為之轉移，這無非是迎合上面的意思罷了。從前晉文公喜歡穿粗布衣，當他在位的時候，晉國的人士都穿大布的衣和母羊皮的裘，戴厚繒做的帽子，穿粗笨的鞋，進可以見文公，出來也可以上朝；我們知道穿粗陋的衣服，也是一件很難做到的事呀！然而因為文公歡喜，沒有多久，民風已為之轉移，這是什麼原故呢？也無非要迎合君上的意思罷了。由此，可以知道兼相愛和交相利是有利的，而且也是十分容易做，我以為在上位的人不歡喜這樣做罷了，假如在上位的人歡喜這樣做，用獎賞來鼓勵大家，用刑罰來威脅大家，我以為眾人對於兼相愛，交相利，會像火一樣的向上，水一樣的向下，是防堵不住的。

故兼者聖王之道也，王公大人之所以安也，萬民衣食之所以

足也。故君子莫若審兼而務行之。為人君必惠，為人臣必忠，為人父必慈，為人子必孝，為人兄必友，為人弟必悌㈠，故君子莫㈡若欲為惠君，忠臣、慈父、孝子，友兄，悌弟，當若㈢兼之不可不行也，此聖王之道，而萬民之大利也。」

【今註】㈠悌：古代弟對兄恭敬的一種專有名詞，音第。㈡莫：應刪。㈢當若：就是「當如」。

【今譯】所以說『兼』就是聖王的道理，王公大人會因此而得到安全，萬民衣食會因此而得到滿足。所以君子最好審察『兼』的道理而儘力去推動它。這樣，為人君的必惠，為人臣的必忠，為人父的必慈，為人子的必孝，為人兄的必友，為人弟的必悌。君子如果要做一個惠君、忠臣、慈父、孝子、友兄和悌弟，應當力行兼愛，這是聖王之道，萬民最大的利益。」

非攻上第十七

今有一人，入人園圃㊀，竊其桃李，眾聞則非之，上為政者，得則罰之，此何也？以虧人自利也。至攘㊁人犬豕雞豚㊂者，其不義，又甚入人園圃竊桃李，是何故也？以虧人愈多，其不仁茲㊃甚，罪益厚。至入人欄廄，取人牛馬者，其不仁義，又甚攘人犬豕雞豚，此何故也？以其虧人愈多，苟㊄虧人愈多，其不仁茲甚，罪益厚。至殺不辜人也，扡㊅其衣裘，取戈劍者，其不義，又甚入人欄廄，取人馬牛，此何故也？以其虧人愈多，苟虧人愈多，其不仁茲甚矣，罪益厚。當此天下君子，皆知而非之，謂之不義。今至大為攻國，則弗知非，從而譽之，謂之義，此可謂知義與不義之別乎？

【今註】㊀園圃：說文：「園樹果，圃種菜。」㊁攘：音讓的平聲，與盜同。㊂豚：小豬。小爾雅：「豬子曰豚。」㊃茲：與滋同。「更」和「甚」的意思。㊄苟：假如。如果。㊅扡：音拖，與褫同，奪的意思。

【今譯】現在有一個人，進入別人的園圃內，偷竊桃子和李子，眾人聞知之後，必定說他不對，被當政的人發現了，必定要處罰他，為甚麼呢？因為他做了損人利己的事。至於偷盜別人的雞犬和小豬，其不義又超過到別人果園內去偷桃李，這是甚麼緣故呢？因為他損害人的程度更深；損害人的程度既然更深，其不仁也愈甚，而犯的罪過也就愈重了。至於到別人的牛欄馬廄內，偷取別人的牛馬，其不義又超過偷盜別人的雞犬和小豬，這是甚麼緣故呢？因為他損害人的程度更深，損害人的程度既然更深，其不仁也愈甚，而所犯的罪過也就愈重了。至於妄殺無辜之人，奪取他的皮衣戈劍，其不義又超過到別人的牛欄馬廄，偷盜別人的牛馬，這是甚麼緣故呢？因為他損害人的程度更深，損害人的程度既然更深，其不仁也愈甚，而所犯的罪過也就愈重了。天下的君子對於這個人，都知道說他不對，稱他為不義，但是現在去攻打別人的國家，大家反而不知道他的錯誤，跟著去讚美他，稱之為合乎義，這樣能算得知道義與不義的分別嗎？

殺一人，謂之不義，必有一死罪矣；若以此說往㈠，殺十人，十重不義，必有十死罪矣；殺百人，百重不義，必有百死罪矣。當此天下之君子，皆知而非之，謂之不義。今至大為不義，攻國則弗知非，從而譽之，謂之義，情㈡不知其不義也，故書其言，以遺後世。若知其不義也，夫奚說書其不義，以遺後世哉？

【今註】㊀若以此說往：是說如果以此說推之。㊁情：與誠同。墨子書凡誠多作情，情誠古通用。㊂奚：與何同。

【今譯】殺死一個人，叫做不義，必然有一項死罪了；若以此說推論，殺死十個人是十倍不義，必有十重死罪了，殺死一百人，百倍不義，必有百重死罪了。天下的君子都知道他的不對，稱他為不義，但是現在最大不義的攻人國家，反不知其非，而跟著去讚美他，稱他合乎義，這實在因為他們不知道這是一件不義的事啊！所以他們還要將這些話記錄下來，傳給後世，倘若他們知道這是不合乎義的，有甚麼理由會把這些不義的事記錄下來，傳給後世呢？

今有人於此，少見黑曰黑，多見黑曰白，則必以此人為不知白黑之辯矣，少嘗苦曰苦，多嘗苦曰甘，則必以此人為不知甘苦之辯矣。今小為非，則知而非之；大為非攻國，則不知非，從而譽之，謂之義，此可謂知義與不義之辯乎？是以知天下之君子也㊀，辯義與不義之亂也。

【今註】㊀也　此處作感嘆詞用。

【今譯】現在假如有一個人，看見少許黑色，說是黑的，看見許多黑色，又說是白的，大家必定以為這人不能分別黑白的了。少嘗一點苦味，說是苦的，多嘗些苦味，又說是甜的，大家必定以為這人不能分別甘苦的了。現在小為非，大家都說他非，而大為非至於攻人的國家，大家就不知其非，反而要去讚美他，稱他為義，這樣可以算得知道義與不義的分別嗎？於此可以知道天下的君子啊！對於「義與不義」並沒有分別得很清楚。

非攻中第十八

子墨子言曰：「古㈠者王公大人，為政於國家者，情㈡欲譽㈢之審，賞罰之當，刑政之不過失。」……㈣

【今註】㈠古：依王念孫說應為今。㈡情：同誠，見前篇。㈢譽：譽字上應依王說增「毀」字。㈣「刑政之不過失」……下面有脫文，無法校補，從缺。

【今譯】墨子說：「當今的王公大臣，掌理國政的，如果要做到毀譽精審，賞罰適當，刑政沒有過失。」……

是故子墨子曰：「古者有語：『謀而不得，則以往知來，以見㈠知隱。』謀若此，可得而知矣。」

【今註】㈠見：與現同。

【今譯】所以墨子說：「古語曾說『一時謀慮不到，就用往事以推知將來，用明顯以推測隱微。』像這樣的謀慮，都可以知道了。」

今師徒唯毋㊀興起，冬行恐寒，夏行恐暑，此不以冬夏為者也；春則廢民耕稼㊁樹藝㊂，秋則廢民穫斂㊃。今唯毋廢一時，則百姓饑寒凍餒而死者，不可勝數。今嘗㊄計軍上㊅竹箭羽旄㊆幄㊇幕，甲盾撥㊈劫㊉，往而靡弊腑㊁冷㊂不反者，不可勝數；又與矛戟戈劍乘車，其列住碎折靡弊而不反者，不可勝數；與其牛馬，肥而往，瘠而反，往死亡而不反者，不可勝數；與其涂㊂道之脩遠，糧食輟絕而不繼，百姓死者，不可勝數也；與其居處之不安，食飯㊃之不時，饑飽之不節，百姓之道疾病而死者，不可勝數。喪師多不可勝數，喪師盡不可勝計，則是鬼神之喪其主后㊄，亦不可勝數。

【今註】㊀唯毋：唯與惟同，毋為語詞，沒有意思。詳見尚同中篇。㊁耕稼：耕，說文：「犁也。」稼，種穀曰稼。㊂樹藝：種植果木菜蔬。周禮地官：「一曰稼穡，二曰樹藝。」㊃穫斂：穫，收割。斂，收聚。㊄嘗：與試同。㊅上：依孫詒讓說應為出。㊆羽旄：旄旗之類。㊇幄：在旁曰帷，四合曰幄。㊈撥：大盾。㊉劫：依孫說應作劫，說文：「刀把也。」㊁腑：與腐同。畢沅云：「即腐之異文。」㊂冷：與爛音相近，當為爛。㊂涂：與塗同。㊃飯：飲的誤字。㊄主后：后與後字通，主後就是嗣續的意思。

【今譯】 現在若出兵征伐，冬天行軍恐怕太冷，夏天行軍恐怕太熱，冬夏二季都不宜於行軍，而在春天，則荒廢了人民的耕種；在秋天，則荒廢了人民的收穫。如今荒廢了任何一個農時，百姓因之饑寒凍餓而死的，多得不可勝數；現在試計算一下，出兵時所用的竹箭羽旄，帳幕鎧甲，大小盾牌以及刀柄等，用去了的都弊壞腐朽而不可收回，多得不可勝數；又加上戈矛劍戟兵車，用去之後都碎折破壞而不可收回，多得不可勝數；牛馬出去時都很肥壯，回來時全都瘦弱，至於死亡而不得回來的，也多得不可勝數；戰爭時因為道路遙遠，糧食的運輸有時斷絕不繼，百姓因此餓死的，也多得不可勝數；戰爭時人民居處都不安定，飲食不守常規，饑飽沒有節度，百姓在道路上生病而死的，不可勝數，軍士陣亡的，不可勝數，鬼神因此喪失後代祭祀的，也多得不可勝數。

國家發政，奪民之用，廢民之利，若此甚眾，然而何為為之？曰：我貪伐勝之名，及得之利，故為之。子墨子言曰：「計其所自勝，無所可用也；計其所得，反不如所喪者之多。」今攻三里之城，七里之郭㈠，攻此不用銳，且無殺而徒得此然也㈡。殺人多必數於萬，寡必數於千，然後三里之城，七里之郭，且可得也。今萬乘之國，虛㈢數於千，不勝而入㈣；廣衍㈤數於萬，不勝而辟㊅。然則土地者，所有餘也，王民㊆者，所不足也，今盡王民之死，嚴下上之患㊇，以爭虛城，則是棄所不足，而重所有餘也。為政若此，非國之務者也。

【今註】 ㊀郭：外城叫做郭。㊁攻此不用銳至徒得此然也：依陳柱說攻此下應增「非」字，意思是攻這樣一個三里之城和七里之郭，並非不用精銳部隊及殺傷所能夠隨便到手的。㊂虛：即墟字，荒地。㊃不勝而入：勝字讀平。㊄廣衍：寬廣之地。㊅辟：與闢同，開闢的意思。㊆王民：應為士民。㊇嚴下上之患：加重全國上下的憂慮。

【今譯】 國家發動戰爭，剝奪人民的財用，荒廢人民的利益，是如此眾多，然而究竟為甚麼要這樣做呢？答道：「我貪戰勝的聲名，和所獲得的利益，所以要這樣做。」墨子說：「計算他自己所贏得的勝利，是沒有什麼用處的，而計算他所獲得的戰利品，則反而不及他所喪失的多。」現在攻打一個三里大小的城，和一個七里大小的郭，並非是不必用精銳部隊，而且無需殺傷，可以輕易得到的。殺人多的必以萬計，少的也必以千計，然後這三里的城，七里的郭，才能得到。現下有一萬輛戰車的大國，所有荒廢的土地以千計，不勝其攻佔；廣大的平原以萬計，不勝其開闢。由此可見土地有餘，而人民是不足的，如今儘叫人民去送死，加重全國上下的憂慮，以爭奪無謂的空城，這就是所謂擯棄他所不足的，而增加他所多餘的。如此為政，實在不是治國的要務啊！

飾攻戰者言曰：「南則荊㈠吳之王，北則齊晉之君，始封於天下之時，其土地之方，未至有數百里也；人徒之眾，未至有數十萬人也。以攻戰之故，土地之博，至有數千里也；人徒之眾，至有數百萬人；故當攻戰而不可㈡為也。」子墨子言曰：「雖四五國，則得利焉，猶謂之非行道也㈢。譬若醫之藥人之有病者然，今有醫於此，和合其祝藥㈣之於天下之有病者而藥之，萬人食此，若醫四五人得利焉，猶謂之非行藥也㈤。故孝子不以食其親，忠臣不以食其君。古者封國於天下，尚㈥者以耳之所聞，近者以目之所見。以攻戰亡者，不可勝數。何以知其然也？東方有莒㈦之國者，其為國甚小，閒於大國之間，不敬事於大，大國亦弗之從而愛利。是以東者越人夾削其壤地，西者齊人兼而有之。計莒之所以亡於齊越之間者，以是攻戰也。雖南者陳蔡，其所以亡於吳越之間者，亦以攻戰；雖北者且㈧不一著何㈨，其所以亡於燕代胡貊⑩之間者，亦以攻戰也。」是故子墨子言曰：「古者王公大人，情⑪欲得而惡失，欲安而惡危，故當攻戰，而不可不非。」

【今註】㊀荊：古楚地。㊁不可為：依俞樾校應作「不可不為」，文義方合。㊂非行道也：行道就是正道。㊃祝藥：畢沅以為是祝由科，但無別據，不可信。大概是一種兼用符咒的藥類。㊄非行藥也：與㊂為對文。㊅尚：與上同。㊆莒：古國名，今山東莒縣。㊇且：柤，古國名，為晉獻公所滅。㊈不一著何：一字衍文，應刪。不著何即不屠何，古國名，故城在今奉天錦縣西北。㊉代貊：代，古代國，幽州之地。貊，音陌，古代北方的胡人。⑪情：與誠同，見前。

【今譯】替攻戰辯飾的人說：「南方如楚吳的國王，北方如齊晉的君主，他們最初受封號於天下的時候，土地城郭面積還不到數百里，人民的總數還不到數十萬，就是因為攻戰的原故，土地得以擴充到數千里，人民得以增加到百萬，所以攻戰是不可以不進行的。」墨子說：「雖然有四五個國家因戰爭而獲利，仍不能說這即是正道。好像醫生為病人開藥方一樣，現在假使此地有一個醫生，禱祝念咒，開些藥給天下有病的人服，一萬個人服後，若其中有四五個人的病痊癒了，這藥仍不能算得是靈藥，所以孝子不將這種藥給他的父母服，忠臣不將這種藥給他的國君服。古代天下的封國，年代久遠的可由耳之所聞，年代近的可以親眼看見，因為攻戰而亡國的，多得不可勝數。何以知道如此呢？東方有個莒國，這國家甚小，而處於齊越二大國之間，他不敬事大國，而大國也不愛護援助他，所以東面的越人侵略他的疆土，西面的齊人將他吞併，佔為己有，觀察莒國之所以亡於齊越二大國之間的原因，乃是因為他愛好攻戰啊。雖是南方的陳和蔡，所以被吳越滅亡，也是因為崇尚攻戰的緣故，雖是北方的且與不著何，所以為燕代胡貊滅亡，也是因為崇尚攻戰的緣故。」所以墨子說：「當今的王公大臣，實在想獲得利益而憎惡損失，想安定而憎惡危險，對於攻戰是不能夠不加以反對的。」

飾攻戰者之言曰：「彼不能收用彼眾，是故亡；我能收用我眾，以此攻戰於天下，誰敢不賓服(一)哉？」子墨子言曰：「子雖能收用子之眾，子豈若古者吳闔閭(二)哉？古者吳闔閭教七年，奉甲執兵，奔三百里而舍(三)焉，次注林(四)，出於冥隘(五)之徑，戰於柏舉(六)，中楚國而朝宋與及魯(七)。至夫差之身，北而攻齊，舍於汶(八)上，戰於艾陵(九)，大敗齊人，而葆之大山(一〇)，東而攻越，濟三江五湖，而葆之會稽(一一)。九夷之國莫不賓服。於是退不能賞孤(一二)，施舍羣萌(一三)，自恃其力，伐其功，譽其志，怠於教，遂築姑蘇之臺，七年不成。及若此，則吳有離罷(一四)之心。越王勾踐視吳上下不相得，收其眾以復其讎，入北郭，徙大內(一五)，圍王宮，而吳國以亡。昔者晉有六將軍(一六)，而智伯莫為強焉，計其土地之博，人徒之眾，欲以抗諸侯，以為英名，攻戰之速，故差論(一七)其爪牙之士，皆列㈧其舟車之眾，以攻中行氏而有之。以其謀為既已足矣，又攻茲㈨范氏而大敗之，并三家以為一家而不止，又圍趙襄子於晉陽。及若此，則韓魏亦相從而謀曰：『古者有語，脣亡則齒寒，趙氏朝亡，我夕從之；趙氏夕亡，我朝從之，』詩曰：『魚水不務，陸將何及乎(二〇)？』是以三主之君，一心戮力，辟門除道，奉甲興士，韓魏自外，趙氏自內，擊智伯大敗之。」

【今註】㈠賓服：歸降。㈡吳闔閭：春秋時吳王，夫差之父。㈢舍：與捨同。休止的意思。㈣注林：古地名，無考。㈤冥隘：即冥阨，古地名，見春秋定四年。㈥柏舉：古楚地，在今湖北麻城縣。㈦與及魯：與字衍文，應刪。㈧汶：水名，在山東省。㈨艾陵：今山東泰安東南。(一〇)葆之大山：葆與保同，大山即泰山。是說齊國兵敗，退保泰山。(一一)會稽：今浙江紹興。(一二)不能賞孤：不能撫恤戰死者的遺族。(一三)羣萌：萌與氓同，眾多人民。(一四)罷：與疲同。(一五)徙大內：大內，大舟之誤。徙，遷移，指遷走吳王所乘的大船。(一六)六將軍：晉六將軍是韓、魏、趙、范、中行、和智伯。(一七)差論：指使。(一八)皆列：應作比列。(一九)攻茲：孫詒讓以茲字衍文。(二〇)詩曰魚水不務……：詩經無此詞，大概是古代的逸詩。

【今譯】為攻戰辯飾的人又說：「他們因為不會利用他們的士卒，所以遭遇到滅亡，我會利用我的士卒，以此攻戰於天下，誰敢不服從我呢？」墨子說：「你雖會利用你的士卒，你比得古時候的吳王闔閭嗎？古時吳王闔閭教戰七年，士卒們能全副武裝，拿著兵器，連走三百里纔停下來休息。他們到了注林，取道冥隘的小徑，戰於柏舉，佔領楚國中央的都城，使宋國與魯國降服而來朝。及至吳王夫差即位，北面去攻打齊國，駐兵汶上，在艾陵一戰，大敗齊人，使他們退保泰山。東面去攻打越國，渡過三江五湖，使他們退保會稽山，九夷之國沒有不降服。戰罷班師回國之後，不能撫恤陣亡將士的遺族，也不施捨給民眾，反而自恃他的武力，誇大自己的功業，賣弄聰明，不勤於教練民眾，遂建築姑蘇臺，歷時七年，尚未造成，至此吳人都有離散疲困之心。越王勾踐見吳國君臣上下不相容，乃集合他的士卒，報復舊讎，軍隊從吳國北邊的外城攻入，將吳王的大船搬走，圍困王宮，而吳國遂因此滅亡。從前晉國有六位將軍，其中以智伯為最強盛，他估量自己的土地廣大，人民眾多，乃想抗拒諸侯，以博得英名，以為用攻戰的方法最快速，於是指使他手下的謀臣戰將，分派他的車舟人眾，去攻打中行氏，而消滅之，自以為得計，又去攻滅范氏，合併三家以為一家，仍不肯停止。又去圍攻趙襄子於晉陽，到了這時候，韓魏二氏共同合謀道：『古語曾說：「脣亡齒寒」。趙氏若在早晨滅亡，我們將會在當天晚上跟上他，若在晚上，我們也便會在第二天早上跟上他。古詩說：「魚在水中不趕快跑，到了陸地上，還怎樣來得及呢？」』計議已定，於是趙韓魏三家同心戮力，開門清道，令士卒們穿上戰衣，韓魏在外，趙氏在內，合擊智伯，智伯大敗。」

是故子墨子言曰：「古者有語曰：『君子不鏡於水而鏡於人，鏡於水，見面之容，鏡於人，則知吉與凶。』今以攻戰為利，則蓋㈠嘗鑒之於智伯之事乎？此其為不吉而凶，既可得而知矣。」

【今註】 ㈠蓋：與盍（音ㄏㄜˊ）同，何不的意思。

【今譯】 所以墨子說：「古語說：『君子不用水作鏡子，而用人作鏡子，用水作鏡，祇能看出面容；用人作鏡，可以知道吉和凶。』現在若有人以為攻戰有利，何不用智伯的事作借鏡呢？這是不吉而凶，已經可以知道了。」

非攻下第十九

子墨子言曰：「今天下之所譽善者，其說將何哉？為其上中㈠天之利，而中中鬼之利，而下中人之利，故譽之與㈡？意亡㈢非為其上中天之利，而中中鬼之利，而下中人之利，故譽之與？雖使下愚之人，必曰：『將為其上中天之利，而中中鬼之利，而下中人之利，故譽之。』今天下之同義者，聖王之法也，今天下之諸侯將猶多皆免㈣攻伐並兼，則是有譽義之名，而不察其實也。此譬猶盲者之與人，同命白黑之名，而不能分其物也，則豈謂有別哉？是故古之知㈤者之為天下度也，必須慮其義，而後為之行。是以動則不疑，速通成得其所欲㈥，而順天鬼百姓之利，則知者之道也。是故古之仁人有天下者，必反大國之說㈦，一天下之和，總四海之內。焉㈧率天下之百姓，以農臣事㈨上帝山川鬼神，利人多，功故㈩又大，是以天賞之，鬼富之，人譽之，使貴為天子，富有天下，名參乎天地，至今不廢，此則知者之道也。先王之所以有天下者也。

【今註】㊀中：讀去聲，與「合」，及「應」同義。㊁與：與歟同，疑問詞。㊂意亡：王引之云：「意與抑同，亡與無同。皆詞也。」按：抑，「還是」的意思。無字語助，沒有意思，和毋字或唯毋用法一樣，見前。㊃免：俞樾以為免字衍文，是。㊄知：與智同。㊅速通成得其所欲：此句有錯字，依孫說應作：「遠邇咸得其所欲。」邇與近同。咸與皆同。㊆反大國之說：意思是「反對大國攻佔之說。」㊇焉：與乃同。㊈以農臣事……：左傳襄十三年傳：小人農力以事其上。廣雅釋詁：農，勉也。按：依張純一說農字屬上句作：「焉（乃）率天下之百姓以農。」亦通。㊉功故：故字衍文，應刪。

【今譯】墨子說：「當今天下所讚美的人，該是怎樣一種說法呢？是因為他在上能夠符合上天的利益，中間能夠符合鬼神的利益，在下能夠符合人民的利益，所以大家纔稱讚他呢？還是因為他所作所為上對上天沒有利益，中對鬼神沒有利益，下對人民沒有利益，所以大家纔稱讚他呢？雖然是最愚笨的人，都會這樣說：『因為他所行的事，上對上天有利，中對鬼神有利，下對人民有利，所以大家要稱讚他。』現在天下人所共同以為合乎義的，是聖王的法則，但是當今天下的諸侯，仍多從事於攻戰兼并，這就是徒有譽義的虛名，而不去理會他的實際了。這正如瞎子與常人般，能叫出黑白的名稱，而不能分辨實在的物體一樣，這豈能算得有別呢？所以古代有才智的人為天下設計之時，必先考慮此事是否合乎義，然後纔去做。所以計議決定之後，動作毫不遲疑，遠近的人都滿足了自己的慾望，而順應了上天鬼神人民的利益，這就是智者們的方法了。所以古代那些仁人而有天下的，必定要一反大國攻佔之說，敦睦邦交，總領四海之內，率領著天下百姓，勉力的去事奉上帝山川鬼神，因為他利人既多，功業又大，所以上天賞賜他，鬼神使他富足，眾人都讚美他，使他貴為天子，富有天下，聲名與天地並列，至今不廢，這就是智者們的方法，而先代帝王們所以有天下的緣故了。

今王公大人，天下之諸侯則不然，將必皆差論其爪牙之士，皆列其舟車之卒伍，於此為堅甲利兵，以往攻伐無罪之國。入其國家邊境，芟刈㊀其禾稼，斬其樹木，墮㊁其城郭，以湮㊂其溝池，攘殺其牲牷㊃，燔潰㊄其祖廟，勁㊅殺其萬民，覆㊆其老弱，遷其重器㊇。卒進而柱乎鬭㊈，曰：『死命為上，多殺次之，身傷者為下。又況失列北橈㊉乎哉，罪死無赦！』以譂⑪其眾。夫無⑫兼國覆軍，賊虐萬民，以亂聖人之緒⑬。

【今註】㊀芟刈：芟讀ㄕㄢ，刈讀ㄧˋ，除與割的意思。㊁墮：同毀。㊂湮：填塞。㊃攘殺其牲牷：攘與奪同。牲，六畜的總名。牷，牲畜體完而色純者。㊄燔潰：應作燔燎，燒燬的意思。㊅

勁：應作刀旁，古字，刺的意思。㊆覆：滅的意思。㊇重器：國家的寶器，如古代的鼎一樣。㊈卒進而柱乎鬬：卒與猝同，柱字是極字的錯誤，乎字衍文。應作猝進而極鬬，銳進而狠鬬的意思。㊉失列北橈：失列是脫離隊伍，北與敗同，橈與逗留同。㊁譂：與憚同，懼的意思。㊂夫無：皆是發聲助詞，沒有意義。㊂緒：與業同。

【今譯】當今的王公大人以及天下的諸侯，就不是這樣，他們必定要指使他們的謀臣戰將，分派他們的舟車隊伍，並準備了堅固的鎧甲以及銳利的兵器，去攻打無罪的國家。攻入該國的邊境，割除稻麥，斬伐樹木，將城郭衝倒，將溝池填平，將牲口奪去殺了，將祖廟放火燒了，人民都遭到屠殺，老弱都被殲滅，將寶器一齊搬走。急進而惡鬬，並一面說道：『戰死者為上，多殺敵人者次之，身受傷者為下，至於落伍和敗退的嗎？一律殺無赦！』用這些話來威嚇士兵，這無非是要兼併他國，殲滅敵軍，賊害人民，以敗壞前代聖人所遺留下的規矩罷了。

意將以為利天乎？夫取天之人，以攻天之邑，此刺殺天民，剝振㊀神之位，傾覆社稷，攘殺其犧牲，則此上不中天之利矣。意將以為利鬼乎？夫殺之人㊁，滅鬼神之主，廢滅先王，賊虐萬民，百姓離散，則此中不中鬼之利矣。意將以為利人乎？夫殺之人，為利人也博㊂矣，又計其費此㊃，為周㊄生之本，竭天下百姓之財用，不可勝數也，則此下不中人之利矣。

【今註】㈠剝振：據王引之說應作剝振，振音ㄅㄛ，古字，裂的意思。㈡殺之人：依畢說殺字下脫天字，應作殺天之人。㈢博：依俞說應為薄之誤。㈣此：與貲同，費貲為行軍所費的貲財。㈤周：依王說為「害」的誤字。按：「周生之本」意思就是濟生之本，指衣食之貲。害生之本四字似有未合，且與上文不接，似仍用原字為宜。

【今譯】我們將以為這樣會有利於天嗎？那些人們用天生的人民，去攻打上天所創造的城邑，這乃是殺死上天的人民，剝奪神的地位，覆滅宗廟社稷，搶奪六畜牲口，這就上不中（合）天之利了。我們將以為這樣會有利於鬼神嗎？那些人們殺死上天所生的人民，殲滅鬼神的祭主，廢滅先王的後裔，賊害萬民，使百姓流離分散，這就中不中（合）鬼神之利了。我們將以為這樣會有利於人民嗎？凡殺人以利人，這種利也就很薄了。並且計算那些費用，都是人民衣食之本。這樣，耗費天下百姓的財用，不可數計，這就下不中人民之利了。

今夫師者之相為不利者也，曰將不勇，士不分㈠，兵不利，教不習，師不眾，率㈡不利㈢和，威不圉㈣，害㈤之不久，爭之不疾，孫㈥之不強，植心不堅，與國㈦諸侯疑，則敵生慮而意羸㈧

矣。偏具此物(九)，而致從事焉，則是國家失卒(一〇)，而百姓易務(一一)也。今不嘗觀其說好攻伐之國？若使中興師(一二)，君子(一三)庶人也，必且數千，徒倍十萬，然後足以師而動矣；久者數歲，速者數月。是上不暇聽治，士不暇治官府，農夫不暇稼穡，婦人不暇紡績織紝(一四)，則是國家失卒，而百姓易務也。然而又與(一五)其車馬之罷弊也，幔幕帷蓋，三軍之用，甲兵之備，五分而得其一，則猶為序疏(一六)矣。然而又與其散亡道路，道路遼遠，糧食不繼傺(一七)，食飲之(一八)時，廁役(一九)於此飢寒凍餒疾病，而轉死溝壑中者，不可勝計也。此其為不利於人也，天下之害厚矣。而王公大人，樂而行之，則此樂賊滅天下之萬民也，豈不悖哉？今天下好戰之國，齊晉楚越，若使此四國者，得意於天下，此皆十倍其國之眾，而未能食其地也(二〇)，是人不足而地有餘也。今又以爭地之故，而反相賊也，然則是虧不足，而重有餘也。

【今註】㈠分：與忿同，忿與奮同聲假借字。㈡率不和：俞樾以為率應讀將帥之帥，但繹史所引及嘉靖本率均作卒。似以作卒不和之義為長。㈢利：衍文，應刪。㈣圉：與疆圉意同，禦的意思。

⑤害：孫詒讓以為是圉字的錯誤。⑥孫：孫以為當作係，與縛同。⑦與國：友邦。⑧羸：與弱同。⑨偏具此物：偏與徧同，古偏與徧字不分，意思是說普徧具備了這些問題。⑩失卒：卒為本字之訛，失去根本。⑪易務：廢業的意思。⑫中興師：不是大規模的興兵。⑬君子庶人也：君子下脫數百二字，應增。君子指軍中的賢良，國君親近的士。庶人指餘子，餘子是公卿大夫的庶子，平時宿衛宮內，戰時隨軍服務。⑭紝：說文：「機縷也。」⑮與：應作以。⑯序疏：孫以為應作「厚餘」，多餘的意思。⑰傺：衍文應刪。⑱之：應作不。⑲廝役：王引之以為應作廝役，是。⑳而未能食其地也：食地，指治田以耕種的人，是說荒地多，民不能盡耕。

【今譯】在軍隊中共同認為不利的是：『將不勇，士不奮，兵器不利，訓練不夠，軍隊不多，卒伍不和，兵威不振，包圍的時間不長，膠著力不強，決心不堅，與國諸侯猜疑。與國諸侯猜疑，敵人就會生出別的枝節，而我們的軍心就益發消沉了。』假定完全具備了這些問題，而從事戰爭，那麼國家必定會損兵，百姓們也會要失業了。你現在試看那些喜歡攻戰的國家罷，如果發動中等規模的戰爭，能征慣戰的將士必以數百計，年輕的庶子們必以數千計，士兵必以十萬計，然後才可以像一支隊伍而出動。歷時久的數年，快的也得幾個月。上面無暇聽政，官員無暇治事，農夫無暇耕種，婦人無暇紡織，那就是國家損兵，百姓們失業了。更為計算他們兵車戰馬的損失，帳幕帷蓋，三軍的用具，兵甲的設施，如果能夠收回五分之一，都已經算是很多的了。再來計算他們的人散亡道路，而道路又很遙遠，糧食不繼，食飲不時，廝役們因此饑寒凍餓發生疾病，輾轉死於溝壑中的，多得不可勝數。像這樣，不利於人，為天下之害，可算十分嚴重了。而那些王公大人們倒都樂於照做，這就是以毀滅天下萬民為樂，豈不是太荒唐了麼？當今天下好攻戰的國家，是齊晉楚越；如果讓這四國得意於天下，即令他們的人民，十倍於現在的數目，也不能分佈滿所得到的土地！這是人不足而地有餘呀！現在卻正是因爭地的緣故，互相殘害，然則，這不是虧損自己的不足，而增加自己的多餘嗎？

今遝㈠夫好攻伐之君，又飾其說以非子墨子曰：『以攻伐之為不義，非利物與？昔者禹征有苗，湯伐桀，武王伐紂，此皆立為聖王，是何故也？』子墨子曰：『子未察吾言之類，未明其故㈡者也。彼非所謂攻，謂誅也㈢。昔者三苗大亂，天命殛之，日妖宵出，雨血三朝，龍生於廟，犬哭乎市，夏冰，地坼及泉，五穀變化，民乃大振㈣。高陽㈤乃命玄宮㈥，禹親把天之瑞令㈦，以征有苗，四電誘祇㈧，有神人面鳥身，若瑾以侍㈨，搤矢有苗之祥㈩，苗師大亂，後乃遂幾⑪。禹既已克有三苗，焉⑫磨⑬為山川，別物上下，卿制大極⑭，而神民不違，天下乃靜，則此禹之所以征有苗也。遝至乎夏王桀，天有酷命⑮，日月不時，寒暑雜至，五穀焦死，鬼呼國，鶴⑯鳴十夕餘。天乃命湯於鑣宮⑰，用受夏之大命。夏德大亂，予既卒其命於天矣，往而誅之，必使汝堪[一八]之。湯焉[一九]敢奉率其眾，是以鄉[二〇]有夏之境，帝乃使陰[二一]暴毀有夏之城，少少[二二]有神來告曰：『夏德大亂，往攻之，予必使汝大堪之。』予既受命於天，天命融隆火[二三]，于夏之城間西北之隅。湯奉桀眾以克有[二四]，屬諸侯於薄[二五]，薦章[二六]天命，通於四方，而天下諸侯，莫敢不賓服，則此湯之所以誅桀也，遝至乎商王紂，天不序[二七]其德，祀用失時，兼夜中[二八]，十日雨土于薄，九鼎遷止，婦妖宵出，有鬼宵吟，有女為男，天雨肉，棘生乎國道，王兄[二九]自縱也。赤鳥銜珪，降周之岐社[三〇]，曰：『天命周文王伐殷有國。』泰顛來賓[三一]，河出綠圖[三二]，地出乘黃[三三]。武王踐功[三四]，夢見三神曰：『予既沈漬[三五]殷紂于酒德矣，往攻之，予必使汝大堪之。』武王乃攻狂夫[三六]，反商之周，天賜武王黃鳥之旗。王既已克殷，成帝之來[三七]，分主諸神，祀紂先王，通維[三八]四夷，而天下莫不賓。焉襲湯之緒，此即武王之所以誅紂也。若以此三聖王者觀之，則非所謂攻也，所謂誅也。

【今註】㊀遝：與逮同。及的意思。㊁未察吾言之類未明其故：大取篇：辭以故生，以理長，以類行。類謂比類，故指原因。這是墨子的辯學。㊂非所謂攻，謂誅也：下句謂字上應增所字。討伐有罪的叫做誅。攻，是去攻打無罪的國家。㊃大振：振與震同，大驚的意思。㊄高陽：舜的六世祖。㊅玄宮：上脫禹於二字。㊆瑞令：玉製的符信。㊇四電誘祇：錯字，孫詒讓以為是雷電勃震四字之誤。㊈若瑾以侍：孫謂若瑾當作奉珪，是說執著一塊珪侍立一旁。㊉搤矢有苗之祥：當作搤失有苗之祚，是說使有苗失掉了國祚。⑪幾：衰微。⑫焉：與乃同，於是的意思，下同。⑬磨：磨當為磿，與歷通，又與離同，有區劃分別之意。古磿字多誤為磨。⑭鄉制大極：即饗制四極，饗制即享有節制之意，四極指四方。⑮輅命：當作酷命，嚴命的意思。⑯鸖：即鶴字。⑰鑣宮：鑣音標，古宮殿名。⑱堪：與戡同，戡定的意思。⑲焉：與乃同。見前，下同。⑳鄉：與嚮同，向的意思。㉑陰暴毀有夏之城：孫以為陰係降字之誤。降暴毀有夏之城，是說給他以一種不可抗力的天災，如祝融降火之類。㉒少少：少頃的意思。㉓融隆火：融，古火神名，即祝融，亦名回祿。隆與降同。㉔有：下脫一夏字，應補。㉕薄：一作亳，地名，湯的都城。㉖薦章：薦與進同，章與明同。㉗序：王念孫以為與順同，是說天不順紂之德。俞樾則云是享字的錯誤。指天不享其德。按：享與歆同，說文：「歆，神食氣也。」古代祭祀，謂神靈享受其氣，也叫作歆。㉘兼夜中：文有脫誤，從闕。㉙王兄自縱：兄與況同。況，益也，是說王更加放縱的意思。㉚岐社：周的神社。㉛泰顛來賓：泰顛周賢臣名，賓與歸同。㉜綠圖：綠與錄同，即河圖。㉝乘黃：馬名。㉞踐功：功應為祚之誤，古代天子就位叫做踐祚。㉟沈漬：即沉酗，人以酒亂，如沉於水，故以耽酒為沉。㊱狂夫應與獨夫同，指紂王。孫以為「攻狂夫」疑當作「往攻之」，形近而誤，似未甚當。㊲成帝之來：來應作賚，賜予的意思。㊳維：與於同。

【今譯】現在一般喜好攻戰的國君又誇張其說以駁墨子道：『你認為攻戰是不義，其實不是很有利的嗎？從前禹征有苗，湯伐桀，武王伐紂，這幾位後來都立為聖王，這是什麼緣故呢？』墨子說：『你不曾審察我說話的類別，不瞭解其中的原因。那不是叫作「攻」（指攻無罪之國），而是叫作「誅」（討伐有罪）。從前三苗大亂，上天命將他處死，太陽從夜裏出現，連著下了三天的血雨，廟內發現了一條龍，市上有狗啼哭，夏天水結冰，地殼裂開，泉水湧出，五穀都發生變化，人民於是大為震驚，高陽乃命禹於玄宮。禹親自執著天賜的玉符，前往征討有苗。這時雷電震驚，有位人面鳥身的神人，捧著珪玉在旁侍候，扼住了有苗的運命，苗兵大亂，三苗的後代從此就衰微了。禹既已平服三苗，於是就區劃山川，類別高下，節制四方，人神和協，天下平靜，這就是大禹的征有苗。到了夏王桀之時，上天降禍，那時日月不時，寒暑反常，五穀枯死，鬼在國內呼喚，鶴鳴達十餘日。上天乃命湯於鑣宮，說：「接受夏朝的國祚，因為夏德衰亂，我在天上已將他的命運斷絕，你去討伐他，我必定使你勝利。」湯既受天命，於是乃敢率領他的部隊，抵達夏境。上帝乃命降下天災，毀壞夏人的城。不多時間，有一個神人來告訴湯道：「夏德衰亂，去攻打他，我必定使你大獲勝利。我已受命於天，命火神——祝融降火於夏城的西北角。」湯已克服了夏，就在薄地會合諸侯，表明天命，傳達於四方，而天下諸侯莫敢不臣服，這就是湯的誅桀。到了商王紂之時，上帝不享其德，祭祀失時。在薄地下了十天的泥土，九鼎遷移，妖婦晚間出現，鬼在夜間悲吟，有女化為男，天雨肉，大路上忽生荊棘，而那商王紂的行為更加放肆了。這時有一隻紅鳥口銜珪玉，降落在周的岐社中，玉上寫著：「帝命周文王伐殷有國。」賢臣泰顛到來，河中浮出圖籙，地中奔出乘黃之馬，武王即位的時候，夢見三位神人向他說道：「我已經使殷紂沈溺於酒中，你去攻打他，我必定使你大獲勝利。」武王乃出兵進攻狂夫，滅商興周，天賜武王黃鳥的旗幟。武王既已克殷，承受了上帝的賜予，命令諸侯分祭諸神，並祀紂的祖先，政教通於四方，天下沒有不臣服的，於是武王乃得繼承商湯的功業，這就是武王的誅紂。若從這三位聖王看來，那不是叫做「攻」，而是叫作「誅」。』

則夫好攻伐之君，又飾其說以非子墨子曰：『子以攻伐為不義，非利物與？昔者楚熊麗㊀始討此睢山之間㊁，越王繄虧㊂出自有遽㊃，始邦於越；唐叔㊄與呂尚㊅邦齊晉，此皆地方數百里，今以并國之故，四分天下而有之，是故何也？』子墨子曰：『子未察吾言之類，未明其故者也。古者天子之始封諸侯也，萬有餘，今以并國之故，萬國有餘皆滅，而四國獨立。此譬猶醫之藥萬有餘人，而四人愈也，則不可謂良醫矣。』

【今註】㈠熊麗：史記楚世家：「鬻熊之子曰熊麗。」㈡討此睢山之間：討字應為封之誤，睢山即江漢沮漳之沮，荊山的首山。㈢繄虧：即越王無餘。㈣有遽：古地名，無可考。㈤唐叔：晉國之祖。㈥呂尚：即姜尚，齊國之祖。

【今譯】但是喜好攻戰的國君又要誇張其說以駁墨子道：『你以為攻戰為不義，其實不是很有利的嗎？從前楚世子熊麗初封於睢山之間，越王繄虧出自有遽，初定國於越；唐叔與呂尚受封於齊晉；地方都不過數百里，因為兼併他國的緣故，現在四國平分天下，這是甚麼原因呢？』墨子說：『你沒有審察我說話的類別，不瞭解其中的原因。古時候天子初封諸侯，受封的凡萬有餘國，到如今因為互相兼併的緣故，這上萬個國家都滅亡了，惟有這四個國家獨自存在。這譬如醫生給上萬人開藥方，而其中祇有四個人喫了見效，這就不能算是好醫生了。』

則夫好攻伐之君，又飾其說曰：『我非以金玉子女壤地為不足也，我欲以義名立於天下，以德求諸侯也。』子墨子曰：『今若有能以義名立於天下，以德求諸侯者，天下之服，可立而待也。夫天下處㈠攻伐久矣，譬如傅子㈡之為馬然。今若有能信効㈢先利天下諸侯者，大國之不義也，則同憂之；大國之攻小國也，則同救之；小國城郭之不全也，必使修之；布粟之絕則委之㈣，幣帛不足則共㊄之。以此効大國，則小國之君說㊅，人勞我逸，則我甲兵強。寬以惠，緩易急，民必移。易攻伐以治我國，攻必倍。量我師舉之費，以爭諸侯之斃㊆，則必可得而序利㊇焉。督以正，義其名，必務寬吾眾，信吾師，以此授㊈諸侯之師，則天下無敵矣，其為㊉下不可勝數也。此天下之利，而王公大人不知而用，則此可謂不知利天下之巨務矣。』是故子墨子曰：『今且⑪天下之王公大人士君子，中情⑫將欲求興天下之利，除天下之害，當若繁為攻伐，此實天下之巨害也。今欲為仁義，求為上士，尚欲中聖王之道，下欲中國家百姓之利，故當若非攻之為說，而將不可不察者此也。』」

【今註】㊀處：曹耀湘以為是苦字，音近而誤。㊁傅子：僮子之誤，即童子。按：本書耕柱篇云：「大國之攻小國，譬若童子之為馬然，足用而勞。」㊂信効：當作信交，相交以信的意思。㊃布粟之絕則委之：之字為乏之誤，委與輸同，是說人家布粟乏絕就供應他。㊄共：與供同。㊅効大國則小國之君說：効與交同，小國應為大國之誤。說與悅同。㊆斃：與弊同，疲頓之意。㊇序利：應為厚利之誤，上而字衍文，應刪。㊈授：孫以為當作援。㊉下：上脫利天二字，應增。⑪今且：即今夫，語辭。㊂中情：中，意中，情與誠同，見前。

【今譯】但是喜好攻戰的國君又誇飾其說來駁墨子道：『我並不是以我的金玉、人民、土地為不足，乃是想以義名立於天下，用自己的德行，使天下諸侯歸向我。』墨子說：『當今假使真有人能立義名於天下，以德懷柔諸侯。那麼天下的服從他，是可以站著等到的。因為天下人受攻戰的困苦很久了，就好像把小孩當作馬騎一樣。今天如果有人能以誠信相交，以利天下諸侯為先；凡是遇著大國不義，大家就商量對付他，大國攻打小國，大家就共同去援救他。小國的城郭若不夠完固，必定使他修理好。布疋和米糧困乏，就周濟他。貨幣不足，就供給他。像這樣去結交大國，大國之君必定歡喜，結交小國，小國之君也必定歡喜。別人勞而我逸，那麼我的兵力必定加強。寬大而恩惠，從容代替急迫，人民必定得利，轉移攻戰之力以從事治理國家，功效必定加倍。算好興師的費用，以擊潰那些待斃的諸侯，必可獲得厚利。以公正教導人，以義為名，還必須寬厚對待民眾，以誠信訓練士兵，以此援助諸侯，就可以無敵於天下，這樣的為利天下，真是數也數不盡的了。這算是天下之利而那些王公大人不知道去用他，真可說是不知利天下的要務。』所以墨子說：『當今天下的王公大人和士君子，意中誠欲為天下圖利，為天下除害，若仍從事攻戰，這實在是天下的禍害。現在若要行仁義，做上等的士人，上要合乎聖王之道，下要有利於國家和民眾，所以對於反對攻戰之說，不可不細心審察。』」

節用上第二十

聖人為政一國，一國可倍㈠也；大之為政天下，天下可倍也。其倍之，非外取地也；因其國家，去其無用之費，足以倍之。聖王為政，其發令興事，使民用財也，無不加用而為者㈡。是故用財不費，民德不勞，其興利多矣。

【今註】㈠倍：是說可得加倍的利益。㈡無不加用而為者：是說必然是極有用的事才做。㈢民德：德與得通。

【今譯】聖人主持一國的政治，這一國可以得到加倍的利；擴大起來主持天下，天下也可以得到加倍的利。加倍的原因，並非向外擴展土地；而是就本國內，省去無謂的費用，就足夠增加一倍了。聖王主持政務，發布命令，興辦事業，使用民力和錢財，必定是有價值的事才肯去幹，所以用財不費，民力不勞，增加的利益就多了。

其為衣裘何？以為冬以圉㈠寒，夏以圉暑，凡為衣裳之道，冬加溫，夏加清㈡者芊䰼㈢，不加者去之。其為宮室何？以為冬以圉風寒，夏以圉暑雨，有盜賊加固者芊䰼，不加者去之。其為甲盾五兵㈣何？以為以圉寇亂盜賊，若有寇亂盜賊，有甲盾五兵者勝，無者不勝，是故聖人作為甲盾五兵；凡為甲盾五兵，加輕以利，堅而難折者芊䰼，不加者去之。其為舟車何？以為車以行陵陸，舟以行川谷，以通四方之利；凡為舟車之道，加輕以利者芊䰼，不加者去之。凡其為此物也，無不加用而為者，是故用財不費，民德不勞，其興利多矣。有去大人之好聚珠玉鳥獸犬馬，以益衣裳宮室甲盾五兵舟車之數，於數倍乎！若則不難，故孰為難倍？唯人為難倍。

【今註】㈠圉：音ㄩˇ，與禦同。㈡清：涼的意思。㈢芊䰼：本篇此二字凡四見，俞樾以為是「鮮且」二字之誤，鮮且就是鮮色的意思，不加就是無益的意思。是說單純為了華美而無益的就不要。按俞說似頗牽強，不如洪頤煊說芊䰼為「則止」二字之誤，皆屬上讀，較合理，諸家多從俞說，亦多異說，皆不可從。㈣五兵：戈，殳，戟，酋矛，夷矛。鄭康成說：「步卒之五兵，則無夷矛而有弓矢。」

【今譯】為什麼做衣裘呢？那就是冬天用來禦寒，夏天用來禦暑。凡是衣裳的功用，冬天感到溫暖，夏天感到涼爽即夠，超過這種原則，就不需要了。建築房屋的原因，冬天可以抵禦風寒，夏天可以抵禦炎熱和雨，有盜賊再加堅固一點即夠，超過這種原則，就不需要了。至於打造甲、盾、五兵呢？那是用來抵禦外寇和盜賊，如有外寇盜賊來時，有甲、盾、五兵者勝，沒有就不勝。所以聖人才製造甲、盾、五兵，凡作甲、盾、五兵，做到輕便銳利，堅而難折的即夠，超過這個原則，就不需要了。至於製造船和車子有什麼用呢？陸路用車輛，水陸靠舟船，溝通四方水陸的利益。製造車和船，只要輕快便利即夠，超過這個原則，就不需要了。凡是製造這些東西，無一不是因其有用，然後才去做，所以用財不費，人力不勞，增加的利益就多了。如果將王公大人們喜歡搜集的珠玉，鳥獸，犬馬等費用，來增加衣裳，宮室，甲盾，五兵，舟車等數倍，這並不難啊。那麼，什麼東西不容易加倍，算來只有人的方面倍增為難。

然人有可倍也，昔者聖王為法，曰：「丈夫年二十，毋敢不處家；女子年十五，毋敢不事人！」此聖王之法也。聖王既沒，于民次㈠也，其欲蚤處家者，有所㈡二十年處家；其欲晚處家者，有所四十年處家。以其蚤與其晚相踐㈢，後聖王之法十年。若純三年而字，子生可以二三年㈣矣。此不惟使民蚤處家而可以倍與？且不然已㈤。

【今註】㈠次：與恣同。聽民眾的意思。㈡有所：王云：「所猶時也。」是說有時二十歲，有時四十歲不等。㈢踐：比較的意思。㈣若純三年而字，子生可以二三年矣：字，乳和養的意思，下二三年的年字，應為人字之誤，是說如果遲古法十年結婚，若是三年一胎，十年就有二三個兒子了。㈤且不然已：依明鬼下篇，應作「且不惟此為然。」

【今譯】然而人口的倍增，也是有方法的。從前聖王規定過，說是：「男子二十，無許不成家，女子十五歲，無許不嫁人！」這是聖王立下的法度。聖王去世以後，人民就任便了。想要早些的，有時二十歲就成家，希望遲點的，有時四十歲才成家，以其時計算，要比聖王規定的遲十年。假如都是三年生一個孩子的話，就可多生兩三個孩子了，這不是使百姓早成家而可以增加人口一倍嗎？而且不僅此而已。

今天下為政者，其所以寡人之道多，其使民勞，其籍斂㈠厚，民財不足，凍餓死者，不可勝數也。且大人惟毋㈡興師以攻伐鄰國，久者終年，速者數月，男女久不相見，此所以寡人之道也。與居處不安，飲食不時，作疾病死者，有與侵就俀橐㈢，攻城野戰死者，不可勝數，此不令㊃為政者，所以寡人之道數術㊄而起與？聖人為政，特無此，不㊅聖人為政，其所以眾人之道，亦數術而起與？故子墨子曰：「去無用之費，聖王之道，天下之大利也。」

【今註】㊀籍斂：籍與稅同，即稅收。㊁惟毋：語詞。㊂侵就僾橐：橐，以舉火攻城之具，見備穴篇。畢云：「僾即援字的異文。」侵就，未詳，或是侵敵二字之誤。㊃不令：「非今」二字之誤。㊄數術：指上面提起的那幾樣，例如籍斂厚和攻伐鄰國等。㊅不：不字上應有一「此」字，「不」與「非」同。

【今譯】當今天下一般主政的人，其所以使人民減少的緣故太多，他們使用人民過勞，抽稅太重，以致人民財用不足，凍餓而死的，不可勝數。而且王公大人興兵去攻打鄰國，久的一年，快的數月，男女久不見面，這就是減少人口的緣故。又如居處不安，飲食不定時，生病而死的，以及因攻城野戰而死的，也不可勝數。這不都是由那些當今主政者們用的各種減少人口的政策而引起的麼？聖人的主政，絕對沒有這些，那不也是各種增加人口的政策而引起的麼？所以墨子說：「除掉無用的費用，這就是聖王的道理，天下的大利了。」

節用中第二十一

子墨子言曰：「古者明王聖人，所以王天下，正諸侯者，彼其愛民謹忠，利民謹厚，忠信相連，又示之以利，是以終身不饜㊀，歿世而不卷㊁。古者明王聖人，其所以王天下，正諸侯者，此也。」

【今註】㊀饜：滿足。㊁卷：應為倦。

【今譯】墨子說：「古代的明王聖人，所以能夠統一天下，匡正諸侯，因為愛民極忠，利民極厚，由於忠和信相連，又給人們利益，所以人們感覺到終身不滿足，畢生也不厭倦。古代的明王聖人，其所以能夠統一天下，匡正諸侯，即是這個原故。」

是故古者聖王，制為節用之法曰：「凡天下羣百工，輪、車、鞼、匏、陶、冶、梓、匠㊀，使各從事其所能，曰凡足以奉給民用，則止；諸加費不加于民利者，聖王弗為。」

【今註】㊀輪車鞼匏陶冶梓匠：輪、車、梓、匠、是攻木的工人。陶是作泥坯的，冶是攻金的。鞼匏是皮工。

【今譯】所以古代聖王定下節用的方法是：「凡屬天下百工，造車子的，造車輪的，製皮革的，燒陶器的，鑄五金的，當木匠的，都各自從事自己所專長的技藝，只要足以供給民用就行。而那些增加用費，於人民沒有利益的都不做。」

古者聖王制為飲食之法曰：「足以充虛繼氣，強股肱，耳目聰明，則止；不極五味之調，芬香之和，不致㊀遠國珍怪異物。」何以知其然？古者堯治天下，南撫交阯㊁，北降幽都㊂，東西至日所出入，莫不賓服。逮至其厚愛㊃，黍稷不二，羹胾不重㊄，飯於土塯㊅，啜於土形㊆，斗㊇以酌，俛仰周旋威儀之禮，聖王弗為。

【今註】㊀致：求取。㊁交阯：今越南。㊂北降幽都：降為際字之誤，接的意思。幽都，今山西雁門以北。㊃厚愛：厚愛二字在這裏不好解釋，曹耀湘本作「厚愛」，張純一說：「應作享受。」姑從其說。㊄胾：肉細切叫胾。不重是說沒有兩樣。㊅土塯：塯音ㄌㄧㄡˋ，是盛飯的東西。㊆土形：形即鉶，盛湯水的。㊇斗：斗字上脫一字。王本作「匏」。

【今譯】古代聖王制定飲食的方法是：「只要能充飢益氣，強壯四肢，耳目聰明就行。不講究五味的調和，與氣味芳香。不去搜求遠方珍貴奇異的食物。」何以知道如此呢？古時堯治理天下，南面安撫交阯，北面招降幽都，東西直到太陽出入的地方，人民莫不歸服，至於他本人的享受，米飯只有一種，肉食也不會重，用瓦器盛飯，用泥燒的杯子盛水，用木勺斟酒，那些俯仰周旋，繁重的禮節，聖王都不用。

古者聖王制為衣服之法曰：「冬服紺緅㈠之衣，輕且暖，夏服絺綌㈡之衣，輕且清㈢，則止；諸加費不加於民利者，聖王弗為。」

【今註】㈠紺緅：紺，說文：「帛深青而楊赤色也。」是說青而帶赤色的帛。緅音ㄗㄡ，也是一種帛。㈡絺綌：絺是細葛。綌是粗葛。㈢清：涼和冷的意思。

【今譯】古代聖王制定衣服的方法是：「冬天穿玄青色的衣服輕且暖，夏天穿細葛或粗葛的衣服輕而涼，這樣就夠；其他增加費用與人民沒有利益的都不做。」

古者聖人，為猛禽狡獸，暴人害民，於是教民以兵行。日帶劍，為刺則入，擊則斷，旁擊而不折，此劍之利也；甲為衣則輕且利，動則兵㈠且從，此甲之利也；車為服重致遠，乘之則安，引之則利，安以不傷人，利以速至，此車之利也；古者聖王，為大川廣谷之不可濟，於是利為舟楫㈡，足以將㈢之則止，雖上者三公諸侯至，舟楫不易，津人㈣不飾，此舟之利也。

【今註】㈠兵：孫以為兵字沒有意義，應該作「弁」，變的假借字，變是「隨人身便利」，這就是變且從的本義。㈡楫：音接，又音輯。說文：「舟櫂也。」是一種木製的和槳一類的東西。㈢將：行的意思。㈣津人：掌渡的人。

【今譯】古代聖王，因為看到猛禽狡獸傷害人民，於是就叫人民帶著兵器走，帶的劍刺物即入，擊物就斷，而搏擊時，劍的本身又不會斷折，這就是劍的好處了。甲衣穿在身上，輕巧便利，動作時屈伸自如，這就是甲的好處了。車輛可以載重行遠，乘坐很安全，駕駛也很便利。安全的地方是不傷人，便利的地方是到得快，這就是車輛的好處了。古代的聖王因為大川深谷不能渡過，於是就製造舟楫，能夠達到就行了，只管上面是三公諸侯到了，舟楫不會更換，掌渡的人也不會另外裝飾，這就是船的好處了。

古者聖王制為節葬之法曰：「衣三領，足以朽肉，棺三寸，足以朽骸，堀穴深不通於泉，流㈠不發洩則止。死者既葬，生者毋久喪用哀。」古者人之始生，未有宮室之時，因陵邱掘穴而處焉，聖王慮之，以為掘穴曰：「冬可以避風寒，逮夏，下潤溼，上熏蒸，恐傷民之氣，于是作為宮室而利。」然則為宮室之法，將奈何哉？子墨子言曰：「其旁可以圉風寒，上可以圉雪霜雨露，其中蠲㊁潔，可以祭祀，宮墻足以為男女之別則止，諸加費不加民利者，聖王弗為。」

【今註】㊀流：應為氣。㊁蠲：音ㄐㄩㄢ，同潔，又與明同。

【今譯】古代聖王制定節葬的方法是：「三領衣裳，足夠使死者的肉體朽爛在裏面，三寸厚的棺材，足夠使死者的骸骨朽爛在裏面，掘的墓穴，深不通泉，尸氣不要發洩出來就行了。死者已葬，生者就不要久喪用哀。」古代當人類初生，還沒有房屋時，人們都就山丘掘穴居住。聖王顧慮到人們穴居，說是：「冬天雖然可以避風寒，一到夏天，下溼上蒸，恐怕有害於人民的健康，於是乃建造房屋。」那房屋建造的方法是怎樣的呢？墨子說：「只要旁邊可以抵禦風寒，上面可以抵禦霜雪雨露，裏面清潔，可供祭祀，門牆足以有男女之別就夠。其他增加費用，與人民沒有利益的都不做。」

節葬下第二十五

子墨子言曰：「仁者之為天下度㊀也。辟㊁之無以異乎孝子之為親度也。」今孝子之為親度也，將奈何哉？曰：「親貧則從事乎富之，人民寡則從事乎眾之，眾亂則從事乎治之。」當其於此也，亦有力不足，財不贍㊂，智不智，然後已矣；無敢舍㊃餘力，隱謀遺利，而不為親為之者矣。若三務㊄者，孝子之為親度也，既若此矣。

【今註】㊀度：審度、計算。㊁辟：與譬同。㊂贍：音ㄕㄢˋ，富足。㊃舍：同捨。㊄三務：指上面富、眾、治等三件事。

【今譯】墨子說：「仁者們為天下打算，就和孝子替雙親打算一樣。」那孝子替雙親打算，是怎樣的呢？那就是：「雙親如果貧窮，設法使其富足，人數少了，設法使其增多，人多而亂，設法使其就理。」在這種情形之下，也有因力量不夠，貲財不敷，智謀不繼等就罷了的；但總沒有人敢於隱藏自己的力量和智謀貲財，而不儘量為他們的雙親去做的。像上述的那三件事，孝子替他雙親打算，也沒有兩樣。

雖仁者之為天下度，亦猶此也。曰：「天下貧，則從事乎富之，人民寡，則從事乎眾之，眾而亂，則從事乎治之。」當其於此，亦有力不足，財不贍，智不智，然後已矣；無敢舍餘力，隱謀遺利，而不為天下為之者矣。若三務者，此仁者之為天下度也，既若此矣。

【今譯】至於仁者們替天下打算，亦是如此。若是天下貧窮，就設法使其富足，人民稀少，就設法使其增多，人多而亂，就設法使其治理。這樣，也有因力量不夠，貲財不敷，智謀不繼等就罷了的。但總不會隱藏自己的力量和計謀貲財，而不替天下人去做。像那上述的三件事，仁者們替天下打算，也是沒有兩樣。

今逮至昔者三代聖王既沒，天下失義，後世之君子，或以厚葬久喪，以為仁也，義也，孝子之事也；或以厚葬久喪，以為非仁義，非孝子之事也。曰二子者，言則相非，行即㈠相反，皆曰：「吾上祖述堯舜禹湯文武之道者也。」而言即相非，行即相反於此乎，後世之君子，皆疑惑乎二子者言也。

【今註】㊀即：與則通用，下同。

【今譯】等到三代的聖王去世後，天下人行事沒有常法可守，不知道怎樣做才對，所以後代的君子，有的以為厚葬久喪是合乎仁義的，是孝子所應做的事，有的以為厚葬久喪是不合乎仁義，不是孝子所應做的事，這二派的人，言論不同，行事相反，他們都說：「我們是上法堯舜禹湯文武之道的。」可是他們言論不同，行事相反，這樣，究竟誰是誰非，後代的君子就難免要發生疑問了。

若苟㊀疑惑乎之二子者言，然則姑嘗傳而為政乎國家萬民而觀之㊁。計厚葬久喪，奚㊂當此三利者？我意若使法其言，用其謀，厚葬久喪，實可以富貧眾寡，定危治亂乎，此仁也，義也，孝子之事也；為人謀者，不可不勸也。仁者將㊃興之天下，誰賈㊄而使民譽之，終勿廢也？意亦使法其言，用其謀，厚葬久喪，實不可以富貧眾寡，定危理亂乎，此非仁非義非孝子之事也；為人謀者，不可不沮也。仁者將求除之天下，相廢㊅而使人非之，終身勿為：且故興天下之利，除天下之害，令國家百姓之不治也，自古及今，未嘗之㈦有也。

【今註】㈠苟：假如，如果。㈡然則……觀之：傳與轉通，意思是假使你疑惑那二子的話，就可以轉而就實際的政事上觀之。㈢奚：與何同。㈣將：將字下脫一求字，應增。㈤誰賈：設置二字的誤寫。㈥相廢：孫以相字疑措字之誤，措廢即錯廢。㈦之：衍文應刪。

【今譯】如果對這二派人的話發生疑問，那麼現在且從治理國家萬民實際政治上作一次觀察罷。這厚葬久喪，究竟是否合乎上述的那三種利益？我以為假使遵守他們的話，用他們的主張，厚葬久喪，真正能使貧的變富，少的加多，危的轉安，亂的得治，那就算得是仁，是義，是孝子應做的事了，給人們設計的不可不勉勵他這樣做。仁者們將會為天下人興辦它，設置這種制度，使到大家共同讚譽，再不要廢棄掉了。但是，如果遵照他們的言語，採用他們的主張，而厚葬久喪卻並不能夠使貧的變富，少的加多，危的轉安，亂的得治，那就算是非仁非義，非孝子所應做的事了。給人們設計的不可不勸阻他這樣做。仁人們將為天下人消除它，廢棄這種制度，使得大家共同破壞，再不要這樣做了。我們知道，凡是天下興利除害，而不能使國家百姓得到治理，那是從古到今，所不曾有過的事。

何以知其然也？今天下之士君子，將猶多皆疑惑厚葬久喪之為中㈠是非利害也。故子墨子言曰：「然則姑嘗稽之，今雖毋㈡

法執厚葬久喪者言，以為事乎國家。」此存㊂乎王公大人有喪者，曰棺椁㊃必重，葬埋必厚，衣衾必多，文繡必繁，邱隴必巨，存乎匹夫賤人死者，殆竭家室；乎㊄諸侯死者，虛車府㊅，然後金玉珠璣㊆比乎身，綸組節約㊇，車馬藏乎壙，又必多為屋幕，鼎鼓几梴㊈壺濫㊉，戈劍羽旄⑪齒革，寢而埋之。滿意，若送從⑬，曰天子殺殉⑫，眾者數百，寡者數十；將軍大夫殺殉，眾者數十，寡者數人。

【今註】㊀中：讀去聲，合的意思。㊁雖毋：即唯毋，發聲助詞，無意義。㊂存：與在字同義，下同。㊃棺椁：內層的叫做棺，外層的叫做椁。凡是古代棺木的規定：「天子棺椁十重，諸侯五重，大夫三重，士再重。」見荀子禮論篇，重就是層。㊄乎：上脫「在」字，應增。㊅車府：車字是庫字的錯誤，應作府庫。㊆璣：珠子不圓的叫做璣。㊇綸組節約：約應作束，淮南子：「綸組節束，追送死也。」綸即絮，束與縛同。㊈梴：與筵同。㊉濫：器名，置水漿之物。⑪羽旄：羽，用鳥羽製成的，多為白色，舞時用之，或用以指揮隊伍。旄，說文：「幢也。」是旗類中的一種。⑫殉：用活人去陪葬叫做殉。⑬送從：從為徙字的錯誤。墨子公孟篇：「送死若徙」，是說像搬家遷徙一樣。

【今譯】何以見得如此呢？當今天下的士君子對於厚葬久喪的是非利害，多半疑惑不定，所以墨子說：「現在我們姑且來看看主張厚葬久喪的人們所作所為罷。」那些王公大人的喪家說：凡是棺槨必定要重，葬埋的地方要深，衣和衾要多，裝飾棺槨的錦繡要繁，起造的墳塋要大。而在一介平民死了，也必傾家蕩產。至於諸侯死了，原則決定把府庫用空，然後將金銀珠玉，裝飾在死者的身上，絲絮組帶，以及車馬，都藏入壙穴中，又一定要多製些帷幕帳幔，鐘鼎和鼓，几筵壺鑑，戈劍羽旄，象牙皮革，全部埋葬起來，然後才滿意。送一次死，猶如搬一次家一樣。還有天子諸侯死了，要殺人去陪葬，多的數百，少的數十。卿大夫殺人陪葬，多的數十，少的數人。

處喪之法，將奈何哉？曰哭泣不秩聲翁㊀，縗絰㊁垂涕，處倚廬㊂，寢苫枕凷㊃，又相率強不食而為飢，薄衣而為寒，使面目陷隰㊄，顏色黧黑，耳目不聰明，手足不勁強，不可用也。又曰上士之操喪也，必扶而能起，杖而能行，以此共三年，若法若言，行若道㊅，使王公大人行此，則必不能蚤朝㊆晏退，聽獄治政。使士大夫行此，必不能治五官六府㊇，辟草木，實倉廩；使農夫行此，則必不能蚤出夜入，耕稼樹藝；使百工行此，則必不能修舟車為器皿矣；使婦人行此，則必不能夙興夜寐，紡績織紝，細㊈計厚葬，為多埋賦之㊉財者也；計久喪，為久禁從事者也。財以㊁成者，扶㊂而埋之，後得生者，而久禁之㊃，以此求富，此譬猶禁耕而求穫也，富之說無可得焉。

【今註】㊀不秩聲翁：不秩就是沒有一定的時候。翁應該是嗌的誤字，說文：「嗌，咽也。」㊁縗經：縗音ㄘㄨㄟ，麻布長六寸，披胸前。在頭上和腰上的都叫經，經音ㄊㄧㄝˊ。㊂倚廬：倚木為廬，在中門外。㊃苫凷：苫，編草為之。凷同塊，土塊。㊄陽：音ㄧㄝˋ，當為陬，面上瘦骨棱棱。㊅行若道：兩若字與此同。㊆蚤朝：下應脫「晏退及聽獄治政」等六字，依孫說增。㊇五官六府：四字上應脫「使士大夫行此則不能治」十字，依孫說增。五官就是司徒，司馬，司空，司士，司寇。六府就是司土、司水、司木、司草，司器、司貨。出禮記曲禮。㊈細：此細字應屬上文讀，本來是細布縿三字的脫誤。此三字見非樂上篇。㊉之：衍文，應刪。㊁以：與已同。㊂扶：挾的錯字。㊃後得生者而久禁之：是說厚葬，埋已成之財，久喪，禁後生之財。禁與阻同。

【今譯】居喪的方法是怎樣的呢？那就是哭泣沒有一定的時候，哽咽不成聲。披麻帶孝；臉上掛著眼淚，住在中門外一間木屋裏面，睡在茅草上，將一個土塊作枕頭。大家又共同強忍不食，任其饑餓，穿著薄薄的衣，任其寒冷，以致面目瘦削，顏色黝黑，耳目昏瞶，手足無力，一切事都不能做了。還又說：上等人士的居喪，必須攙扶才能起來，扶杖才能行走，一共要經過三年。倘若依照這種說法去實行，王公大人一定不能早朝晏退，治理刑獄和處理政務。士大夫不能治理五官和六府，闢草木，實倉庫。農夫這樣做，不能早出晚歸，耕田種菜。工人這樣做，不能修理車船，製造器械。婦人這樣做，不能早起晚睡，紡紗織布。

這樣計算，那厚葬乃是把很多的財物埋藏起來，久喪乃是長期禁止人家就業。已成的財物，拿著去葬埋，等待產生的，又長期給以禁止。這樣去求富，就好比一面禁止耕田，一面又要求收穫一樣，那所謂「富」的說法，是得不到的。

是故求以富國家，而既已不可矣；欲以眾人民，意者可邪？其說又不可矣。今惟無㊀以厚葬久喪者為政，君死，喪之三年；父母死，喪之三年；妻與後子㊁死者。五㊂皆喪之三年；然後伯父叔父兄弟孽子㊃其㊄，族人㊅五月；姑姊甥舅，皆有月數㊆，則毀瘠必有制矣，使面目陷陬，顏色黧黑，耳目不聰明，手足不勁強，不可用也。又曰上士操喪也，必扶而能起，杖而能行，以此共三年，若法若言，行若道，苟其飢約，又若此矣，是故百姓冬不仞㊇寒，夏不仞暑，作疾病死者，不可勝計也，此其為敗男女之交多矣。以此求眾，譬猶使人負劍，而求其壽也，眾之說無可得焉。

【今註】㈠惟無：與前唯毋同。㈡後子：為父後之子，即長子。㈢五：又字之誤。㈣孽子：說文子部：「孽，庶子也。」庶子即眾子，長子以下都稱庶子。㈤其：同期，一年。這裏是說要服一年的喪。㈥族人：應為「戚族人」，脫一「戚」字，應補。戚族人就是近支的同族人，見非儒篇。㈦皆有月數：應作「皆有數月」。㈧伆：同忍。

【今譯】這樣，要使國家富足，是已經不可能的了。而於增加人民，或者可以吧，然後也是辦不到的啊！現在假定主張厚葬久喪的人主政，國君死，服喪三年；父母死，服喪三年；妻和長子死，又得服喪三年。然後伯父，叔父，兄弟，和自己的庶子死，得服喪一年。戚族人死，服喪五個月；姑母，舅父，姊姊，外甥死，都得服喪幾個月，那麼在喪期中的哀毀，也當然有一定的制度了。這些服喪的人，面目瘦削，顏色黝黑，耳目昏瞶，手足無力，一切事都不能做了。又還說：上等人士居喪，必須攙扶才能起來，扶杖方能行走，一共要經過三年。如果依照這種說法去實行，而又對飲食方面是這樣不調節，於是百姓們冬天受不了寒，夏天受不了熱，生疾病而死的，不可勝數。這樣，妨害男女們交會也就多了。如此而求人口增多，就好比叫人伏在刀口上，去求長壽一樣，那所謂「眾」的說法，也是得不到的。

是故求以眾民人，而既以不可矣；欲以治刑政，意者可乎？其說又不可矣，今惟無以厚葬久喪者為政，國家必貧，人民必寡，刑政必亂。若法若言，行若道，使為上者行此，則不能聽治；使為下者行此，則不能從事；上不聽治，刑政必亂；下不從事，衣食之財必不足。若苟不足，為人弟者，求其兄而不得；不弟弟必將怨其兄矣；為人子者，求其親而不得，不孝子必是怨其親矣；為人臣者求之君而不得，不忠臣必且亂其上矣。是以僻淫邪行之民，出則無衣也，入則無食也，內續奚吾㈠，並為淫暴，而不可勝禁也。是故盜賊眾而治者寡，夫眾盜賊而寡治者，以此求治，譬猶使人三睘而毋負己㈡也，治之說無可得焉。

【今註】 ㈠內續奚吾：依王引之的說法，應該是「內積謑詬」四字的錯誤，奚后是謂謑詬的假音，后又錯成吾，所以就不可讀了。謑詬是恥辱的意思，內積恥辱，是因為出則無衣，入則無食，不勝其恥辱的原故。㈡使人三睘而毋負己：依王說：「睘與還同，讀如周旋之旋，謂轉折也。使人三轉其身於己前，則或轉而向己，或轉而背己，皆勢所必然，如此而欲使其毋背己，不可得也。」負與背同。

【今譯】 這樣，要使人口增加，是已經不可能的了，而對於處理政務，或者可以吧！然而也是辦不到的啊。現在假定叫主張厚葬久喪的人主政，國家必貧，人民必寡，行政必亂。因為假定照他的主張去實行，在上的不能聽政，在下的不能就業，上不聽政，行政必亂，下不就業，衣食的資財定然不足，衣食的資財如果不足，作人家兄弟的向兄長需索不遂，有一等不悌的兄弟，就要怨恨他的兄長了；作人家兒子的向父親有所需求不遂，有一等不孝的兒子，也必怨恨他的父親了；作人家臣子的，向國君有所請求不遂，有一等不忠的臣子，就要背叛上級了。那些不安分的百姓，出外沒有衣服穿，在家又沒有食物，心懷恥辱，一齊起來發生淫暴的行為，禁之不可勝禁了。因此，盜賊增多，而治安的機會減少。假令增加盜賊，影響治安，而希望政治走上軌道，那就無異叫人在前面旋轉三次，始終不許他的背朝著我自己一樣。那所謂「治」的說法，也是得不到的啊。

是故求以治刑政，而既已不可矣，欲以禁止大國之攻小國也，意者可邪？其說又不可矣。是故昔者聖王既沒，天下失義，諸侯力征，南有楚越之王，而北有齊晉之君，此皆砥礪㈠其卒伍，以攻伐并兼，為政於天下。是故凡大國之所以不攻小國者，積委多，城郭修，上下調和，是故大國不耆㈡攻之；無積委，城郭不修，上下不調和，是故大國耆攻之，今惟毋㈢以厚葬久喪者為政，國家必貧，人民必寡，刑政必亂。若苟貧，是無以為積委也；若苟寡，是城郭溝渠者寡也；若苟亂，是出戰不克，入守不固。

【今註】㊀砥礪：都是磨刀石，即磨鍊的意思。㊁耆：與嗜同。㊂惟毋：見前。

【今譯】這樣，要求處理政務，是已經不可能的了。而用這個去禁止大國攻打小國，或許可以吧？然而也是辦不到的啊。當初聖王去世，天下失掉了正義，諸侯用武力到處侵掠，南面有楚越之王，北面有齊晉之君，他們訓練士卒，從事攻伐兼併，號令天下。凡是大國所以不去攻打小國，一定是因為小國的積蓄眾多，城郭堅固，上下和協，所以大國不願去攻打他；假使小國沒有積蓄，城郭不堅，上下又不和協，大國就要攻打他了。如今以主張厚葬久喪的主政，國家必貧，人民必寡，刑政必亂。如果貧，那就會沒有積蓄了。如果寡，那就是修築城郭溝渠的人少了。如果亂，那就會出戰不勝，入守不堅了。

以此求禁止大國之攻小國也，而既已不可矣，欲以干上帝鬼神之福，意者可邪？其說又不可矣。今惟毋㊀以厚葬久喪者為政，國家必貧，人民必寡，刑政必亂，若苟貧，是粢盛酒醴㊁不淨潔也；若苟寡，是事上帝鬼神者寡也；若苟亂，是祭祀不時度也。今又禁止事上帝鬼神，為政若此，上帝鬼神，始得從上撫之曰：「我有是人也，與無是人也，孰愈？」曰：「我有是人也，與無是人也，無擇也。」則惟㊂上帝鬼神，降之罪厲之禍罰而棄之，則豈不亦乃其所哉㊃？

【今註】㈠惟毋：同唯毋，見上。㈡惟：與雖同。㈢粢盛酒醴：粢是黍稷之類，盛（音ㄔㄥˊ）在盤子裏的叫粢盛。醴是一種甜酒。㈣乃其所哉：「固其宜」之意。

【今譯】指不敬事上帝鬼神，得到處罰是應該的。這樣，想要禁止大國攻擊小國，是已經不可能的了。而如求上帝鬼神賜福，或許可以吧，然而也是辦不到的啊。現在如果叫主張厚葬久喪的人們主政，國家必貧，人民必寡，刑政必亂。如果貧，祭祀的粢盛酒醴就不能潔淨了。如果寡，敬拜上帝鬼神的人也就少了。如果亂，那就祭祀的時間沒有準了。而今又禁止敬事上帝鬼神，像這樣的人主持政務，上帝鬼神將會從上面發問說：「我有這些人和沒有這些人，那樣比較好呢？」一定答說：「有和沒有這些人是一樣的。」那麼上帝鬼神給他們降下罪厲禍罰，而拋棄他們，不是應當得到的嗎？

故古聖王制為葬埋之法曰：「棺三寸，足以朽體；衣衾三領，足以覆惡㈠。以及其葬也，下毋及泉，上毋通臭，壟若參耕之畝㈡，則止矣。」死者既以葬矣，生者必無久哭，而疾而從事，人為其所能，以交相利也。此聖王之法也。

【今註】㈠惡：畢云：「死者為人惡之，故云覆惡。」㈡參耕之畝：參即三字，耕地寬五寸叫做一伐，兩伐叫做一耦。「三耦耕之畝」，是說墓地的寬廣，大約三尺的樣子。

【今譯】所以古代聖王制定埋葬的方法說：「棺材厚約三寸，能使遺體藏在裏面不露出來就夠，衣衾三領，能遮掩住可怕的形相就夠；等到下葬的時候，下面不掘到有泉水的地方，上面用土蓋住，使到不透出臭氣。壙地寬廣，大約三尺就夠了。死者已經下葬，生人不宜久哭，要趕快就業，各盡自己所能，以做到交相利，這就是聖王之法了。

今執厚葬久喪者之言曰：「厚葬久喪，雖使不可以富貧眾寡，定危治亂，然此聖王之道也。」子墨子曰：「不然，昔者堯北教乎八狄㊀，道死㊁，葬蛩山㊂之陰，衣衾三領，穀㊃木之棺，葛以緘㊄之，既氾㊅而後哭，滿埳無封㊆，已葬，而牛馬乘之㊇，舜西教乎七戎，道死，葬南己之市㊈，衣衾三領，穀木之棺，葛以緘之，已葬，而市人乘之。禹東教乎九夷，道死，葬會稽㊉之山，衣衾三領，桐棺三寸，葛以緘之，絞之不合，通之不埳⑪，土⑫地之深，下毋及泉，上毋通臭；既葬，收餘壤其上⑬，壟若參耕之畝，則止矣。若以此若三聖王者觀之，則厚葬久喪，果非聖王之道。故三王者，皆貴為天子，富有天下，豈憂財用之不足哉？以為如此葬埋之法。」

【今註】㊀八狄：北方的蠻族。㊁道死：堯歿於途中。㊂蛩山：蛩音ㄑㄩㄥˊ。又作鞏山。㊃穀木：說文木部：「榖，楮也。」詩小雅鶴鳴傳云：「榖，惡木也。」㈤葛以緘之：以葛藤束棺。㈥氾：窆字的假音，音ㄅㄧㄢ，葬下棺叫做窆。㈦滿埳無封：墳頂平滿，禮記王制：「不封不樹。」鄭注：「封，謂聚土為墳。」㈧已葬而牛馬乘之：因為墳土平滿，所以葬後，牛馬就可以在上面行走。㈨南己之市：舜葬湖南零陵九疑山，南己一作南紀。㈩會稽：即今紹興。⑪通之不埳：通，各本多作道，絞之不合，是說絞束之而不密合，道之不埳，是說雖通道而不為深埳，埳與坎同。⑫土地之深：土當為掘，下文云：「掘地之深」，可據改。⑬收餘壤其上：是說葬後，將掘出的土壤加以鋪平。⑭此若：若亦此也，可刪。

【今譯】現在堅持厚葬久喪的人說：「厚葬和久喪，雖然不能富貧眾寡，定危治亂，然而這總是聖王之道呀。」墨子說：「不然，從前堯往北方去教化八狄，死在半路上，就葬在蛩山之陰，用衣衾三領，楮木做的棺材，把葛藤束住，棺材下了土然後舉哀，只把墓穴用土填滿，上面不堆土作墳，埋葬完畢，牛馬照常往來其上。舜往西方去教化七戎，死在半路上，就葬在南己之市，用衣衾三領，楮木做的棺材，把葛藤束住，葬畢，市民照常往來其上。禹往東方去教化九夷，死在半路上，葬在會稽之山，用衣衾三領，三寸厚的桐棺，把葛藤束住，雖然封了口卻並不密合，鑿了墓道，但並不深遠，掘地的深度，下不及泉，上不通臭，葬畢，將剩餘的泥土堆在上面，墳地的寬廣，大約三尺就行了。如果照這三位聖王看來，那厚葬久喪，果然不是聖王之道。這三個王都貴為天子，富有天下，難道還怕財用不夠嗎？而他們只是這樣一個葬埋法。」

今王公大人之為葬埋，則異於此；必大棺中棺㈠，革闠三操㈡，璧玉即具㈢，戈劍鼎鼓壺濫，文繡素練。六鞅萬領㈣，輿馬女樂皆具，曰必捶垛㈤，差通壟雖凡山陵㈥，此為輟民之事，靡民之財，不可勝計也，其為毋用若此矣。是故子墨子曰：「鄉者㈦吾本言曰，意亦使法其言，用其謀，計厚葬久喪，請㈧可以富貧眾寡，定危治亂乎，則仁也，義也，孝子之事也，為人謀者，不可不勸也；意亦使法其言，用其謀。若人厚葬久喪，實不可以富貧眾寡，定危治亂乎，則非仁也，非義也，非孝子之事也，為人謀者，不可不沮也。」

【今註】㈠大棺中棺：大棺是在外面的，中棺是在內面的。㈡革闠三操：闠是鞼的假借字，革繡也。操應為褋，同匝。㈢即具：疑應作「既具」。㈣六鞅萬領：鞅是馬頸上的皮革，負軛用的，萬領不詳其義。㈤捶垛：即除道，垛當為塗，修築道路。㈥差通隴雖凡山陵：句有脫誤，不可強解。㈦鄉者：即嚮者，以前。㈧請：與誠同。

【今譯】現在王公大人們埋葬，就不同了，他們一定要用大棺和中棺。用刺繡的皮革纏繞三道。璧玉已經準備好了，還有戈劍，鼎鼓，壺鑑，文繡、素練……車馬女樂等，一切齊備。然後修築道路，建築山陵，這就荒廢了人民的業務，又糜費人民的貲財，損失不可勝算。如此，究竟有什麼用處呢？所以墨子說：「我以前曾經說過：假使遵照這種方法實行，如果真正能夠使貧的變富，少的增多，危的轉安，亂的得治，那麼就算得上是仁，是義，是孝子所應做的事了。而給人們設計的，也不可不勸他這樣做。但如果遵照那方法實行，像那樣厚葬久喪，實在不能富貧眾寡，定危治亂，那就算是非仁，非義，非孝子所行的事，而替人設計的，也不可不勸阻他這樣做。」

是故求以富國家，甚得貧焉；欲以眾人民，甚得寡焉；欲以治刑政，甚得亂焉。求以禁止大國之攻小國也，而既已不可矣；欲以干上帝鬼神之福，又得禍焉。上稽之堯舜禹湯文武之道，而政㈠逆之；下稽之桀紂幽厲之事，猶合節也。若以此觀，則厚葬久喪，其非聖王之道也。

【今註】㈠政：與正同。

【今譯】像這樣，想求國家富足，甚至得到貧窮，想求人口增加，甚至反而減少，想求行政治理，甚至更加紛亂。而求禁止大國攻擊小國，既屬不可能，至於希望上帝鬼神賜福，卻又得到了相反的效果。我們給他從好的一面去稽考堯舜禹湯文武的道理，正是與他們不同，而從壞的一面去稽考桀紂幽厲的行為，倒恰好與他們符合，照這樣看來，厚葬久喪，當然不是聖王之道了。

今執厚葬久喪者言曰：「厚葬久喪，果非聖王之道，夫胡㊀說中國之君子，為而不已，操而不擇㊁哉？」子墨子曰：「此所謂便其習而義㊂其俗者也。昔者越之東有輆沐之國㊃者，其長子生，則解㊄而食之，謂之宜弟；其大父死，負其大母而棄之，曰鬼妻不可與居處。此上以為政，下以為俗，為而不已，操而不擇，則此豈實仁義之道哉？此所謂便其習，而義其俗者也。楚之南有炎人國㊅者，其親戚㊆死，朽㊇其肉而棄之，然後埋其骨，乃成為孝子。秦之西有儀渠㊈之國者，其親戚死，聚柴薪而焚之，燻上謂之登遐㊉，然後成為孝子。此上以為政，下以為俗，為而不已，操而不擇，則此豈實仁義之道哉？此所謂便其習，而義其俗者也。若以此若三國者觀之，則亦猶薄矣；若中國之君子觀之，則亦猶厚矣。如彼則大厚，如此則大薄，然則葬埋之有節矣。故衣食者，人之生利㊁也，然且猶尚有節；葬埋者，人之死利也，夫何獨無節於此乎？」子墨子制為葬埋之法曰：「棺三寸，足以朽骨；衣三領，足以朽肉；掘地之深，下無菹漏⑫，氣無發洩於上，壟足以期⑬其所則止矣。哭往哭來，反從事乎衣食之財，佴⑭乎祭祀，以致孝於親。」故曰子墨子之法，不失死生之利者此也。

【今註】㊀胡說：何說。㊁擇：應作釋。㊂義：與善同。㊃輆沐之國：古國名，見集韻。㊄解：肢解。㊅炎人國：炎一作啖，即食人國。㊆親戚：即父母。㊇朽：與剮同。㊈儀渠：義渠，西戎國。⑩燻上謂之登遐：燻上是說煙氣上燻。登遐，古代天子死叫做登遐，登仙的意思。⑪生利：生者的利益。⑫蒩：與沮同，溼的意思。⑬期：認識的意思。⑭佴：音ㄦˋ，與佽同，助的意思。

【今譯】現在主張厚葬和久喪的說：「厚葬久喪，如果不是聖王所行之道，那麼中國的君子為何仍舊要這樣做，而不肯放棄呢？」墨子說：「這就叫做便於那種習慣，而安於那種風俗罷了。從前越國東邊有個輆沐國，他們的第一個孩子生下來，就把他肢節吃了，叫做『宜弟。』祖父死了，便將祖母揹起來丟掉，說：『鬼妻不可以住在一起。』像這樣，上面以此為政，下面就成為了一種風俗，大家不停的跟著做，守住這一個方式沒有選擇，但這又那裏是仁義之道呢？不過大家便於那種習慣，而安於那種風俗罷了。楚國的南面有個吃人國，凡是父母死了的，都把他們的肉剮下來丟掉，然後埋葬骨殖，才算孝子。秦國西面有個義渠國，凡是父母死了，就架起柴火來燒，看到煙氣向上面燻，就說是升仙了，這樣才算孝子。上面以此為政，下面就成為一種風俗，大家都跟著照做，守住這一方式沒有選擇，但這又那裏是仁義之道呢？也不過是大家便於這種習慣，安於這種風俗罷了。如若從這三個國家來看，就覺得太薄了，若從中國的君子們來看，又覺得太厚了，一方太厚，一方又太薄，然則葬埋的方法，應該有一個節制才對啊。衣食是人生的利益，必須要有節制；葬埋是死者的利益，怎樣可以毫沒有節制呢？」所以墨子制定埋葬的方法說：「棺材厚約三寸，衣衾只須三領，足以使死者的骨肉，在內面腐朽，而不發露出來，掘地的深淺，以下面沒有水和潮溼為度，尸氣不要向上發出，墳地能使人認識就行了。哭著送去，哭著回來，回來以後，就開始時常就業，以求衣食之財，並按時祭祀，盡孝道於雙親。」所以說墨子的辦法，不失掉生和死兩方的利益，就是這個原故。

故子墨子言曰：「今天下之士君子，中誠欲為仁義，求為上士，上欲中聖王之道，下欲中國家百姓之利，故當若節喪之為政，而不可不察此者也。」

【今譯】所以墨子說：「當今天下的士君子，心中果真想行仁義，求做一個上等的人士，從上面說，要符合聖王的道理，從下面說，要符合國家人民的利益，就應當對實行節葬主義，不可不加以研究，也就是這個道理。」

天志上第二十六

子墨子言曰：「今天下之士君子，知小而不知大。何以知之？以其處家者知之。若處家得罪於家長，猶有鄰家所㈠避逃之。然且親戚㈡兄弟所知識，共相儆戒，皆曰：『不可不戒矣！不可不慎矣！惡㈢有處家而得罪於家長，而可為也？』非獨處家者為然，雖處國亦然。處國得罪於國君，猶有鄰國所避逃之。然且親戚兄弟所知識，共相儆戒，皆曰：『不可不戒矣！不可不慎矣！誰亦有處國得罪於國君，而可為也？』此有所避逃之者也，相儆戒猶若此其厚，況無所避逃之者，相儆戒豈不愈厚，然後可哉？且語言㈣有之曰：『焉而㈤晏日㈥焉而得罪，將惡避逃之？曰無所避逃之。』夫天不可為林谷幽門㈦無人，明必見之。然而天下之士君子之於天也，忽然不知以相儆戒，此我所以知天下士君子，知小而不知大也。

【今註】㊀所：處所。㊁親戚：親戚即父母。㊂惡：讀平聲。何的意思。㊃言：衍文，應刪。㊄焉而：衍文，應刪。㊅晏：說文：「晏，天清也。」是說青天白日之下，人所共見，無所逃避。㊆幽門：門字應作閒，閒隙之處。

【今譯】墨子說：「當今天下的士君子，都是知道小的而不知道大的，何以見得呢？這可以由處家看得出來。譬如處家得罪了家長，還有鄰居的地方可以逃避，然而父母兄弟，以及相識的人彼此都要互相警戒說：『不可以不警戒呀！不可以不謹慎呀！那有處家而可以得罪家長的？這還行嗎？』非但處家如此，就是處國也是如此，處國若得罪了國君，還有鄰國的地方可以逃避，然而父母兄弟，以及相識的人彼此都要互相警戒說：『不可以不警戒呀！不可以不謹慎呀！那有處國而可以得罪國君的？這還行嗎？』這是有地方可以逃避的，然而尚且要這樣互相深切的警戒，何況沒有地方可以逃避的，那大家豈不是要更加警戒纔行嗎？古話曾經說過：『在這青天白日裏，如果做了錯事，有甚麼地方可以逃避呢？我們可以答覆說：那是無處可以逃避的。』上天察監分明，雖是高林深谷幽僻無人的地方，也都看得清楚。然而天下的士君子對於上天，反而疏忽不知道互相警戒，從這一點我所以知道他們是知小而不知大。」

然則天亦何欲何惡？天欲義而惡不義。然則率天下之百姓，以從事於義，則我乃為天之所欲也，我為天之所欲，天亦為我

中也。

所欲，而為天之所不欲，然則我率天下之百姓，以從事於禍祟

所欲。然則我何欲何惡？我欲福祿，而惡禍祟㈠。若我不為天之

【今註】㈠祟：說文：「神禍也。」就是神降禍給人叫作祟。

【今譯】那麼天歡喜的是甚麼？厭惡的又是甚麼呢？天歡喜義而厭惡不義。然則率領天下的人民，去做那合乎義的事，就是我們在做上天歡喜的事了，我們做上天所歡喜的事，上天也會做我們所歡喜的事。而我們又歡喜甚麼，厭惡甚麼呢？我們歡喜福祿而厭惡災禍，如我們不去做天所要做的事，反而去做天所不要做的事，那麼我們不是帶領天下的人民去向災禍裏面走嗎？

然則何以知天之欲義而惡不義？曰天下有義則生，無義則死；有義則富，無義則貧；有義則治，無義則亂。然則天欲其生而惡其死，欲其富而惡其貧，欲其治而惡其亂，此我所以知天欲義而惡不義也。

【今譯】何以知道上天喜歡義而厭惡不義？答：這是因為天下的事物，合乎義的纔能存在，不合乎義的必定滅亡；合乎義的方能富足，不合乎義的必定窮困；合乎義的纔會治理，不合乎義的必定混亂。

那麼上天既然喜歡人類孳生，不喜歡他們死亡，喜歡他們富足，不喜歡他們窮困，喜歡他們治理，不喜歡他們危亂，從這一點我所以知道上天喜歡合乎義的事，而厭惡不合乎義的事。

曰且夫義者政㈠也，無從下之政上，必從上之政下。是故庶人竭力從事，未得次㈡己而為政，有士政之；士竭力從事，未得次己而為政，有將軍大夫政之；將軍大夫竭力從事，未得次己而為政，有三公諸侯政之；三公諸侯竭力聽治，未得次己而為政，有天子政之；天子未得次己而為政，有天政之。天子為政於三公諸侯士庶人，天下之士君子固明知，天之為政於天子，天下百姓未得之明知也。故昔三代聖王，禹湯文武，欲以天之為政於天子，明說天下之百姓，故莫不犓㈢牛羊，豢㈣犬彘，潔為粢盛㈤酒醴，以祭祀上帝鬼神，而求祈福於天，我未嘗聞天下㈥之所㈦求祈福於天子者也，我所以知天之為政於天子者也。」

【今註】㈠政：與正同。㈡次：恣字的省文，恣己就是「擅自」的意思。㈢犓：殺草飼牛。㈣豢：音宦。養牛馬叫犓，養犬豕叫豢。又食草的叫做芻，食穀的叫做豢。㈤粢盛：黍稷為粢，在器為盛，祭品的名稱。㈥下：衍文，應刪。㈦所：衍，應刪。

【今譯】並且義是用來匡正人的，不能從下正上，必須從上正下。所以老百姓竭力做事，不能任憑自己的意思去做，有士匡正他；士竭力做事，也不能任意去做，有公卿大夫匡正他；公卿大夫竭力做事，也不能任意去做，有三公和諸侯匡正他；三公諸侯竭力的辦事，也不能任意去做，有天子匡正他；天子也不能任意去做，還有上天來匡正他。天子管理三公諸侯士庶人，這是天下的士君子知道得很清楚的，至於上天管理天子，天下的百姓恐怕還不明白哩！從前三代的聖王，如禹湯文武等，想使天下的百姓都知道上天管理天子的事，所以都餵牛羊，養豬犬，預備了很潔淨的酒飯，來祭祀上帝和鬼神，向上天求福，但是我從來就不曾聽說過上天向天子求福，所以我知道上天是管理天子的。」

故天子者，天下之窮㊀貴也，天下之窮富也，故於富且貴者，當天意而不可不順。順天意者，兼相愛，交相利㊁，必得賞；反天意者，別相惡，交相賊㊂，必得罰。然則是誰順天意而得賞者？誰反天意而得罰者？子墨子言曰：「昔三代聖王，禹湯文武，此順天意而得賞也。昔三代之暴王，桀紂幽厲，此反天意而得罰者也。」

【今註】㊀窮：與極同。㊁兼相愛交相利：兼相愛是墨子中心的政治主張，他說一個兼相愛，必定跟著說一個交相利。愛和利是不分開的。㊂別相惡交相賤：兼相愛交相利相反的方面就是別相惡交相賊。

【今譯】天子是天下極貴的人，是天下極富的人，然而要想富貴，就不可以不順從天意。順天意的，「兼相愛」，「交相利」，必定得賞；反天意的，「別相惡」，「交相賊」，必定得罰。那麼有誰因順從天意而得到賞賜？又有誰因違反天意而得到懲罰呢？墨子說：「從前三代的聖王，如禹湯文武等，是因為順從天意而得到賞賜的；從前三代的暴君，如桀紂幽厲等，是因為違反天意而得到懲罰的。」

然則禹湯文武，其得賞何以也？子墨子言曰：「其事上尊天，中事鬼神，下愛人。故天意曰：『此之我所愛，兼而愛之；我所利，兼而利之；愛人者此為博焉，利人者此為厚焉。』故使貴為天子，富有天下，業萬世子孫，傳稱其善，方㈠施天下，至今稱之，謂之聖王。」

【今註】㈠方：與旁通，溥遍的意思。

【今譯】禹湯文武何以會得到賞賜呢？墨子說：「他們對上尊敬天，中祭祀鬼神，下愛護人民，所以天意以為：『我所愛的，他也兼而愛之；我所利的，他也兼而利之。這樣愛人，可算得很普及了，這樣利人，可算得很厚了。』所以使他貴為天子，富有天下，子孫世代不絕，歷史上盛稱他的美德，教化徧施於天下，到現在還受人稱道，稱他為聖王。」

然則桀紂幽厲，得其罰何以也？子墨子言曰：「其事上詬㈠天，中誣鬼，下賊人。故天意曰：『此之我所愛，別而惡之；我所利，交而賊之㈡；惡人者此為之博也，賤人者此為之厚也。』故使不得終其壽，不歿其世，至今毀之，謂之暴王。」

【今註】㈠詬：罵的意思，又與恥辱同。㈡別而惡之交而賊之：就是別相惡交相賊的意思。

【今譯】桀紂幽厲何以又會得到懲罰呢？墨子說：「他們對上詬罵天，中誣衊鬼神，下賊害人民，所以天意以為：『他對於我所愛的，「別而惡之」，對於我所利的，「交而賊之」；這樣惡人，可算得很普遍了，這樣賊害人，可算得很深了。』所以上天使他們不得善終，後嗣不繼，至今人都唾罵他，稱為暴君。」

然則何以知天之愛天下之百姓？以其兼而明之。何以知其兼而明之？以其兼而有之。何以知其兼而有之？以其兼而食焉。何以知其兼而食焉？四海之內，粒食之民，莫不犓牛羊，豢犬彘，潔為粢盛酒醴，以祭祀於上帝鬼神，天有邑人㈠，何用弗愛也？且吾言殺一不辜者，必有一不祥。殺不辜者誰也？則人也。予之不祥者誰也？則天也。若以天為不愛天下之百姓，則何故以人與人相殺，而天予之不祥？此我所以知天之愛天下之百姓也。

【今註】㊀邑人：猶言下民。

【今譯】何以知道上天愛護天下百姓呢？因為天對世人能夠全部明瞭，何以知道能夠全部明瞭呢？因為天能夠撫有萬民。何以知道天能撫有萬民呢？因為天供給人們的一切食物。何以知道天能供人民的一切食物呢？因為四海之內，凡是喫穀米的人民，沒有不餵牛羊，養豬犬，預備了潔淨的酒飯，來祭祀上帝鬼神，天有了自己的子民，如何不去愛護他們呢？我曾經說過；若殺死一個無罪的人，必定要得到一樁災禍。殺死無罪的是誰呢？是人。降災禍的又是誰呢？是天。若以天為不愛天下的百姓，那麼人與人相殺害，天為何要降災禍在他們身上呢？從這一點所以我們知道上天實在是愛護天下的百姓的。

順天意者，義政也。反天意者，力政㊀也。然義政將奈何哉？子墨子言曰：「處大國不攻小國，處大家不篡小家，強者不刦弱，貴者不傲賤，多㊁詐者不欺愚，此必上利於天，中利於鬼，下利於人，三利無所不利，故舉天下美名加之，謂之聖王。力政者則與此異，言非此，行反此，猶倖馳㊂也。處大國攻小國，處大家篡小家，強者刦弱，貴者傲賤，多詐㊃欺愚，此上不利於天，中不利於鬼，下不利於人，三不利無所利，故舉天下惡名加之，謂之暴王。」

【今註】㊀力政：就是以暴力去征服人，墨子給他叫作力政，有時又作「力正」。㊁多：孫以為是衍文。㊂倖馳：畢云：「一本作偝。」即背馳，猶云背道而馳。㊃多詐：應作詐者。

【今譯】順天意的，就叫做「義政」；反天意的，就叫做「力政」了。那麼用義政是怎樣的呢？墨子說：「處大國不去攻打小國，處大家不去侵奪小家，強的不刼弱，貴的不傲賤，巧的不欺愚，如此必定上對於天有利，中對於鬼神有利，下對於人民有利，三者無所不利，所以將天下最好的名聲加給他，稱為聖王。至於用力政的就和這個不同了。他們言語不是這樣，行為也正相反，就好像背著走一樣，處大國就去攻打小國，大家就去侵奪小家，強的刼弱，貴的傲賤，巧的欺愚。這樣上對於天不利，中對於鬼神不利，下對於人民不利，三者都不利，所以將天下最惡劣的名號加給他，稱為暴君。」

子墨子言曰：「我有天志，譬若輪人之有規，匠人之有矩；

輪匠執其規矩，以度㊀天下之方員。曰：『中者是也，不中者非也。』今天下之士君子之書，不可勝載，言語不可盡計，上說諸侯，下說㊁列士，其於仁義，則大相遠也。何以知之？曰我得天下之明法㊂以度之。」

【今註】 ㊀度：量的意思。㊁說：音ㄕㄨㄟˋ。遊說。㊂明法：指天志。

【今譯】 墨子說：「我們有上天的意旨，作我們行事的法則，譬如製車輪的有畫圓的規，木匠有畫方的矩，輪人和木匠祇要拿著規矩，便可以度量天下一切的方形和圓形，說：『與此相合的就是對的，與此不相合的就是不對的。』當今天下士君子的書記載不完，言語也記不完，他們上面遊說諸侯，下面遊說列士，而對於仁義，那還差得很遠啊！何以知道呢？答：我由天下的『明法』領會出來的。」

天志中第二十七

子墨子言曰：「今天下之君子之欲為仁義者，則不可不察義之所從出。」既曰不可以不察義之所從出，然則義何從出？子墨子曰：「義不從愚且賤者出，必自貴且智者出。」何以知義之不從愚且賤者出，而必自貴且智者出也？曰：「義者善政也。」何以知義之為善政也？曰：「天下有義則治，無義則亂，是以知義之為善政也。夫愚且賤者，不得為政乎貴且知者，（貴且知者）㈠，然後得為政乎愚且賤者，此吾所以知義之不從愚且賤者出，而必自貴且知者出也。」然則孰為貴？孰為知？曰：「天為貴，天為知而已矣，然則義果自天出矣。」

【今註】 ㈠貴且知者：依畢校增。

【今譯】 墨子說：「當今天下的士君子，若欲行仁義，就不可以不考察義的由來。」既然不可不考察義的由來，那麼義是從何而來的呢？墨子說：「義不是從愚和賤出來的，而必定是從貴且智那方面出來的。」何以知道義不是由愚且賤出來，而必定是由貴且智那方面出來的呢？答道：「因為義，就是善政。」何以知道義就是善政呢？答道：「天下有義就治，無義就亂，所以知道義就是善政了。那些愚且賤的，不能統制貴且智的，而貴且智的，方纔能夠統制愚且賤的，所以我知道義不是由愚且賤出來的，而必定由貴且智那方面出來的。」那麼誰是貴，又誰是聰明呢？答道：「祇有天是貴的，是聰明的，所以義實在是出於上天的了。」

今天下之人曰：「當若天子之貴諸侯，諸侯之貴大夫，傐㈠明知之，然吾未知天之貴且知於天子也。」子墨子言曰：「吾所以知天之貴且知於天子者有矣。曰天子為善，天能賞之；天子為暴，天能罰之；天子有疾病禍祟，必齋戒沐浴，潔為酒醴粢盛，以祭祀天鬼，則天能除去之，然吾未知天之祈福於天子也，此吾所以知天之貴且知於天子者。不止此而已矣，又以先王之書，馴㈡天明不解之道㈢也知之。曰『明哲，維天，臨君下土。』則此語天之貴且知於天子。」不知亦有貴知夫天天者乎？曰：「天為貴，天為知而已矣，然則義果自天出矣。」

【今註】㈠傐：當為碻，與確同。確然可知的意思。㈡馴：畢沅以為馴與訓同。㈢天明不解之道：

荀子非十二子篇：「閉約而無解。」註：「解，說也。不解即不易知之義。」馴天明不解之道，是說「訓釋天的高明而不易解說的道理。」

【今譯】現在天下的人都說，天子比諸侯貴，諸侯又比大夫貴，這是大家確實知道的，但是我們還沒有知道天比天子更貴，更聰明呀。墨子說：「我所以知道天比天子更貴更聰明，也有我的理由。因為天子若行善，天能賞賜他；天子若暴戾，天也能處罰他；天子若有疾病災禍，必須要齋戒沐浴之後，潔治豐盛的酒飯，去祭祀天與鬼神，天就能給他除掉。但是我從來不曾聽說過天向天子祈福呀。所以我知道天比天子更貴更聰明了。不僅僅如此而已，我又從先王的書籍上，得到更多的證據，書上曾經訓釋天的明道說：『聰明聖哲的，就是上天，將他的光明照臨天下。』這就是說天的貴與智在天子之上。」但不知是否還有比天更貴且智的呢？答道：「祇有天是最尊貴最明智的，所以義實在是出自上天的意志的。」

是故子墨子曰：「今天下之君子，中實將欲遵道利民，本察仁義之本，天之意不可不慎也。」既以天之意，以為不可不慎已，然則天之將何欲何憎？子墨子曰：「天之意，不欲大國之攻小國也，大家之亂小家也，強之暴寡，詐之謀愚，貴之傲賤，此天之所不欲也。不止此而已，欲人之有力相營，有道相教，有財相分也；又欲上之強聽治也，下之強從事也。上強聽治，則國家治矣；下強從事，則財用足矣。若國家治，財用足，則內有以潔為酒醴粢盛，以祭祀天鬼；外有以為環璧珠玉，以聘撓㈠四鄰。諸侯之冤㈡不興矣，邊境兵甲不作矣。內有以食飢息勞，持養㈢其萬民，則君臣上下惠忠，父子兄弟慈孝。」故唯毋㈣明乎順天之意，奉而光㈤施之天下，則刑政治，萬民和，國家富，財用足，百姓皆得煖衣飽食，便㈥寧無憂。是故子墨子曰：「今天下之君子，中實將欲遵道利民，本察仁義之本，天之意不可不慎也！」

【今註】㈠撓：畢云：「撓與交同音。」㈡冤：與怨同。㈢持養：與保養同。㈣唯毋：發聲助辭，無意義。詳見尚賢中篇。㈤光：與廣通。㈥便：與安通。

【今譯】所以墨子說：「當今天下的士君子，內心的確想遵行聖王之道，以惠利人民，並且推求仁義之本，因此對於天的意思是不可以不順從的。」既然以為對於天的意思不能不順，那麼天的意思喜歡甚麼，憎恨甚麼呢？墨子說：「天的意思不要大國攻打小國，大家侵奪小家，強的暴寡，詐的欺愚，貴的傲賤，這些都是天所不喜歡的。不僅此而已，天並且要大家互相出力幫助，有道相教，有財相分，又要在上的努力去聽政，下面的戮力去做事。在上的努力聽政，國家就治理了。下面的努力做事，財用就充足了。如果國治財足，內裏就可以潔治豐盛的酒飯，去祭祀天帝鬼神；外面就可以有珠玉環璧，去結交四面的鄰國。如此諸侯就不會再生仇怨，邊境上更不會有戰事。國內既然能使飢餓的人有得喫，令勞作的人有得休息，這樣的保養萬民，國君就待人有恩惠，臣下對主上就忠誠，父兄對子弟就慈愛，子弟對父兄就孝敬了。」所以我們明白了順從天意，推而行之於天下，刑政就會治理，萬民就會和協，國家就會富足，財用就充實，而百姓也就都能暖衣飽食，安靜無憂了。所以墨子說：「當今天下的士君子，內心的確要想遵行聖王之道，以惠利人民，並且推求仁義之本，因此對於天的意志是不可以不順從的。」

且夫天子之有天下也，辟㈠之無以異乎國君諸侯之有四境之內也。今國君諸侯之有四境之內也，夫豈欲其臣國萬民之相為不利哉？今若處大國則攻小國，處大家則亂小家，欲以此求賞譽，終不可得，誅罰必至矣。夫天之有天下也，將無已㈡異此。今若處大國則攻小國，處大都則伐小都，欲以此求福祿於天，福祿終不得，而禍祟必至矣。然有所不為天之所欲，而為天之所不欲；則夫天亦且不為人之所欲，而為人之所不欲矣。人之所不欲者何也？曰病疾禍崇也。若己不為天之所欲，而為天之所不欲，是率天下之萬民，以從事乎禍崇之中也！故古者聖王，明知天鬼之所福，而辟㊂天鬼之所憎，以求興天下之利，而除天下之害。故以天之為寒熱也節，四時調，陰陽雨露也時，五穀孰，六畜遂，疾菑戾疫凶饑則不至。是故子墨子曰：「今天下之君子，中實將欲遵道利民，本察仁義之本，天意不可不慎也！」

【今註】㊀辟：與譬同。㊁已：與以同。㊂辟：與避同。

【今譯】並且天子之有天下，譬如國君與諸侯之有國家，現在國君與諸侯若擁有國家，他們怎麼會期望他們的臣民互相賊害，互相做對人不利的事呢？現在若處大國就去攻小國，處大家就去亂小家，想因此以求得天的賞和讚譽，不僅終不可得，而誅戮懲罰就要隨之降臨了。上天之有天下，和這個也沒有分別。現在若處大國就攻小國，處大都就伐小都，想因此去向上天求福祿，結果福祿得不到，而災禍也必要降臨了。你們不去做天所喜歡的事，反而去做天所不喜歡的事，所以天也不做你們所喜歡的事，而去做你們所不喜歡的事了。那些人們所不喜歡的是甚麼呢？是疾病和災禍。如果自己不去做天所喜歡的事，而去做天所不喜歡的事，這就是率領著天下的人民，去向災禍裏面走了。所以古代的聖王，知道怎樣纔能獲得上天鬼神的降福，而避免做上天鬼神所憎恨的事，以求增進天下人民的福利，除去天下人民的禍害。所以天使寒熱合適，四時皆守常度，陰陽調和，風露順時，五穀豐收，六畜蕃殖，而疾疫災禍，凶年饑饉，都不發生，所以墨子說：「當今天下的士君子，內心的確想要遵行聖王之道，以惠利人民，並且推求仁義之本，因此對於上天的意志是不可以不順從的。」

且夫天下蓋有不仁不祥者，曰當若子之不事父，弟之不事兄，臣之不事君也，故天下之君子，與㊀謂之不祥者。今夫天兼天下而愛之，撽遂㊁萬物以利之，若豪之末，非㊂天之所為也，而民得而利之，則可謂否㊃矣。然獨無報夫天，而不知其為不仁不祥也，此吾所謂君子明細而不明大也。

【今註】㊀與：同舉。㊁撽遂：二字義不可通。俞樾以為撽字為邀之誤，邀與交通。莊子徐無鬼篇：「吾與之邀樂於天……」即此意。遂字衍文。㊂非：上脫一莫字。㊃否：應為厚字。

【今譯】我們知道天下有一種不仁與不祥的人，那就是兒子不事奉父親，弟弟不事奉兄長，臣子不事奉國君，這些都是天下的君子所稱為不祥的。上天對天下的人兼而愛之，對萬物交而利之。就像那秋毫之末一樣的東西，也無不是上天所造，而人民得以享受，可算得很厚了。於今人們不僅不知道報答上天，而且也不知道那種不仁的事就是不祥，所以我說君子祇明白小的，而不明白大的。

且吾所以知天之愛民之厚者有矣，曰以磨㈠為日月星辰，以昭道之，制為四時春秋冬夏，以紀綱之，雷㈡降雪霜雨露，以長遂五穀麻絲，使民得而財利之，列為山川谿谷，播賦㈢百事，以臨司㈣民之善否，為王公侯伯，使之賞賢而罰暴，賊㈤金木鳥獸，從事乎五穀麻絲，以為民衣食之財，自古及今，未嘗不有此也。今有人於此，驩㈥若愛其子，竭力單㈦務以利之，其子長，而無報子求㈧父，故天下之君子，與㈨謂之不仁不祥。今夫天兼天下而愛之，撽遂萬物以利之，若豪之末，非天之所為，而民得而利之，則可謂否矣。然獨無報夫天，而不知其為不仁不祥也，此吾所謂君子明細而不明大也。

【今註】㈠磨：應作磿，離的意思，也是分別之義，詳見非攻下篇。㈡雷：霣字的誤寫。與隕同，降落之意。㈢播賦：播布的意思。㈣司：與伺同，伺察之意。㈤賊：賦的誤字，賦斂的意思。㈥驩：古歡字。㈦單：同殫，竭盡的意思。㈧子求：乎字的誤寫。㈨與：舉。

【今譯】並且我所以知道上天愛護人民是如此深厚，也有我的理由。因為上天將日月星辰分開，以照耀天下，制定春夏秋冬四時，以為綱紀常度，降下霜雪雨露，使五穀與絲麻生長，使人民得以供給財用，又分列山川谿谷，廣布各種事業，設定王公侯伯，以監察人民的善惡，賞賜賢良，懲罰貪暴，征收金木鳥獸，從事五穀絲麻，以給人民的衣食之財，從古至今，都是如此。現在假使此地有一個人，喜歡他的兒子，竭力費事的幫助他，等到這個兒子長大了，卻不知道去報答他的父親，所以天下的君子，都說他不仁不祥。現在我們想到天是兼天下而愛之，交萬物而利之，就像那秋毫之末，也莫非是上天所造的，而人民得以享受，可算得很厚的了。然而非但不知報答，並且不知道不仁就是不祥，所以我知道君子祇明白小的，而不明白大的。

且吾所以知天愛民之厚者，不止此而足矣。曰殺不辜者，天予不祥。不辜者誰也？曰人也。予之不祥者誰也？曰天也。若天不愛民之厚，夫胡㈠說人殺不辜，而天予之不祥哉？此吾之所以知天之愛民之厚也。

【今註】㈠胡：與何同。

【今譯】我所以知道上天愛人民這般深厚，理由尚不僅此而已。凡是殺害無辜的，天必定給他以不祥。殺無辜的是誰呢？是人。降禍的又是誰呢？是天。假使天不是這般厚愛人民，那麼，怎樣人們殺害無辜，天會降給他不祥呢？因此我知道上天愛護人民，是這般的深厚的。

且吾所以知天之愛民之厚者，不止此而已矣。曰愛人利人，順天之意，得天之賞者有之；憎人賊人，反天之意，得天之罰者亦有矣。夫愛人利人，順天之意，得天之賞者誰也？曰若昔三代聖王，堯舜禹湯文武者是也。堯舜禹湯文武，焉所從事？曰從事兼，不從事別。兼者，處大國不攻小國，處大家不亂小家，強不劫弱，眾不暴寡，詐不謀愚，貴不傲賤。觀其事，上利乎天，中利乎鬼，下利乎人，三利無所不利，是謂天德。聚斂天下之美名而加之焉，曰此仁也，義也。愛人利人，順天之義，得天之賞者也。不止此而已，書於竹帛，鏤之金石，琢之槃盂，傳遺後世子孫，曰將何以為？將以識夫愛人利人，順天之意，得天之賞者也。皇矣㈠道之曰：「帝謂文王，予懷明德，不大聲以色㈡，不長夏以革㈢，不識不知，順帝之則。」帝善其順法則也，故舉殷以賞之，使貴為天子，富有天下，名譽至今不息。故夫愛人利人，順天之意，得天之賞者，既可得留而已㈣。

【今註】㈠皇矣：詩大雅的篇名。㈡不大聲以色：不大聲見於詞色。㈢不長夏以革：長夏就是諸夏，夷狄的對稱，不長諸夏以變更王法。鄭康成皇矣詩箋云：「我歸人君有光明之德，不虛廣言語以外作容貌，不長諸夏以變更王法者，其為人不識古不知今，順天之法而行。」今譯的詩，就是照鄭箋的意思繙的。㊃既可得留而已：應作「既可得而知也。」尚賢篇也和這個一樣。

【今譯】並且我所以知道上天愛護人民這般深厚，原因尚不僅此而已。因為有人因愛人利人，順從天的意志，而得到天的賞賜；也有人因恨人害人，違反天的意志，而得到天的懲罰的。那麼因為愛人利人，順從天的意思而得到賞賜的是誰呢？答道：「像從前三代的聖王，堯舜禹湯文武就是。」而堯舜禹湯文武又是怎樣一個作法呢？答道：「他們從事兼，不從事別。」那叫作兼的，就是處大國不去攻打小國，處大家不去擾亂小家，強的不劫弱，多的不暴寡，詐的不欺愚，尊的不傲賤。像這樣，上有利於天，中有利於鬼神，下有利於人民，三利無所不利，就叫做「天德」。把天下的美名聚集起來都加在他們的身上，而這是仁，這是義，因為愛人利人，順從天的意志，得到上天賞賜的緣故了。不但如此而已，又把這些行為寫在竹帛，刻在金石，雕在盤盂等的上面，傳給後世子孫，說這是為什麼呢？就是要使你們知道愛人利人，順從天的意志，得到上天賞賜。詩經皇矣上曾經說過：「天帝告訴文王，我祇歸向有德的人君。他不大聲說話，不驕不矜。也不專門尊重諸夏，將王法輕易變更。不識古，不知今，但順著上帝的法則而行。」天帝因為喜歡他能順著法則而行，所以把「殷」賞給他，使他貴為天子，富有天下，名聲一直流傳，至今不衰。由此可知那愛人利人，順從上天意志的，結果是怎樣的了。

夫憎人賊人，反天之意，得天之罰者誰也？曰若昔者三代暴王，桀紂幽厲者是也。桀紂幽厲，焉所從事？曰從事別，不從事兼。別者，處大國則攻小國，處大家則亂小家，強刦弱，眾暴寡，詐謀愚，貴傲賤。觀其事，上不利乎天，中不利乎鬼，下不利乎人，三不利無所利，是謂天賊。聚斂天下之醜名而加之焉，曰此非仁也，非義也，憎人賊人，反天之意，得天之罰者也。不止此而已，又書其事於竹帛，鏤之金石，琢之槃盂，傳遺後世子孫，曰將何以為？將以識夫憎人賊人，反天之意，得天之罰者也。大誓之道之曰：「紂越厥夷居㊀，不肎事上帝，棄厥先神祇不祀，乃曰吾有命，無廖僔務㊁。」天下㊂。天亦縱棄紂而不葆㊃。察天以縱棄紂而不葆者，反天之意也。故夫憎人賊人，反天之意，得天之罰者，既可得而知也。

【今註】㊀夷居：倨慢的意思。㊁無廖僔務：按本書非命上作「無僇排漏」。非命中作「毋僇其務」。都是引大誓之文。而偽孔書則是：「罔懲其侮」四字，畢以廖僇二字是懲字之訛。僔字是其字之訛。務音同侮。罔與無同。「無僇其務」，就是「不戮力其事。」江聲說：紂言已有命不畏鬼神，毋為戮力於鬼神之務。㊂天下：衍文，應刪。㊃葆：同保。

【今譯】因為憎恨人賊害人，違反天的意志，而得到天的懲罰的，又是誰呢？答道：「像從前三代暴君，如桀紂幽厲等就是。」而桀紂幽厲又是怎樣一個作法呢？答道：「他們從事別，不從事兼。」那叫作別的，就是處大國攻打小國，處大家擾亂小家，強刼弱，眾暴寡，詐謀愚，貴傲賤。這些事，上不利於天，中不利於鬼神，下不利於人民，三不利無所利，這就叫做「天賊」。把天下的醜名聚集起來都加在他們的身上，說這不是仁，不是義，這是恨人害人，而得到上天懲罰的緣故了。不但如此而已，又將這些事寫在竹帛上，刻在金石，雕在盤盂等上面，傳給後世的子孫，說這是為什麼呢？就是要使你們知道恨人害人，違反天的意思，得到天的懲罰。尚書太誓上說：「紂傲慢不恭，不肯事奉上帝，也不敬拜他的祖宗。反而說：『我有天命，鬼神不足畏。』」於是上帝也放棄紂，不去保佑他。天之所以不保佑紂，就是因為他違反了天的意志。所以恨人害人，違反上天意志，就可以知道他的結果了。

是故子墨子之有天之㈠，辟人㈡無以異乎輪人之有規，匠人之有矩也。今夫輪人操其規，將以量度天下之圜與不圜也。曰中吾規者謂之圜，不中吾規者謂之不圜。是以圜與不圜，皆可得而知也。此其故何？則圜法明也。匠人亦操其矩，將以量度天下之方與不方也。曰中吾矩者謂之方，不中吾矩者謂之不方。是以方與不方，皆可得而知之。此其故何？則方法明也。故子墨子之有天之意㊂也，上將以度天下之王公大人，為刑政也；下將以量天下之萬民，為文學出言談也。觀其行，順天之意，謂之善意行，反天之意，謂之不善意行；觀其言談，順天之意，謂之善言談，反天之意，謂之不善言談；觀其刑政，順天之意，謂之善刑政，反天之意，謂之不善刑政。故置此以為法，立此以為儀，將以量度天下之王公大人卿大夫之仁與不仁，譬之猶分黑白也。

【今註】㊀天之：即天志，古志字與之字通用，凡是墨子書裏面的天志，都作天之，所有寫作天志的，大部分是後人改的。子墨子之有天之，就是墨子以為天有意志。㊁辟人：應作辟之，辟即譬字。㊂天之意：意字為後人所加，應刪。

【今譯】所以墨子以為天有意志，就好比造車輪的人有規，匠人有矩。造車輪的人拿著他的規，量度天下的東西，是不是圓的。他說：「和我的規相合，就是圓的，不和我的規相合，就不是圓的，因此東西圓不圓都可以知道了。」這是什麼緣故呢？就是對於圓的法則完全明白了。匠人也拿著他的矩，量度天下的東西，是不是方的。他說：「和我的矩相合，就是方的，不和我的矩相合，就不是方的，因此東西方不方都可以知道了。」這是甚麼緣故呢？就是對於方的法則完全明白了。所以墨子以為天的有意志，對上用來量度天下的王公大人，考查他們的刑政設施，對下用來量度萬民的文學與言談的標準。一面看他們的意識和行為，凡是順天的意志的，叫作好的意識行為，相反的叫作不好的意識行為；一面看他們的言談，凡是順天的意志的，叫作好的言談，相反的叫作不好的言談；看他們的刑政，凡是順天的意志的，叫作好刑政，相反的叫作不好的刑政。所以設此做一個法則，立此作一個標準，用來量度天下的王公大人和卿大夫們仁與不仁，就像分別黑白一樣。

是故子墨子曰：「今天下之王公大人士君子，中實將欲遵道利民，本察仁義之本，天之意不可不順也，順天之意者，義之法也。」

【今譯】所以墨子說：「當今天下的王公大人和士君子們，內心如確實想要遵道利民，推求仁義的基本，那就不可不順從天意，順從天的意思，也就是順從天的法則。」

天志下第二十八

子墨子言曰：「天下之所以亂者，其說將何哉？則是天下士君子，皆明於小而不明於大。」何以知其明於小不明於大也？以其不明於天之意也。何以知其不明於天之意也？以處人之家者知之。今人處若家得罪，將猶有異家所㊀，以避逃之者，然且父以戒子，兄以戒弟，曰：「戒之慎之！處人之家，不戒不慎之，而有㊁處人之國者乎？」今人處若國得罪，將猶有異國所以避逃之者矣！然且父以戒子，兄以戒弟，曰：「戒之慎之！處人之國者，不可不戒慎也！」今人皆處天下而事天，得罪於天，將無所以避逃之者矣。然而莫知以相極㊂戒也，吾以此知大物則不知者也。

【今註】㊀所：處所。㊁有：應為「可」字。㊂極：王引之以為是儆字之誤。

【今譯】墨子說：「天下之所以混亂，是甚麼原因呢？就是因為天下的士君子，明白小的而不明白大的。」何以知道他們祇明白小的而不明白大的呢？那是因為他們不明白上天的意志。何以知道他們不明白天的意志呢？由於人們的居家而知。現在假定有人在家裏犯了罪，還有鄰人的家可以躲避一下。然而別人做父親的還要把這事警戒兒子，做兄長的也要警戒弟弟，說：「要警戒呀！要謹慎呀！住在一個家裏，自己也不知道戒慎，還能夠處在別人的國裏嗎？」現在若有人在一個國度裏犯了罪，還有別國可以躲避，然而做父親的要把這事警戒他的兒子，做兄長的也要警戒他的弟弟，說：「要警戒呀！要謹慎呀！處在一個國度裏面，是不可以不戒慎的！」但是現在的人都處在一個天底下，同時事奉上天，如果得罪天，是無處可以逃避的了。然而人們反倒不知互相警戒，我因此知道他們對於大的事情就完全無知了。

是故子墨子言曰：「戒之慎之！必為天之所欲，而去天之所惡。」曰天之所欲者何也？所惡者何也？天欲義而惡其不義者也。何以知其然也？曰義者正也。何以知義之為正也？天下有義則治，無義則亂，我以此知義之為正也。然而正者，無自下正上者，必自上正下。是故庶人不得次㈠己而為正㈡，有士正之；士不得次己而為正，有大夫正之；大夫不得次己而為正，有諸侯正之；諸侯不得次己而為正，有三公正之；三公不得次己而為正，有天子正之；天子不得次己而為政，有天正之。今天下之士君子，皆明於天子之正天下也，而不明於天之正天子也。是故古者聖人，明以此說人曰：「天子有善，天能賞之；天子有過，天能罰之。」天子賞罰不當，聽獄不中，天下疾病禍福㊂，霜露不時。天子必且犓豢㊃其牛羊犬彘㊄，絜㊅為粢盛㊆酒醴㊇，以禱祠祈福於天，我未嘗聞天之禱祈福於天子也，吾以此知天之重且貴於天子也。是故義者不自愚且賤者出，必自貴且知者出。曰誰為知？天為知。然則義果自天出也。今天下之士君子之欲為義者，則不可不順天之意矣。

【今註】㊀次：同恣，見上篇。㊁正：同政，這裏應該都作從事講。㊂福：應是祟字的錯誤。㊃犓豢：犓音ㄔㄨˊ。說文：「以芻莝養牛也。」豢音ㄏㄨㄢˋ。說文：「以穀圈養豕也。」古代以草養牲口叫做犓，如馬牛羊之類，以穀米養牲畜叫做豢，如犬豕之類。㊄彘：音ㄓˋ，小豬。㊅絜：同潔。㊆粢盛：粢音ㄗ。穀類的稷。盛音ㄔㄥˊ，是把粢擱在器物裏。㊇醴：一種甜酒。

【今譯】所以墨子說：「要警戒啊！要慎重啊！務必要做天所喜的事，而去掉天所惡的事。」天所喜的是甚麼呢？天所惡的又是甚麼呢？天是喜歡義，而憎惡不義的。何以見得如此呢？答道：「義就是正。」何以知道義就是正呢？因為天下有義就治，無義就亂，我所以知道那義就是屬於正的一面了。但是講到正，卻沒有從下來正上的，而必須由上去正下。所以庶民凡事不能放肆去做，有士來正他們；士凡事也不能放肆去做，有大夫來正他們；大夫凡事也不能放肆去做，有諸侯來正他們；諸侯凡事也不能放肆去做，有三公來正他們；三公凡事也不能放肆去做，有天子來正他們；天子凡事也不能放肆去做，還有上天來正他！現在天下的士君子，都明白天子能正天下，而不明白上天卻能正天子哩！所以古代的聖人以這句話明白的告訴人，他說：「天子有善，天能賞他；天子有過，天也能罰他。」如果天子賞罰不當，刑罰不公，天就會降下疾病災禍，霜露都反常失時，那是天子必定要飼養牛羊豬犬，整備粢盛酒醴，去向上天禱告求福。但是我從來就不曾聽說過上天向天子來禱告求福的，因此我知道天比天子更貴而且智了。所以義這個東西，不是由愚且賤那方面來的，而是由貴且智那方面來的。那麼誰是貴誰是智呢？答道：「天為貴，天為智。」如此說來，義果然是出於天的了。當今天下的士君子，若想行義，就不可以不順從天的意思了。

曰順天之意何若？曰兼愛天下之人。何以知兼愛天下之人也？以兼而食之也。何以知其兼而食之也？自古及今，無有㈠遠靈㈡孤夷之國，皆犓豢其牛羊犬豕，絜為粢盛酒醴，以敬祭祀上帝山川鬼神，以此知兼而食之也。苟兼而食焉，必兼而愛之，譬之若楚越之君。今是㊂楚王食於楚之四境之內，故愛楚之人；越王食於越，故愛越之人。今天兼天下而食焉，我以此知其兼愛天下之人也。

【今註】㊀無有：所有的意思。㊁靈：依孫說應為虛字。㊂今是：即今夫。

【今譯】怎樣纔是順從天的意思呢？答道：「兼愛天下的人。」何以知道天是兼愛天下的人呢？因為天對人民兼而食之的緣故。何以知道天是兼而食之呢？請看從古至今，無論如何遙遠偏僻的國家，都要飼養牛羊犬豕，整備粢盛酒醴，去敬祀上帝山川鬼神，我因此知道上天是兼而食之的。如果兼而食之，就必定會兼而愛之，這正好比楚和越的國君一樣，楚王食在楚國的境內，所以愛楚國的人民；越王食在越國的境內，所以愛越國的人民。而上天兼天下而食，我所以知道他必定兼愛天下的人民。

且天之愛百姓也，不盡物而止矣。今天下之國，粒食之民，殺一不辜者，必有一不祥，曰誰殺不辜？曰人也。孰予之不辜？曰天也。若天之中實不愛此民也，何故而人有殺不辜，而天予之不祥哉？且天之愛百姓厚矣，天之愛百姓別㊀矣，既可得而知也。何以知天之愛百姓也？吾以賢者之必賞善罰暴也。何以知賢者之必賞善罰暴也？吾以昔者三代之聖王知之。故昔也三代之聖王，堯舜禹湯文武之兼愛之天下也，從而利之，移其百姓之意焉，率以敬上帝山川鬼神。天以為從其所愛而愛之，從其所利而利之，於是加其賞焉，使之處上位，立為天子以法也㈡，名之曰聖人，以此知其賞善之證。是故昔也三代之暴王，桀紂幽厲之兼惡天下也，從而賊之，移其百姓之意焉，率以詬侮上帝山川鬼神。天以為不從其所愛而惡之，不從其所利而賊之，於是加其罰焉，使之父子離散，國家滅亡，抎㈢失社稷，憂以及其身，是以天下之庶民，屬而毀之，業㈣萬世子孫繼嗣，毀之賁不之廢㈤也，名之曰失王㈥，以此知其罰暴之證。今天下之士君子欲為義者，則不可不順天之意矣。

【今註】㈠別：王引之云：此別字當讀為徧，是說天徧愛百姓。㈡抎：說文：「抎，有所失也。」玉篇：抎，于粉切，音ㄩㄣˇ。㈢以法也：墨子閒詁引戴說，疑當作以為儀法，脫二字。㈣業萬世子孫繼嗣：業，纂業的意思，有「葉」、「世」和「承」各義。㈤毀之賁不之廢：賁字依孫說為「者」字的誤寫。按全句應該是：「業萬世子孫繼嗣，而毀之者猶不止也。」孫詒讓這一解釋較妥。㈥失王：過失的王或是失國的王，皆通。閒詁引蘇說以為應作暴王，與上篇同。

【今譯】並且上天的愛護百姓，不僅此而已。現在天下所有的國家，凡是喫穀米的人民，若是殺害了一個無辜的人，必然要受到一個不祥。那麼殺無辜的是誰呢？答道：「是人民。」誰給他的不祥呢？答道：「是天。」倘若上天中心實在不愛這些百姓，為什麼有人殺害了無罪的人時，天就要給他以不祥呢？由這一點可以知道上天愛百姓是極深厚的，上天愛百姓是極普遍的。何以知道天是這般的愛護百姓呢？因為我見到那些賢人必定要賞善和罰暴，何以知道賢者必定要賞善罰暴呢？我由從前三代的聖王的行事上知道的。從前三代的聖王，如堯舜禹湯文武等，都兼愛天下的人民，使他們都受到福利，移轉百姓的心意，率領著他們去敬事上帝山川鬼神。天以為他們愛自己所愛的人，利自己所利的人，於是加重他們的賞賜，使居上位，立為天子，以作表率，稱之為聖人，這就是賞善的證明了。從前三代的暴君，如桀紂幽厲等，兼惡天下的人民，賊害他們，移轉百姓的心意，率領著他們去侮慢上帝山川鬼神。天以為不依從自己的所利，反而害他們，於是加以懲罰，使他們父子離散，國家滅亡，損失社稷，憂及本身。而天下的百姓也都詆毀他們，到了子孫萬世以後，仍然受人們的唾罵，稱他們為暴君，這就是罰暴的證明了。當今天下的士君子，若要行事合乎義，就不可以不順從天的意志啊！

曰順天之意者兼也，反天之意者別也。兼之為道也義正，別之為道也力正。曰義正者何若？曰大不攻小也，強不侮弱也，眾不賊寡也，詐不欺愚也，貴不傲賤也，富不驕貧也，壯不奪老也。是以天下之庶㈠國，莫以水火毒藥兵刃以相害也。若事上利天，中利鬼，下利人，三利而無所不利，是謂天德。故凡從事此者，聖知也，仁義也，忠惠也，慈孝也，是故聚斂天下之善名而加之，是其故何也？則順天之意也，曰力正者何若？曰大則攻小也，強則侮弱也，眾則賊寡也，詐則欺愚也，貴則傲賤也，富則驕貧也，壯則奪老也。是以天下之庶國，方以水火毒藥兵刃以相賊害也。若事上不利天，中不利鬼，下不利人，三不利而無所利，是謂之㈡賊。故凡從事此者，寇亂也，盜賊也，不仁不義，不忠不惠，不慈不孝，是故聚斂天下之惡名而加之，是其故何也？則反天之意也。

【今註】㈠庶：眾多的意思。㈡之：應作天，天賊與上天德對文。

【今譯】順天的意志就叫作兼，反天的意志就叫作別。兼的道理就是以義為正，別的道理就是以力為正，如果我們要問，義正是怎樣？那答覆是：「大不攻小，強不侮弱，眾不賊寡，詐不欺愚，貴不傲賤，壯不奪老。」所以天下的國家，都不用水火毒藥兵器互相賊害。這事上利天，中利鬼神，下利人民，三利無所不利，這就叫做天德。凡是從事於此的，如那些聖智呀，仁義呀！忠惠呀！慈孝呀！天下最好的名詞都加起來一道送給他，這是甚麼緣故呢？就是因為他們順從天的意志罷了。至於那力正又是怎樣的呢？答覆是大就攻小，強就侮弱，多就賊少，詐就欺愚，貴就傲賤，富就驕貧，壯就奪老。天下所有的國家都一齊用水火毒藥和兵器互相賊害。這事上不利天，中不利鬼神，下不利人民，三不利無所利，這就叫做天賊。凡是從事於這些事的，如那些寇亂呀！盜賊呀！不仁不義呀！不忠不惠呀！不慈不孝呀！天下最壞的名詞，都加起來一道送給他，這是甚麼緣故呢？就是因為他們違反了天的意志罷了。

故子墨子置立天之㊀，以為儀法，若輪人之有規，匠人之有矩也。今輪人以規，匠人以矩，以此知方圜之別矣。是故子墨子置立天之，以為儀法，吾以此知天下之士君子之去義遠也。何以知天下之士君子之去義遠也？今知氏㊁大國之君寬者然㊂曰：「吾處大國而不攻小國，吾何以為大哉？」是以善論蚤㊃牙之士，比列其舟車之卒，以攻罰無罪之國，入其溝㊄境，刈其禾稼，斬其樹木，殘其城郭，以御㊅其溝池，焚燒其祖廟，攘殺其犧牲；民之格㊆者，則剄拔㊇之，不格者，則係操㊈而歸；丈夫以為僕圉(十)胥靡(十一)，婦人以為舂酋(十二)；則夫好攻伐之君，不知此為不仁義，以告四鄰諸侯曰：「吾攻國覆軍殺將若干人矣。」其鄰國之君，亦不知此為不仁義也，有具其皮幣，發其緫處(十三)，使人饗賀焉。則夫好攻伐之君，有重不知此為不仁不義也，有書之竹帛，藏之府庫，為人後子者，必且欲順其先君之行，曰何不當發吾府庫，視吾先君之法美(十四)？必不曰文武之為正者若此矣。曰吾攻國覆軍殺將若干人矣。則夫好攻伐之君，不知此為不仁不義也，其鄰國之君，不知此為不仁不義也，是以攻伐世世而不已者，此吾所謂大物則不知也。

【今註】(一)天之：之當為志，下同。(二)今知氏：俞樾以為知字是衍文，今氏之氏應作是，今是即今夫，與上「今是楚王食於楚……」句法相同。(三)寬者然：俞以為者字衍文，寬然之寬應作囂，囂然爭持其說。(四)蚤：爪字之誤。(五)溝：邊字之誤。(六)御：抑字之誤，與塞同。(七)格：拒的意思。(八)拔：殺字之誤。(九)係操：應作係累。孟子：「係累其子弟。」係累就是縛結的意思。(十)圉：古時養馬的叫做圉。(十一)胥靡：古代的一種刑徒。(十二)舂酋：舂米和掌酒，俘虜來的女奴，叫她們執役。古代女奴掌酒的叫作酋。(十三)緫處：未詳。錯字無從校改。(十四)法美：王云：美當為儀字之誤。

【今譯】所以墨子置立了「天志」這個東西來作為法則，譬如製車輪的人有規，匠人有矩，就這樣知道方和圓的分別了。而自從墨子置立了天志來作法則，我們才知道天下的士君子距離那所謂「義」，還遠著呢！何以知道是這樣？因為當今那些大國的國君，都用一種叫囂式的語調說：「我們處在大國，如果不去攻打小國，又怎樣能成為大國呢？」於是差遣他們的爪牙，分派他們的舟車隊伍，去攻打鄰近無罪的小國家，攻入該國的國境，割掉他們的禾苗，砍伐他們的樹木，摧毀他們的城郭，填沒他們的溝池，焚燒他們的祖廟，屠殺他們的牲口；人民抵抗的都予以殺害，不抵抗的就俘擄了他們，男的當僕人馬夫，和囚徒作苦工。婦女就拿她們做斟酒的奴婢，而一般喜好攻戰的國君不知道這事是不仁義的，反而去告訴他的四鄰的諸侯道：「我攻下某國，打垮了他們的部隊，殺戮他們的將士若干人了。」鄰國的國君也不知道這事是不仁義的，也端整了皮幣，派遣了車徒，前往宴賀。那些喜好攻戰的國君有絕對不知道這是不仁義的，把這些事蹟記在竹帛，藏在府庫。做他後代子孫的，必定要順從他先君的志行，說道：「何不開開我們的府庫，看看我們先君所遺留下來的法則啊！」我們知道那上面必定不會說文王和武王是怎樣的去治理天下，必定是說，我攻下了某國，打垮了他們的軍隊，殺戮了若干將士。像這樣，那些喜好攻戰的國君，不知道這是不仁不義，而他的鄰國之君也不知道這是不仁不義，因此攻戰也就世世代代的不休。這就是我所說的；對於大事全不明白的緣故。

所謂小物則知之者何若？今有人於此，入人之場園，取人之桃李瓜薑者，上得且罰之，眾聞則非之，是何也？曰不與其勞，獲其實，已非其有所取之故，而況有踰於人之牆垣，抯㊀格㊁人之子女者乎？與角㊂人之府庫，竊人之金玉蚤絫㊃者乎？與踰人之欄牢，竊人之牛馬者乎？而況有殺一不辜人乎？「今王公大人之為政也，自殺一不辜人者；踰人之牆垣，抯格人之子女者；與角人之府庫，竊人之金玉蚤絫者；與踰人之欄牢，竊人之牛馬者，與入人之場園，竊人之桃李瓜薑者。今王公大人之加罰此也，雖古之堯舜禹湯文武之為政，亦無以異此矣。今天下之諸侯，將猶皆侵凌攻伐兼并，此為殺一不辜人者，數千萬矣；此為踰人之牆垣，格人之子女者，與角人府庫，竊人金玉蚤絫者，數千萬矣；踰人之欄牢，竊人之牛馬者，與入人之場園，竊人之桃李瓜薑者，數千萬矣；而自曰義也。故子墨子言曰：「是蕡㊄我者，則豈有以異是蕡黑白甘苦之辯者哉？今有人於此，少而示之黑謂之黑，多示之黑謂白，必曰吾目亂，不知黑白之別；今有人於此，能少嘗之甘謂甘，多嘗謂苦，必曰吾口亂，不知其甘苦之味。今王公大人之政也，或殺人，其國家禁之，此蚤越㈥有能多殺其鄰國之人，因以為文㈦義，此豈有異蕡黑白甘苦之別者哉？」

【今註】㈠抯：音ㄓㄚ，取的意思，叉取叫做抯。釋名云：「抯，叉也，五指俱往叉取。」㈡格：拘執的意思。㈢角：穴字之誤。穿通的意思。㈣蚤絫：布帛二字的錯誤。㈤蕡：讀ㄈㄣˊ，與紛同，亂的意思。本書尚同中篇：「本無有敢紛夫子之教者。」即此意。㈥蚤越：字有脫誤，無從校改。㈦文：之字的錯誤。

【今譯】所謂對於小事就知道又是怎麼講呢？現在假使此地有一個人，擅入他人的園中，竊取人家的桃李瓜薑，在上位的就要處罰他，眾人聞知這件事，都要說他不對，這是什麼緣故呢？因為他不曾出力去種植，而坐享利益，因為他去竊取不是他所有的東西，竊取瓜果尚且不可，何況翻過他人的牆垣，去抓取人家的子女；打開他人的府庫，偷竊人家的金玉布帛；跳進他人的牛欄馬圈，偷盜人家的牛馬呢。當今的王公大人主政的時候，若有人殺害一個無罪的人，或者是翻過他人的牆壁，去抓人家的子女，打開他人的府庫，偷竊人家的金玉布帛，跳入他人的牛欄馬圈，偷盜人家的牛馬，擅入人家的果園菜圃，竊取人家的桃李瓜薑，都要加以懲罰。當今的王公大人懲罰這類的事，雖是古代的聖王，如堯舜禹湯文武等主政，亦不過如此。但是當今天下的諸侯，還是彼此侵凌攻伐兼并，比起這兒殺一個無辜的人，那兒已經是數千萬計了。比起這兒翻過他人的牆壁，抓取人家的子女，打開他人的府庫，偷竊人家的金玉布帛，那兒又是數千萬計了。比起這兒跳入牛欄馬圈，偷盜人家的牛馬，擅入果園菜圃，竊取人家的桃李瓜薑，那兒又是數千萬計了。而他們自己卻說：「這就是義呀！」所以墨子就糾正他們說：「像這種混說，和把黑白甘苦混淆在一起，又有什麼不同呢？現在假定這兒有一個人，給他看少許黑色，他就說是黑的，多給他看些黑色，他說是白的，結果他必然說：『我的視覺亂了，不知道黑白之別。』現在假定這兒有一個人，少給他嘗點甜的，說是甜，多給他嘗些甜，說是苦，結果他必定要說：『我的味覺壞了，不知道甘苦之味。』現在的王公大人治理國家時，國內的人民若殺害了無罪的人，就要加以禁止，但是若有人能夠多多的殺害鄰國的人，倒說這是大義，這和混淆黑白甘苦之別的，有甚麼差異呢？」

故子墨子置天之㈠，以為儀法。非獨子墨子以天之志㈡為法也，於先王之書，大夏㈢之道之然：「帝謂文王，予懷明德，毋大聲以色，毋長夏以革，不識不知，順帝之則。」此誥文王之以天志為法也，而順帝之則也。且今天下之士君子，中實將欲為仁義，求為上士，上欲中聖王之道，下欲中國家百姓之利者，當天之志，而不可不察也！天之志者，義之經也。

【今註】 ㈠天之：即天志。㈡志：此志字為後人所加，應刪。㈢大夏：即大雅。雅夏古字通。

【今譯】 所以墨子設立天的意思，以為一切行事的法則，不但墨子以天的意思為法則，就是先王的書上，詩經大雅也這樣講。大雅上說：「天帝告訴文王，我祇歸向有德的人君。他不大聲說話，不驕不矜。也不專門尊重諸夏，將王法輕易變更。不識古，不知今，但順著上帝的法則而行。」這乃是告訴文王應當以天志為法，順著上帝的法則而行。所以當今天下的士君子內心如果確實要想行仁義，求為一個上士，上要合乎聖王之道，下要合乎國家人民的利益，那麼對於天的意志，是不可以不留心觀察的，天的意志就是義的經緯啊！

明鬼下第三十一

子墨子言曰：「逮至昔三代聖王既沒，天下失義，諸侯力正㈠，是以存夫為人君臣上下者之不惠忠也，父子弟兄之不慈孝弟長貞良也，正長之不強於聽治，賤人之不強於從事也。民之為淫暴寇亂盜賊，以兵刃毒藥水火，退㈡無罪人乎道路率㈢徑。奪人車馬衣裘以自利者並作，由此始，是以天下亂，此其故何以然也？則皆以疑惑鬼神之有與無之別，不明乎鬼神之能賞賢而罰暴也。今若使天下之人，偕㈣若信鬼神之能賞賢而罰暴也，則夫天下豈亂哉？」

【今註】㈠正：與征同。㈡退：依孫說應為「迓」。㈢率徑：依孫說當讀為術徑，術就是車道。㈣偕：與皆通。

【今譯】墨子說：「自從當初三代的聖王死後，天下的人都不講道義，諸侯用武力互相征伐，這無非為了做人家君臣上下的不惠忠，父兄子弟的不慈孝，悌長，貞良，官長不肯認真辦事，平民不肯努力工作，人們做出了淫暴，寇亂，盜賊的事，拿著兵器，毒藥，水火，在路上邀劫無辜的人，強奪人家的車馬衣服為自己不法利益的所有，一齊從此開始，所以天下亂了，什麼原故呢？這都是由於百姓對鬼神的有無疑惑不定，不知道鬼神真能夠賞賢罰暴罷了。現在假使天下的人都相信鬼神能夠賞賢罰暴的話，天下怎麼會混亂呢？」

今執無鬼者曰：「鬼神者，固無有」。旦暮以為教誨乎天下，疑天下之眾；使天下之眾，皆疑惑乎鬼神有無之別，是以天下亂。是故子墨子曰：「今天下之王公大人士君子，實將欲求興天下之利，除天下之害，故當鬼神之有與無之別，以為將不可以不明察此者也。既以鬼神有無之別，以為不可不察已。」

【今譯】現在主張沒有鬼的人說：「鬼神是沒有的。」一早一晚把這話教給人們，惑亂天下人心，使天下的人都疑惑鬼神究竟有沒有，於是天下亂。所以墨子說：「現在那些王公大人和士君子們，如果真正想興天下之利，除天下之害，那麼對於鬼神有和無的分別，是不可不考察清楚的。」

然則吾為明察，此其說將奈何而可？子墨子曰：「是與天下之所以察知有與無之道者，必以眾之耳目之實，知有與亡為儀者也。請㊀惑㊁聞之見之，則必以為有。莫聞莫見，則必以為無，若是，何不嘗入一鄉一里而問之，自古以及今，生民以來者，亦有嘗見鬼神之物，聞鬼神之聲，則鬼神何謂無乎？若莫聞莫見，則鬼神可謂有乎？

【今註】㊀請：讀為誠。㊁惑：與或通。

【今譯】我們怎樣去把鬼神的有無考察清楚呢？墨子說：「要考察一件事情的有無，必須以眾人耳目所聞見，實際經驗做標準。如果聽到看到，就必定以為有，不曾聽不曾見，就必定以為無。既然如此，何不到一個鄉一個里去問問，從古到今，有生民以來，也曾經看到鬼神形狀，聽過鬼神的聲音，那怎能說鬼神是沒有呢？如果不曾聞不曾見，那怎能說鬼神是有的呢？

今執無鬼者言曰：「夫天下之為聞見鬼神之物者，不可勝計也，亦孰為聞見鬼神有無之物哉？」子墨子言曰：「若以眾之所同見，與眾之所同聞，則若昔者杜伯是也。周宣王殺其臣杜伯而不辜㊀，杜伯曰：『吾君殺我而不辜，若以死者為無知則止矣；若死而有知，不出三年，必使吾君知之。』」其三年，周宣王合諸侯，而田於圃㈡，田車㈢數百乘，從數千人滿野。日中，杜伯乘白馬素車，朱衣冠，執朱弓，挾朱矢，追周宣王，射之車上，中心折脊，殪㈣車中，伏弢㈤而死，當是之時，周人從者莫不見，遠者莫不聞，著在周之春秋。為君者以教其臣，為父者以譤其子，曰：「戒之慎之！凡殺不辜者，其得不祥，鬼神之誅，若此之憯遬㈥也！」以若書之說觀之，則鬼神之有，豈可疑哉？

【今註】㈠不辜：不以其罪，與無辜同。㈡圃：地名。田，出獵於圃地。㈢田車：跟隨出獵的車輛。㈣殪：仆的意思。㈤弢：音ㄊㄠ，弓衣。㈥憯遬：憯音ㄘㄢˇ，說文：「痛也。」遬音ㄔˋ，籀文速字。

【今譯】現在主張無鬼的人說：「天下人聽過或看過鬼神這個東西，不可勝計，而究竟有誰真的聽過看過鬼神實際的形狀呢？」墨子說：「若以眾人所同見，和眾人所同聞，像從前的杜伯，那就是了周宣王殺了他的臣子杜伯而沒有罪。杜伯說：『吾君殺我而無辜，如果死者無知，那就罷了，若是死而有知，不出三年，必使吾君知道厲害！』」到了第三年，宣王會合諸侯，在圃田打獵，車子有幾百輛，隨從人員數千，佈滿野外，看看到了正午，杜伯乘坐著白馬素車，穿著朱色的衣冠，手裏拿著朱弓搭著朱箭，追上宣王，一箭射到他的車上，正中前心，折了脊骨，倒在車中，伏在弓袋上死了。當這時候，周人跟隨的沒有不見，遠的人也沒有不聞，記載在周的春秋（國史）上。為人君的都以此事教訓他的臣子，為人父的都以此事警戒他的兒子說：「戒之！慎之，凡是殺不辜的，得到不祥，受鬼神之誅，是這樣慘，也這樣快！」照這書所說的看來，鬼神的存在，還有什麼懷疑呢？

非惟若書之說為然也，昔者鄭穆公㈠，當晝日中處乎廟，有神入門而左，鳥身，素服三絕㈡，面狀正方，鄭穆公見之，乃恐懼犇，神曰：「無懼！帝享女㈢明德，使予錫女壽。十年有九，使若國家蕃昌，子孫茂，毋失。」鄭穆公再拜稽首曰：「敢問神名。」曰：「予為勾萌㈣。」若以鄭穆公之所身見為儀，則鬼神之有，豈可疑哉？

【今註】㈠鄭穆公：應作秦穆公。㈡三絕：孫疑為「玄純」二字形近之誤。玄純是古時一種玄色的衣緣。㈢女：與汝同。㈣勾萌：春天的神，屬木，一名勾芒。相傳為鳥身人面。

【今譯】不但這本書上這樣說，從前秦穆公，有一天中午，在廟裏看見一個神從門外進來向左走，鳥身素服，鑲著黑邊，臉形正方。穆公見了大驚逃走。那神說道：「不要怕！上帝以你有德，命我給你添壽十九年，使你的國運昌隆，子孫茂盛，不失秦國。」穆公再拜稽首說道：「不敢請問尊神的大名。」神說：「我就是勾芒。」如果以秦穆公所親見的作準，那鬼神的存在，有什麼可疑呢？

非惟若書之說為然也，昔者燕簡公㊀殺其臣莊子儀而不辜，莊子儀曰：「吾君王殺我而不辜，死人毋知亦已，死人有知，不出三年，必使吾君知之。」期年，燕將馳祖㊁，燕之有祖，當齊之社稷，宋之有桑林，楚之有雲夢也，此男女之所屬而觀也。日中。燕簡公方將馳於祖塗，莊子儀荷朱杖而擊之，殪之車上。當是時，燕人從者莫不見，遠者莫不聞，著在燕之春秋。諸侯傳而語之曰：「凡殺不辜者，其得不祥，鬼神之誅，若此其憯遬。」以若書之說觀之，則鬼神之有，豈可疑哉？

【今註】 ㊀燕簡公：當周敬王時燕平公之子。㊁祖：祖澤，地名。燕祀神之地。

【今譯】 不但這本書上這樣說，從前燕簡公殺了他的臣子莊子儀而沒有罪，莊子儀說：「吾君殺我而無辜，死者無知就罷了，死者有知，不出三年，必定要使吾君知道厲害。」一年後，燕人將往祖澤地方舉行大祭，燕國的有祖澤，猶如齊國的社稷，宋國的桑林，楚國的雲夢一樣，這是全國男女百姓集合的大場所了。看看到了日中，燕簡公剛要馳往祖澤的途中，莊子儀舉起一枝朱色的杖，當頭打下，死在車中。當這時候，燕人跟隨的沒有不見，遠的人也沒有不聞。這事曾記在燕國的春秋，諸侯都把他當作談話的資料說：「凡是殺無辜的，得到不祥，受鬼神之誅，是這樣慘，也這樣快！」從這本書看來，鬼神的存在，有什麼懷疑呢？

非惟若書之說為然也，昔者宋文君鮑之時，有臣曰祏觀辜㈠，固嘗從事於厲㈡，祩子㈢杖揖㈣出，與言曰：「觀辜，是何珪璧㈤之不滿度量？酒醴粢盛不淨潔也？犧牲之不全肥？春秋冬夏選失時，豈女為之與？意鮑㈥為之與？」觀辜曰：「鮑幼弱，在荷繈之中，鮑何與識焉？官臣㈦觀辜特為之。」祩子舉揖而稾㈧之，殪之壇上。當是時，宋人從者莫不見，遠者莫不聞，著在宋之春秋。諸侯傳而語之曰：「諸不敬慎祭祀者，鬼神之誅，至若此憯遬也。」以若書之說觀之，鬼神之有，豈可疑哉？

【今註】㈠祏觀辜：孫云：字書無祏字，應是祝字，周禮有大小祝，是一種祀神的官。㈡厲：神祠。㈢祩子：祩子就是祝史，這時神附在他的身上說話。㈣杖揖：揖當為木旁，杖就是持。㈤珪璧：古代的玉名，祭神用的，珪上圓下方，璧外圓內方。㈥意鮑為之與：意與抑同，還是的意思。鮑是宋文君的名，這時還幼小，正在繈緥中。與同歟，問號。㈦官臣：執事之官，觀辜自稱。㈧稾：讀為敲。

【今譯】不但這本書上這樣說，當宋文君鮑的時候，有一個臣子名叫祏觀辜，他是掌理祭祀的，有一次他到神祠裏去，厲神憑在祝史的身上，拿了一根木杖走出來，對祏觀辜說：「觀辜！為什麼珪璧都不合規定的度量，酒醴粢盛不潔淨，牛羊的毛色也不純又不肥，春夏秋冬所獻的祭品都失了時，這是你做的事呢？還是鮑做的事呢？」觀辜說：「鮑年幼小，還在襁褓中，怎會知道呢？這都是官臣觀辜所做的。」那祝史於是舉起木杖就敲了下去，把觀辜打死在壇上。當這時候，宋人跟隨的沒有不見，遠方的人也沒有不聞，這事曾記在宋國的國史上面，諸侯都互相傳述這件事說：「一般對祭祀不敬慎的，鬼神之誅，是這樣慘，這樣快！」照這本書上看來，鬼神的存在，有什麼懷疑呢？

非惟若書之說為然也，昔者齊莊君之臣，有所謂王里國，中里徼者，此二子者，訟三年而獄不斷，齊君由謙㊀殺之恐不辜；猶謙釋之，恐失有罪，乃使之㊁人共一羊，盟齊之神社，二子許諾，於是泏洫㊂摽㊃羊而漉其血。讀王里國之辭，既已終矣；讀中里徼之辭未半也，羊起而觸之，折其腳，祧神之㊄而槀之，殪之盟所。當是時，齊人從者莫不見，遠者莫不聞，著在齊之春秋，諸侯傳而語之曰：「請品先㊅不以其請㊆者，鬼神之誅，至若此其憯遬也。」以若書之說觀之，鬼神之有，豈可疑哉？」

【今註】㈠由謙：欲兼二字之誤，下同。㈡之：二字之誤。㈢泏洫：疑為「掘洫」之誤，洫，渠也。又虛也，是說掘一個小坑殺羊而置其中。㈣𢮦：字書無其字，應為「剄」字之誤。㈤祧神之而槀之：祧神應該和前面說的祩子一樣，都是祝史之類，有神附在他們的身上，之而槀之，當是「出而敲之」。㈥請品先：依王引之說，應為「諸共盟」三字之誤。㈦請：與情同。

【今譯】不但這本書上這樣，從前齊莊公有兩個臣子，一個名叫王里國，一個名叫中里徼，這二個人打了三年的官司，訟案還沒有決定，齊君想將他二人一起殺掉，恐累無辜，想將他二人一起釋放，又恐失有罪。於是命二人牽一頭羊，往神祠裏去發誓，二人都答應了，在神前掘了一個小坑，殺了羊，把血灑在裏面，讀王里國的誓辭已經完了，沒有什麼，等讀到中里徼的誓辭，還不到一半，那隻死羊跳起來觸他，把腳折斷了，祧神走上來給他一敲，死在他發誓的地方。當這時候，齊人跟隨的沒有不見，遠方的人沒有不聞，這事記在齊國的春秋，諸侯都互相傳述說：「發誓時，昧心不誠實的，鬼神之誅，是這樣慘，這樣快！」照這本書上看來，鬼神的存在，有什麼懷疑呢？」

是故子墨子言曰：「雖有深谿博林，幽澗毋人之所，施行不可以不董，見有鬼神視之。」

【今註】㈠董：謹字之誤。

【今譯】所以墨子說：「雖有深谿高林，幽澗無人的處所，做行都不可以不謹慎，因為有鬼神在旁邊看著。」

今執無鬼者曰：「夫眾人耳目之請，豈足以斷疑哉？奈何其欲為高㊀君子於天下，而有㊁復信眾之㊂耳目之請哉？」子墨子曰：「若以眾之耳目之請，以為不足信也，不以斷疑。不識若昔者三代聖王，堯舜禹湯文武者，足以為法乎？」故於此乎自中人以上皆曰：「若昔者三代聖王，足以為法矣。」若苟昔者三代聖王足以為法，然則姑嘗上觀聖王之書。昔者武王之攻殷誅紂也，使諸侯分其祭曰：「使親者受內祀，疏者受外祀㊃。」故武王必以鬼神為有，是故攻殷伐紂，使諸侯分其祭。若鬼神無有，則武王何祭分哉㊄？

【今註】㊀高：高為尚字之誤，下脫士字。㊁有：應作又。㊂之：應作人。㊃使親者受內祀疏者受外祀：使同姓者主殷祀，祀紂先王。異姓之國祭山川四望之屬。㊄何祭分哉：是說何祭之分，有什麼祭祀可分。

【今譯】現在一般主張無鬼的都說：「據普通人耳目得來的情況，怎麼可以解釋這疑點呢？那裏有要做上士君子的，反而相信普通人耳目所得的情況呢？」墨子說：「假如以為眾人耳目的情況不足信，不可以用來解釋這疑點，不知道像從前三代的聖王，如堯舜禹湯文武等，可以為法則嗎？」中等以上的人都說：「從前三代的聖王，是足以為我們的法則的了。」如果三代的聖王可以為法，那麼我們且看看這幾個聖王的事罷！從前周武王滅殷誅紂後，命諸侯分掌祭祀說：「使親的受內祀，疏的受外祀。」可見武王一定以為鬼神是有的，所以他攻殷伐紂，使諸侯分掌祭祀，假使真沒有鬼神的話，武王何必要分派祭祀呢？

非惟武王之事為然也，故聖王其賞也必於祖，其僇㈠也必於社。賞於祖者何也？告分之均也，僇於社者何也？告聽之中也㈡。

【今註】㈠僇：與戮同。㈡告聽之中：中讀去聲，合的意思，是說斷罪允當。

【今譯】不只是武王的行事如此，古代聖王行賞必在祖廟，行罰必在祖社，為什麼賞在神廟呢？是告訴他分配得平均。為什麼罰在神社呢？是告訴他處斷得公允。

非惟若書之說為然也，且惟昔者虞夏商周三代之聖王，其始建國營都日，必擇國之正壇，置以為宗廟；必擇木之修茂者，立以為菆位㈠；必擇國之父兄慈孝貞良者，以為祝宗㈡；必擇六畜之勝腯肥倅毛㈢，以為犧牲；珪璧琮璜，稱財為度㈣，必擇五穀之芳黃，以為酒醴粢盛，故酒醴粢盛，與歲上下㈤也。故古聖王治天下也，故必先鬼神而後人者此也。故曰官府選効㈥，必先祭器祭服，畢藏於府，祝宗有司，畢立於朝，犧牲不與昔聚羣㈦，故古者聖王之為政若此。

【今註】㈠菆位：菆與叢同，即叢社，神社。㈡祝宗：太祝和宗伯，祀神之官。㈢勝肥腯倅毛：勝讀如升，夠的意思，腯音突，說文：「牛羊曰肥，豕曰腯。」腯亦為肥。倅同粹，粹毛，色之純者。㈣珪璧琮璜稱財為度：珪璧見前注。琮形八角，象八方。璜是半璧。稱財為度，是說以你自己的財力為限度。㈤與歲上下：是說歲豐則祭品較豐，歲儉亦較儉。㈥選効：置備的意思。㈦不與昔聚羣：祭祀用的犧牲品，不和家常養的牲畜聚在一處。

【今譯】不但這本書上這樣說，並且從前虞夏商周三代的聖王，開始立國建都的時候，必定要在國中選擇一個正壇，來起造宗廟，必定要選擇一個草木茂盛的所在，立做叢社。必定要在國中選擇慈孝善良的父兄，做太祝和宗伯。必定要選擇六畜中夠得上稱為「肥腯倅毛」的，來做犧牲，置備珪璧琮璜等祭祀用的玉器，以適合自己的財力為度。必須選擇五穀中黃熟芳香的，去做酒醴粢盛，而那些酒醴粢盛，看年成的好壞而定。所以古代的聖王治理天下，必先鬼神而後人，就是這樣了。所以說：「官府的置備，必先鬼神，祭器，祭服，全部辦好收藏在府庫裏，太祝和宗伯等官，全部位置在朝廷裏，祭神用的犧牲，不和通常養的牲口合羣。古代聖王的為政如此。」

古者聖王，必以鬼神為㊀其務鬼神厚矣，又恐後世子孫不能知也，故書之竹帛，傳遺後世子孫；咸恐其腐蠹絕滅，後世子孫不得而記，故琢之盤盂，鏤之金石以重之；有㊁恐後世子孫，不能敬莙以取羊㊂，故先王之書，聖人一尺之帛，一篇之書，語數鬼神之有也，重有㊃重之，此其故何？則聖王務之。今執無鬼者曰：「鬼神者固無有。」則此反聖王之務；反聖王之務，則非所以為君子之道也！

【今註】㊀鬼神為：為字下脫一「有」字，應補。㊁有：應為又。㊂敬莙以取羊：莙，孫云：「說文讀作威。」羊，即祥字。畢云：「言敬威以取祥也。」按威字與畏通。書臯陶謨：「天明畏自我民明威。」即敬畏以取祥。㊃有：同又。

【今譯】古代的聖王一定以為鬼神是有的，所以他們對鬼神的事，看得很重要，又恐後代子孫不知道，所以寫在竹帛，留傳給後代子孫。或恐腐蝕滅絕，後代子孫不能記憶，所以琢在盤盂，刻在金石，以昭慎重。還恐怕後代的子孫不能敬畏以求吉祥，因此，先王的書，聖人的話，雖然是一尺的帛，一篇的書上，屢屢提到鬼神一定有的，說了又說，這是為什麼呢？因為聖王看重這事。現在主張無鬼的說：「鬼神本來沒有。」這與聖王的行事相反，反聖王的行事，就不是君子所行的道了。

今執無鬼者之言曰：「先王之書，慎無㊀一尺之帛，一篇之書，語數鬼神之有，重有重之，亦何書之有哉？」子墨子曰：「周書大雅有之，大雅曰：『文王在上，於㊁昭于天；周雖舊邦，其命維新。有周不顯，帝命不時，文王陟降，在帝左右；穆穆文王，令問不已。』若鬼神無有，則文王既死，彼豈能在帝之左右哉？此吾所以知周書之鬼也。」

【今註】 ㊀慎無：照前段文字，應為「聖人之言」四字之誤。㊁於：嘆詞，讀如烏。㊂有周不顯帝命不時：詩經毛傳云：「有周，周也。不顯，顯也。顯，光也。不時，時也。」按古代的文字，常用「不」和「毋」「無」等為發語詞，完全沒有意義，只是幫助發語而已。

【今譯】 現在主張無鬼的說：「先王的書，聖人之言，一尺的帛，一篇的書上，屢屢提到鬼神一定有的，說了又說，究竟是一些什麼書呢？」墨子說：「詩經大雅篇就有的。大雅上說：『文王在萬民之上，功德昭著，周雖是一個舊邦，但所受的天命卻是新的。周的德業光顯，天命常在。文王歿後，他的神常在上帝的左右。威儀嚴肅的文王，他的聲名將永垂不朽。』如果沒有鬼神的話，那文王死後，怎能在上帝的左右呢？因此我知道周書是主張有的。」

且周書獨鬼，而商書不鬼，則未足以為法也。然則姑嘗上觀乎商書曰：「嗚呼！古者有夏，方未有禍之時，百獸貞蟲㊀，允㊁及飛鳥，莫不比方㊂；矧佳㊃人面，胡敢異心？山川鬼神，亦莫敢不寧；若能共㊄允，佳㊅天下之合，下土之葆㊆。」察山川鬼神之所以莫敢不寧者，以佐謀禹也。此吾所以知商書之鬼也。

【今註】㊀貞蟲：孫以為貞應作征。是動物的通稱，有說是細腰蟲之類，是錯誤的，見非樂上篇。㊁允：與以同。㊂比方：順從的意思。莊子田子方篇：「萬物莫不比方」，即此意。㊃矧佳：矧音審，何況的意思。佳即唯字的古寫。㊄共允：共讀為恭，允，誠的意思。㊅佳：同。㊆葆：保。

【今譯】但是假定只有周書上主張有鬼，而商書說沒有鬼，那還是不足信的呀！現在且試看商書上說：「唉！當古代夏朝還沒有發生禍患的時候，百蟲貞蟲，以及飛鳥，莫不順行，何況人類，誰敢懷有二心，山川鬼神，莫不安寧，若能恭誠，就能統一天下，永保而不失。」我們知道，那山川鬼神之所以不敢不寧，就是要協助禹的規畫啊！因此，我知道商書是主張有鬼的。

且商書獨鬼，而夏書不鬼，則未足以為法也。然則姑嘗上觀乎夏書禹誓曰：「大戰於甘㊀，王乃命左右六人㊁，下聽誓于中軍曰：有扈氏威侮五行，怠棄三正㈢，天用勦絕其命。有㈣曰：『日中㈤』，今予與有扈氏爭一日之命，且爾卿大夫庶人，予非爾田野葆士㈥之欲也，予共㈦行天之罰也。左不共于左，右不共于右㈧，若㈨不共命，御非爾馬之政㈩，若不共命。」是以賞於祖，而僇於社。賞於祖者何也？言分命之均也，僇於社者何也？言聽獄之中也。故古聖王必以鬼神為賞賢而罰暴，是故賞必於祖，而僇必於社，此吾所以知夏書之鬼也。

【今註】㈠甘：地名，在今陝西。㈡左右六人：指六卿、六軍的將領。㈢威侮五行怠棄三正：史記夏本紀引鄭康成注：「五行四時盛德所行之政。」指金木水火土。子丑寅叫三正，就是天地人的正道。威與虐同，侮與慢同，是說逆之而行，怠棄就是廢棄。㈣有：同又。㈤日中：禹的誓詞，指日正當中為誓。㈥葆士：俞樾以為是「葆玉」二字之誤，葆玉就是寶玉。㈦共：即恭字。㈧左不共于左右不共于右：古代的戰車，左方主射，右方勇力之士，執戈矛以退敵。共與攻同，治也，盡職的意思。㈨若：與汝同。㈩御非爾馬之政：是說御者以正馬為政，如馬不正，即汝不奉命。

【今譯】如果只有商書主張有鬼，而夏書卻說沒有，那麼還是不足信的。現在且試看夏書，禹誓上說：「大戰將在甘地開始，王乃命左右六卿下車到中軍聽訓，王說：『有扈氏威侮五行，廢棄三正，天要斷絕他的運命。』又說：『日正當中。』現在我和有扈氏賭這一天的命運，告訴你們這些卿大夫平民，我並不要你們的領土和珍寶，我不過是在替上天處罰罷了。左邊的不盡力左方，右邊的不盡力右方，那就是你們不聽命，駕馭的不將馬管好，也就是你們不聽命。」所以賞在祖廟而罰在神祠。賞在祖廟是為什麼呢：是說分配得平均；罰在神祠是為什麼呢？是說處斷應公正。古代聖王的意思，是以為鬼神能賞賢罰暴，所以他們賞必在祖廟，罰必在神祠，我因此知道夏書是主張有鬼的。

故尚者夏書，其次商周之書，語數鬼神之有也，重有重之，此其故何也？則聖王務之。以若書之說觀之，則鬼神之有，豈可疑哉？於古曰㈠吉日丁卯，周代祝社方㈡。歲於社者考㈢，以延年壽，若無鬼神，彼豈有所延年壽哉？

【今註】㈠古曰：二字衍文，應刪。㈡周代祝社方：孫校為「用代祀社方」，詩小雅：「以社以方。」鄭箋：「秋祭社與四方」。按社是土地之神，方是四方之神。㈢歲於社者考：依孫校應為「歲於祖考」。是說薦歲事於祖考。歲終祀祖的意思。

【今譯】所以上古有夏書，其次有商周的書，屢屢說到鬼神是有的，說了又說，這是什麼原故呢？就是因為聖王看重這事，照這些書上看來，鬼神的存在，還有什麼懷疑呢？在丁卯吉日，祭祀土地和四方的神，年終時聚祀祖先，以求延年益壽，假使沒有鬼神的話，向誰去求延年益壽呢？

是故子墨子曰：「嘗㊀若鬼神之能賞賢如㊁罰暴也。」蓋本施之國家，施之萬民，實所以治國家利萬民之道也。是以吏治官府之不絜㊂廉，男女之為無別者，鬼神見之；民之為淫暴寇亂盜賊，以兵刃毒藥水火，退㊃無罪人乎道路，奪人車馬衣裘以自利者，有鬼神見之。是以吏治官府，不敢不絜廉，見善不敢不賞，見暴不敢不罪，民之為淫暴寇亂盜賊，以兵刃毒藥水火，退無罪人乎道路，奪車馬衣裘以自利者，由此止，是以莫放幽閒，擬乎鬼神之明顯，明有一人畏上誅罰㊄。是以天下治。

【今註】㊀嘗：當的意思。㊁如：與而同。㊂絜：同潔。㊃退：應為迓字。㊄是以莫放幽閒……畏上誅罰：此二十一字依墨子閒詁引戴說刪。

【今譯】所以墨子說：「應當相信鬼神能夠賞賢而罰暴呀！這本來是該施之國家和萬民，實在是所以治國利萬民的道理了。那些政府官吏不清廉，男女混雜沒分別，鬼神都看得見他；人民作那淫暴、寇亂、盜賊、拿著兵刃，毒藥、水火在路上邀截無辜的人，搶奪人的車馬，衣裘為自己不法之所有的事，也有鬼神看見他。如是官府就不敢不清廉，見善就不敢不賞，見暴就不敢不罰，而人民作那淫暴、寇亂、盜賊，拿著兵刃、毒藥、水火在路上邀截無辜的人，搶奪車馬衣裘為自己不法之所有的事，從此停止，於是天下就安定了。

故鬼神之明，不可為幽閒廣澤，山林深谷；鬼神之明必知之。鬼神之罰，不可為富貴眾強，勇力強武，堅甲利兵，鬼神之罰必勝之，若以為不然，昔者夏王桀貴為天子，富有天下，上詬天侮鬼，下殃傲㈠天下之萬民，祥上帝伐元山帝行㈡，故於此乎天乃使湯至㈢明罰焉。湯以車九兩㈣，鳥陳雁行㈤，湯乘大贊㈥，犯遂下眾人之蟜遂㈦，王乎㈧禽推哆大戲㈨。故昔夏王桀，貴為天子，富有天下，有勇力之人推哆大戲，生列⑩兕虎，指畫殺人，人民之眾兆億，侯盈厥澤陵⑪，然不能以此圉⑫鬼神之誅，此吾所謂鬼神之罰，不可為富貴眾強，勇力強武，堅甲利兵者此也。

【今註】㈠殃傲：傲應為殺之誤。㈡祥上帝伐元山帝行：此八字為錯簡，應存疑，諸為強解者皆未當，不可信。㈢至：與致同。㈣車九兩：古代兵車一兩，卒二十五人。㈤鳥陳雁行：陳與陣通。形容湯兵車的整齊。又一說鳥陣雁行，都是陣名。㈥大贊：地名，湯這時乘高而下。㈦犯遂下眾人之蟜遂：孫校作「犯逐夏眾，入之郊遂。」遂，隧道。㈧乎：或為手字之誤。㈨推哆大戲：人名。

⑩列：與裂同。⑪侯盈厥澤陵：侯與維同。厥與其同。是說人民眾多，充滿了澤陵，澤是水地，陵是陸地。⑫圉：與禦同。

【今譯】所以鬼神之明，不可倚仗有幽閒，廣澤，山林，深谷，以鬼神的聰明，必定能夠覺察到他，而鬼神之罰，不可倚仗有富貴眾強，勇力強武，堅甲利兵，鬼神的施罰，也必定能夠戰勝他，你如果以為這話不對，那麼請看從前夏王桀貴為天子，富有天下，他對上侮慢天帝鬼神，對下殃害天下人民，……，於是天帝就命湯去懲罰他，湯以車九兩，佈下鳥陣雁行的陣勢。自己從大贊的間道進兵，從高而下，追逐夏人，攻入近郊。王親手將推哆大戲擒住，那夏王桀雖貴為天子，富有天下。而那有勇力的人，像推哆大戲，能把兕牛和老虎活生生的撕裂掉，用手指比畫著就能殺死人。人民的眾多以兆億計，充滿各處地方，然也畢竟不能抵禦鬼神之誅。所以我說：鬼神之罰，不可仗著有富貴眾強，勇力強武，堅甲利兵，就是這個道理。

且不惟此為然，昔者殷王紂，貴為天子，富有天下，上詬天侮鬼，下殃傲㈠天下之萬民，播棄黎老，賊誅孩子㈡，楚毒㈢無罪，刳剔孕婦㈣，庶舊鰥寡，號咷無告也。故於此乎天乃使武王至明罰焉。武王以擇車㈤百兩，虎賁之卒㈥四百人，先庶國節窺戎㈦，與殷人戰乎牧之野，王乎禽費中惡來，眾畔百走㈧，武王逐奔入宮，萬年梓株㊈折紂而繫之赤環⑩，載之白旗，以為天下諸侯僇⑪。故昔者殷王紂貴為天子，富有天下，有勇力之人，貴中惡來崇侯虎指寡⑫殺人，人民之眾兆億，侯⑬盈厥澤陵，然不能以此圉鬼神之誅，此吾所謂鬼神之罰，不可為富貴眾強，勇力強武，堅甲利兵者此也。且禽艾⑭之道之曰：「得璣⑮無小，滅宗無大。」則此言鬼神之所賞，無小必賞之；鬼神之所罰，無大必罰之。

【今註】㊀殃傲：傲應作殺。㊁賊誅孩子：殺害小兒。㊂楚毒：應為「焚炙」二字的誤寫。即所謂炮烙之刑。㊃刳剔孕婦：剖視孕婦之胎。㊄擇車：揀選過的好車。㊅虎賁之卒：古代帝王近衛的勇士，虎賁是說像猛虎之奔，周代以虎賁氏為官名。㊆先庶國節窺戎：庶與眾同，先庶國節是說武王走在各諸侯的前面，庶國節指各受符節的領兵諸侯，窺戎即觀兵。㊇眾畔百走：畔與叛同，百走是大家都逃走。㊈萬年梓株：孫云未詳。按萬年梓株當為多年之梓樹。武王殺紂懸其頭於上。⑩赤環：太平御覽引作赤環，紅色的車輪。⑪僇：與戮同，是說為天下諸侯殺之。⑫寡：依上文應是畫字之誤。⑬侯：與維同，見前。⑭禽艾：逸周書有禽艾侯之語，係古逸書篇名。⑮得璣無小滅宗無大：畢沅以璣即禨祥字，按璣音機，祥也。得璣就是得福。滅宗就是滅族，古代人若有罪，動輒滅族。這是說積善得到上天的賜福，不嫌其小，而積惡罪至族滅，也不須太大。

【今譯】不但桀如此，從前殷王紂貴為天子，富有天下，但是他上侮慢天帝鬼神，下賊害天下人民，蔑棄父老，殺害兒童，焚炙無辜，剖割孕婦，黎民鰥寡，號哭著無故告訴。於是天帝就命武王去懲罰他。武王用精選的兵車一百兩，虎賁勇士四百人，率先帶領諸侯羣臣前往作戰，和殷人戰於牧野，王生擒了費仲和惡來，其餘的人眾都逃走了。武王追到宮裏，削了一枝多年的梓木，斷了紂王的頭，繫在一個赤色的環上面，用白旗載著，號令天下諸侯。那紂王貴為天子，富有天下，還有勇士像費仲、惡來，崇侯虎等，用手指比畫著，就能殺死人。人民的眾多以兆億計，盈滿各處地方，然也畢竟不能抵禦鬼神之誅，我所說的鬼神之罰，任何人不可倚仗富貴眾強，勇力強武，堅甲利兵，就是這個道理。而且禽艾曾說過：「積善得福，不嫌其小，作惡滅宗，並不要大。」這就是說：鬼神所賞，不論德行怎樣小，也會賞他，鬼神所罰，不必罪行怎麼鉅大，也會罰他。

今執無鬼者曰：「意不忠㊀親之利，而害為孝子乎？」子墨子言曰：「古之㊁今之為鬼，非他也，有天鬼，亦有山水鬼神者，亦有人死而為鬼者，今有子先其父死，弟先其兄死者矣，意雖使然，然而天下之陳物㊂曰，先生者先死。若是，則先死者，非父則母，非兄而姒也。今絜為酒醴粢盛，以敬慎祭祀，若使鬼神誠有，是得其父母姒兄而飲食之也，豈非厚利哉？若使鬼神誠亡，是乃費其所為酒醴粢盛之財耳，自夫費之，特注之汙壑而棄之也。內者宗族，外者鄉里，皆得如㊃具飲食之。雖使鬼神誠亡，此猶可以合驩㊄聚眾，取親於鄉里。」今執無鬼者言曰：「鬼神者固誠無有，是以不共㊅其酒醴粢盛犧牲㊆之財。吾非乃今愛其酒醴粢盛犧牲之財乎？其所得者臣㊇將何哉？」此上逆聖王之書，內逆民人孝子之行，而㊈為上士於天下，此非所以為上士之道也。是故子墨子曰：「今吾為祭祀也，非直注之汙壑而棄之也，上以交鬼之福，下以合驩聚眾，取親乎鄉里。若神有㊉，則是得吾父母兄弟而食之也，則此豈非天下利事也哉？」

【今註】㊀忠：應為中，合的意思，見前。㊁之：今字之誤。㊂陳物：孫詒：「陳說事故。」是對故事的述說。㊃如：應作而。㊄驩：與歡同。㊅共：與供同。㊆犧牲：指供祭祀的牛羊等。㊇臣：衍文，應刪。㊈而：下脫一「欲」字，應補。㊉若神有：應為「若鬼神誠有。」

【今譯】現在主張無鬼的說：「這樣也許不中父母的利益，而有害於孝子之道吧？」墨子說：「古往今來的鬼神，有天鬼，也有山水的鬼神，也有人死變成鬼的。雖然也有兒子比父親先死，弟弟比哥哥先死，但照天下的常理來講，總是先生的先死，那麼先死的，不是父親就是母親，不是哥哥就是姊姊了。現在潔治酒醴粢盛，去敬慎祭祀，假使鬼神真有的話，這無異於把父母兄姊請來進飲食，這不是很有益處嗎？假使鬼神實在沒有的話，這不過是費一點酒醴、粢盛、犧牲之財罷了，而且他們的所費，也並不是拿來倒在水溝裏丟棄掉呀！而是內而宗族，外而鄉里，都可以請他們來飲宴。縱令鬼神真的沒有，這樣也可以聯歡聚會，連絡鄉里的感情！」現在主張無鬼的人說：「鬼神本來就沒有，所以不必花費那些酒醴，粢盛，犧牲之財，如今我們豈是愛惜那些財物，可是這樣會得到些什麼呢？」他這種話，從上說就違反了聖王之書，從內說，就違背了民人孝子之行，你如果想做天下的上士，這實在不是做上士之道了！所以墨子說：「現在我們去祭祀，並不是倒在溝裏拋棄掉，而是上以邀鬼神之福，下以聯歡聚會，連絡鄉里間的感情，假使鬼神真有，那就是把我們的父母，兄姊請來共食，這不是天下很好的事嗎？」

是故子墨子曰：「今天下之王公大人士君子，中實欲求興天下之利，除天下之害，當若鬼神之有也，將不可不尊明也，聖王之道也，」

【今譯】所以墨子說：「現在天下的王公大人以及士君子們，心中如果真正想興天下之利，除天下之害，那麼對於鬼神存在之說，將不可不加以尊重闡明，這是聖王之道啊！」

非樂上第三十二

子墨子言曰：「仁之事者，必務求興天下之利，除天下之害，將以為法乎天下，利人乎，即為，不利人乎，即止。且夫仁者之為天下度㊀也，非為其目之所美，耳之所樂，口之所甘，身體之所安，以此虧奪民衣食之財，仁者弗為也。」

【今註】㊀度：音鐸，設想的意思。

【今譯】墨子說：「仁人的行事，務必要為天下人興利，為天下人除害，做天下人的法則。凡是有利於人的，就做；不利於人的，就不做。凡是仁人們為天下人設想的，決不是為了眼睛看了美，耳朵聽了樂，口舌嘗得甘，和身體覺得安，如果因為這些而虧奪了人民的衣食之財，那仁者是不會做的。」

是故子墨子之所以非樂者，非以大鍾鳴鼓，琴瑟竽笙之聲，以為不樂也；非以刻鏤華㊀文章之色，以為不美也；非以犓豢㊁煎炙之味，以為不甘也；非以高臺厚榭邃野㊂之居，以為不安也。雖身知其安也，口知其甘也，目知其美也，耳知其樂也，然上考之不中聖王之事，下度之不中萬民之利。是故子墨子曰：「為樂非也。」

【今註】㊀華：應為衍文。㊁犓豢：牲畜食草者為犓，如牛羊。食米者為豢，如犬豕。㊂野：古讀如宇、故與宇通。㊃中：讀去聲，合的意思。

【今譯】墨子之所以要反對音樂，並不是以為鐘、鼓、琴、瑟、竽、笙的聲音不好聽；並不是以為雕刻文采的顏色不美麗；並不是以為犓豢煎炙的味道不鮮美；並不是以為高臺、厚榭、深宇的居所不舒適。縱然是身體知道他很安，口舌知道他很甘，眼睛知道他很美，耳朵知道他很樂，但是從上考究起來不合聖王的故事，往下計算起來不合萬民的利益。所以墨子說：「作樂是不對的！」

今王公大人，雖無㊀造為樂器，以為事乎國家；非直掊潦水㊁折壤坦而為之也，將必厚措斂乎萬民，以為大鍾鳴鼓琴瑟竽笙之聲。古者聖王亦嘗厚措斂乎萬民，以為舟車，既以成矣，曰：「吾將惡許㊂用之？」曰：舟用之水，車用之陸，君子息其足焉，小人休其肩背焉，故萬民出財齎㊃而予之，不敢以為慼恨者，何也？以其反中民之利也，然則樂器反中民之利亦若此，即我弗敢非也。然則當用樂器，譬之若聖王之為舟車也，即我弗敢非也。

【今註】㊀雖無：即唯毋，發聲助詞，無意義，唯毋造為樂器，即造為樂器。㊁掊潦水：潦，路上的積水叫做潦。掊，取的意思。㊂惡許：惡讀如烏，惡許即何處。㊃齎：音虀，送的意思。

【今譯】當今的王公大人為國家製造樂器，並不是祇像取一點水，挖一點泥土那樣簡便，他們必定要向百姓增加賦稅，聚斂錢財，然後去造大鐘、鳴鼓，琴、瑟、笙、竽，等等聲樂。古代的聖王也曾向百姓徵收過錢財，去造舟車，已經造成了，就要問：「我將怎樣去使用它們呢？」答道：「船用在水裏面，車用在陸地上，君子可以休息他的兩條腿，小人可以休息他的肩和背呢。」所以人民出錢拿來給他，不會懊恨，是甚麼緣故呢？因其合乎人民的利益罷了。假定樂器也能像這樣合乎人民的利益，就是我也不敢反對的呀！那就應當用樂器。

民有三患：饑者不得食，寒者不得衣，勞者不得息，三者民之巨患也。然即當為之撞巨鐘，擊鳴鼓，彈琴瑟，吹竽笙，而揚干戚㊀，民衣食之財，將安㊁可得乎？即我以為未必然也。

【今註】㊀干戚：干，盾類。戚，斧類。古代舞者所執。㊁安：語詞。

【今譯】人民有三種憂患：餓的沒有吃，寒的沒有穿，勞苦的沒有休息，這三種是人民的大患。在這種情況下，我們給他撞巨鐘，敲鳴鼓，彈琴瑟，吹竽笙，而舞干戚，人民的衣食之財就可以得到了嗎？我以為這是不可能的。

意舍此㊀，今有大國即攻小國，有大家即伐小家，強劫弱，眾暴寡，詐欺愚，貴傲賤，寇亂㊁盜賊並興，不可禁止也。然即當為之撞巨鍾，擊鳴鼓，彈琴瑟，吹竽笙，而揚干戚，天下之亂也，將安㊂可得而治與？即我未必然也。

【今註】㊀意舍此：即抑捨此，是說姑捨此勿論。㊁寇亂：自外叫做寇，自內叫做亂。㊂安：語詞，同前。

【今譯】暫且丟開這個不談，如今凡是大國就攻小國，凡是大家就伐小家，強劫弱，多壓少，奸欺愚，貴傲賤，外寇內亂，盜賊並起，禁止不住。在這種情況下，我們給他撞巨鐘，敲鳴鼓，彈琴瑟，吹竽笙，舞干戚，天下的亂就可以得治了嗎？我以為這是不可能的。

是故子墨子曰：「姑嘗厚措斂乎萬民，以為大鍾鳴鼓琴瑟竽笙之聲，以求興天下之利，除天下之害而無補也。」是故子墨子曰：「為樂非也！」

【今譯】所以墨子說：「如果向人民加重徵收，去造大鐘、鳴鼓、琴、瑟、笙、竽等樂器，以期興天下的利，除天下之害，是會毫無益處的呢！」所以墨子說：「作樂是不對的！」

今王公大人，惟毌㊀處高臺厚榭之上而視之，鍾猶是延鼎㊁也，弗撞擊將何樂得焉哉？其說將必撞擊之，惟勿㊂撞擊，將必不使老與遲㊃者；老與遲者，耳目不聰明，股肱不畢㊄強，聲不和調，明不轉朴㊅，將必使當年㊆因其耳目之聰明，股肱之畢強，聲之和調，眉㊇之轉朴，使丈夫為之，廢丈夫耕稼樹藝之時，使婦人為之，廢婦人紡績織紝之事。今王公大人，惟毌為樂，虧奪民衣食之財，以拊㊈樂如此多也。是故子墨子曰：「為樂非也！」

【今註】㊀惟毌：見前。㊁延鼎：倒轉放的鼎一樣。是形容這鐘空懸在那兒不擊的意思。㊂惟勿：與唯毌同。語詞。㊃遲者：遲與穉同訓為晚，故穉通作遲。指幼小的人。㊄畢強：畢與疾同，快速的意思。㈥明不轉朴：畢沅氏以為「明」是音字之誤，朴是抃字之誤，與變同義。是說音不轉變，就不悅耳。㈦當年：壯年。㈧眉：畢以為是音字之誤。㈨拊樂：拊與擊同，奏的意思。

【今譯】當今的王公大人，處於高聳的臺榭上向下望，一個鐘和一個倒覆的鼎看上去是一樣的，如不去撞擊它，有甚麼樂趣呢？如此說來，是必定要去撞擊的。而撞擊時，必定不能用衰老和幼小的人，因為衰老和幼小的人耳目不聰明，四肢不強壯，聲音既不調和，音節也不會轉變，將必須使用精壯的，藉著他們耳目的聰明，四肢的強壯，聲音的調和，音節的轉變，而這樣，使丈夫去做，就廢了丈夫耕稼樹藝的時光。使婦人去做，又廢了紡績織紝的事務。現在王公大人為了快樂，虧奪了人民衣食之財來奏樂，是這樣的多啊！所以墨子說：「作樂是不對的！」

今大鍾鳴鼓琴瑟竽笙之聲，既已具矣，大人鏽㈠然奏而獨聽之，將何樂得焉哉？其說將必與賤人，不與君子㈡，與君子聽之，廢君子聽治，與賤人聽之，廢賤人之從事。今王公大人惟毋為樂，虧奪民之衣食之財，以拊樂如此多也。是故子墨子曰：「為樂非也！」

【今註】㈠鏽：字書無此字。或是肅字的繁文。意思很接近。㈡必與賤人不與君子：依孫校應將必字與不字互易其位，是說所與共聽的，不是賤人即是君子。較合。君子大概是指那些官員們，賤人是指下面那些執役的人。

【今譯】現在大鐘、鳴鼓、琴、瑟、竽、笙各種樂器，既已齊備，大人如若獨自肅然地坐著聽，這有甚麼樂趣呢？他們必定要和賤人或者君子一齊聽，而和君子一齊聽，就荒廢了君子的公務，和賤人一齊聽，就荒廢了賤人的工作。現在王公大人為了快樂，虧奪人民衣食之財來奏樂，是如此的多啊！所以墨子說：「作樂是不對的！」

昔者齊康公興樂萬㊀，萬人不可衣短褐，不可食穅糟，曰食飲不美，面目顏色不足視也；衣服不美，身體從容㊁醜羸㊂，不足觀也。是以食必粱肉㊃，衣必文繡，此掌㊄不從事乎衣食之財，而掌食乎人者也。是故子墨子曰：「今王公大人，惟毋為樂，虧奪民衣食之財，以拊樂如此多也。」是故子墨子曰：「為樂非也！」

【今註】㊀興樂萬：太平御覽「興樂萬，萬人」，作「有樂工萬人。」蘇時學以為樂不可至萬萬人，雖傾國之力，不足供之，萬應作舞，萬人即舞人。按以下文校之，則應作萬，蘇誤讀，蓋即樂工萬人也。㊁從容：古謂擧動為從容。㊂醜羸：二字衍文，應刪。㊃粱肉：富貴人飯粱食肉。粱就是粟，肉指所食的肉類。㊄掌：與常同。

【今譯】從前齊康公作了一個「萬舞」，樂舞的人不可以穿粗衣，喫糟糠，因為飲食若不精美，面容就不好看了，衣服若不華美，身體舉動就不好看了。所以吃的必是粱肉，穿的必須是錦繡，這些人經常不從事於衣食之財，而每每喫人家的，所以墨子說：「虧奪人民衣食之財來奏樂，是這樣的多啊！」所以墨子說：「作樂是不對的！」

今人固與禽獸麋鹿蜚㈠鳥貞蟲㈡異者也，今之禽獸麋鹿蜚鳥貞蟲，因其羽毛以為衣裘，因其蹄蚤㈢以為絝屨，因其水草以為飲食；故唯使雄不耕稼樹藝，雌亦不紡績織紝，衣食之財，固已具矣。今人與此異者也，賴其力者生，不賴其力者不生。君子不強聽治，即刑政亂；賤人不強從事，即財用不足。今天下之士君子，以吾言不然，然即㈣姑嘗數天下分事，而觀樂之害。王公大人，蚤朝晏退，聽獄治政，此其分事也；士君子竭股肱之力，亶㈤其思慮之智，內治官府，外收斂關市山林澤梁之利，以實倉廩府庫，此其分事也；農夫蚤出暮入，耕稼樹藝，多聚叔㈥粟，此其分事也；婦人夙興夜寐，紡績織紝，多治麻絲葛緒綑布縿㈦，此其分事也。今惟毋㈧在乎王公大人說樂而聽之，即必不能蚤朝晏退，聽獄治政，是故國家亂而社稷危矣。今惟毋在乎士君子說㈨樂而聽之，即必不能竭股肱之力，亶其思慮之智，內治官府，外收斂關市山林澤梁之利，以實倉廩府庫，是故倉廩府庫不實。今惟毋在乎農夫說樂而聽之，即必不能蚤出暮入，耕稼樹藝，多聚叔粟，是故叔粟不足。今惟毋在乎婦人說樂而聽之，即必不能夙興夜寐，紡績織紝，治麻絲葛緒綑布縿，是故布縿不興。曰孰為大人之聽治，而廢㈩國家⑪之從事？曰樂也。是故子墨子曰：「為樂非也！」

【今註】㈠蜚：與飛同。㈡貞蟲：貞與征通，就是行的意思。淮南子墬形訓：「萬物貞蟲，各有以生。」高注以為是細腰之屬。孫詒讓說是動物的通稱，高說未眩。按：孫說較妥。㈢蚤：即爪字的假借。㈣然即：即同則。㈤亶：與殫通，竭的意思。㈥叔：與菽同。㈦綑布縿：綑，集韻：「織也。」王云：「綑布縿猶云綑布帛。縿應作繰。」繰，縑也。㈧惟毋：同唯毋，見前，下同，此篇用唯毋字甚多。㈨說：同悅。㈩而廢：二字應移在「大人」的上面。⑪國家：二字應為「賤人」的誤改。以上依俞樾說當為：「孰為而廢大人之聽治，賤人之從事……」

【今譯】現在的人類當然和禽獸、麋鹿、飛鳥、蟲豸等不同的呀！那些東西，以它自己的羽毛做衣裘，以它們的蹄爪做綁腿和鞋，以它們現成的水草作飲食，就是雄的不耕稼樹藝，雌的不紡績織紝，衣服之財也足夠了。如今人類和這個就不同了，努力的才可以生存，不努力的就不能夠生存。君子如不盡力公務，刑政就要錯亂，平民如不盡力工作，財用就要缺乏。當今天下的士君子如果以為我這些話不對，那麼現在且試舉天下人分內應做的事，再看音樂對於他們所產生的害處。王公大人早朝晚退，處理刑獄，辦理政事，這是他們分內的事；士君子用盡他們的體力和腦力，在內治理官府，在外去徵收關市山林川澤的利益，以充實倉廩府庫，這是他們分內的事；農人清早出門，晚上回來，忙著耕稼樹藝等農事，聚集些豆子粟米，這是他們分內的事；婦人早起遲睡，紡紗織布，製造些麻絲葛布綢絹等，這是他們分內的事。現在假使王公大人喜歡聽音樂，就不能早朝晏退，去治政斷獄，如此，國家就要混亂而社稷就危險了；士君子若喜歡聽音樂，就不能再竭盡他們的體力和腦力，在內治理官府，外收關市山林川澤的利益，以充實倉廩府庫，如此，倉廩府庫就要空虛了；農人若喜歡聽音樂，就不能早出暮歸，耕稼樹藝，聚集豆粟，如此，豆粟就不夠吃了；婦女若喜歡聽音樂，她們就不能早起遲睡，紡紗織布，製造麻絲葛布綢絹等。如此，布帛的生產率也大大的降低了。那麼我們要問誰使王公大人荒廢了政事，平民荒廢了工作呢？答道：「是音樂。」所以墨子說：「作樂是不對的！」

何以知其然也？曰先王之書，湯之官刑㈠有之曰：「其恒舞于宮，是謂巫風，其刑，君子出絲二衛㈡，小人否㈢似二伯黃徑㈣。」

乃言曰：「嗚乎！舞佯佯㈤，黃言孔章㈥，上帝弗常㈦，九有㈧以亡，上帝不順，降之百𦍒㈨，其家必壞喪。」察九有之所以亡者，徒從飾樂也。於武觀㈩曰：「啟乃⑪淫溢康樂，野于飲食⑫，將將銘莧磬以力⑬，湛濁⑭于酒，渝食于野⑮，萬舞翼翼⑯，章聞于大，天用弗式。」故上者天鬼弗戒，下者萬民弗利。

【今註】 ㈠官刑：左傳昭六年：叔向曰：「商有亂政而作湯刑。」即商湯所制的法律。㈡二衛：衛與緯通。㈢小人否：否字應為倍字之誤，是說小人處罰，比君子加一倍。㈣似二伯黃徑：文有脫誤，無從校正。㈤舞佯佯：應作萬舞洋洋。見詩魯頌閟宮。㈥黃言孔章：黃字依孫說為其字之誤。孔，「甚」的意思。㈦上帝弗常：常，尚的意思。尚與右同，是說不為上帝所右。㈧九有：九州。㈨𦍒：玉篇：「𦍒，女鬼也。」應與殃同。㈩武觀：夏代的逸書，敘夏啟之子五觀的事，五觀即夏太康弟兄。⑪啟乃：應作啟子。⑫野于飲食：在野外飲食，是說啟子們性好遊樂。⑬將將銘莧磬以力：文有脫誤，依孫詒讓校，以為應作：「將將鍠鍠，筦磬以方。」八字。按詩周頌執競云：「鐘鼓喤喤，磬筦將將。」喤依說文應作鍠，筦與管同，笙簫之類。鄭注：「方，併也。」是說笙磬併作。鍠與方為韻，下文翼與式為韻。此校可備一說。⑭湛濁：應作湛湎，湛與沉通，指飲酒無度。⑮渝食于野：渝與輸同，輸送飲食於野外，與前野于飲食同意。⑯翼翼：整齊的意思。詩毛傳云：「閑也。」

【今譯】何以知道從事於音樂是不對的呢？試看先王的書上，商湯所定的官刑曾說：「時常舞踊在宮中，這就叫作巫風。其刑君子出絲二衛小人否，似二伯黃徑。」（有誤字，不能知其原意。）太誓上說：「啊！舞洋洋！聲音是多麼的響亮。可是呀！上帝不喜歡這樣，九州之土地就隨著淪亡。上帝一不高興，降給他們的災殃，他們的家也一定壞喪！」我們推測他們九州之地所以會亡的緣故，就是專玩音樂罷了。武觀上曾說：「啟子荒唐淫佚，時常在野外飲食。鏘鏘鍠鍠，管磬交響。飲酒無度，遊樂無常。萬舞翼翼，聲達上天，天帝勿喜。」所以上面天帝鬼神不佑，下者天下萬民不利。

是故子墨子曰：「今天下士君子，請將欲求興天下之利，除天下之害，當在樂之為物，將不可不禁而止也。」

【今譯】所以墨子說：「當今天下的士君子，如果確實要求興天下的利，除天下的害，對於音樂這個東西，是不可以不加禁止的。」

非命上第三十五

子墨子言曰：「古者王公大人，為政國家者，皆欲國家之富，人民之眾，刑政之治。然而不得富而得貧，不得眾而得寡，不得治而得亂，則是本失其所欲，得其所惡，是故何也？」子墨子言曰：「執有命者以雜於民閒者眾。」執有命者之言曰：「命富則富，命貧則貧，命眾則眾，命寡則寡，命治則治，命亂則亂，命壽則壽，命夭則夭，命㈠雖強勁何益哉？」上以說㈡王公大人，下以駔㈢百姓之從事，故執有命者不仁，故當執有命者之言，不可不明辨。

【今註】㈠命：王引之以為下面有脫文，按此字作衍文刪去亦可。㈡說：音ㄕㄨㄟˋ，遊說。㈢駔：與阻同。

【今譯】墨子說：「古代王公大人，治理國家的，都希望國家富足，人民眾多，政治清明，然而得不到富而得窮，得不到眾而得寡。這樣剛剛失掉了自己所希望的，而得到了自己所厭惡的，這是什麼原故呢？」墨子說：「是因為主張有命論雜在民間的人太多了。」那些主張有命論的人說：「命富就富，命窮就窮，命多就多，命少就少，命治就治，命亂就亂，命壽就壽，命夭就夭，你縱然有很強勁的力量，又有什麼用呢？」這樣，上以煽惑王公大人的聽政，下以阻礙百姓們的工作。凡是執有命論的都不仁，我們對這種理論，不可以不加以明白的辨別。

然則明辨此之說，將奈何哉？子墨子言曰：「必立儀，言而毋儀，譬猶運鈞之上，而立朝夕者也㈠，是非利害之辨，不可得而明知也，故言必有三表。」何謂三表？子墨子言曰：「有本之者，有原之者，有用之者。」於何本之？上本之於古者聖王之事。於何原之？下原察百姓耳目之實。於何用之？廢㈡以為刑政，觀其中國家百姓人民之利，此所謂言有三表也。

【今註】㈠譬猶運鈞之上而立朝夕：鈞，是陶人製陶器用的轉盤，如果把一個測影器之類的東西放在上面，要測出早晚的時間，是不可能的。㈡廢：依中篇應為「發」字的錯誤。

【今譯】然則要怎樣明辨這種說法呢？墨子說：「必須定一個標準。言論而沒有標準，就好比在那製陶器的轉盤上，安放一個測影器一樣。像這樣，是非利害的分辨，是不會知道的。所以言論必須有所謂『三表』。怎樣叫做三表呢？墨子說：「第一是本之，第二是原之，第三是用之。如何叫做『本之』呢？就是向上面去探求古代聖王的事情。如何叫做『原之』呢？就是向下面去審察百姓耳目的實情；如何叫做『用之』呢？就是把它應用在行政方面，看它是否符合國家百姓人民的利益，這就是言的三表。」

然而今天下之士君子，或以命為有，蓋㊀嘗尚觀於聖王之事，古者桀之所亂，湯受而治之；紂之所亂，武王受而治之。此世未易民未渝，在於桀紂，則天下亂；在於湯武，則天下治；豈可謂有命哉？

【今註】㊀蓋：與盍同，音合，「何不」的意思。

【今譯】可是現在的士君子，有些相信有命，他們何不從上代去看那聖王的事，古代桀把國家弄亂，湯接過來治好，紂把國家弄亂，武王接過來治好。這個世間沒有改換，那些人民也沒有變更，而在桀紂，天下就亂，在湯武，天下就治，這怎能說有命呢？

然而今天下之士君子，或以命為有，蓋嘗尚觀於先王之書，先王之書，所以出國家，布施百姓者，憲㊀也。先王之憲，亦嘗有曰：「福不可請，而禍不可諱，敬無益，暴無傷者乎？」所以聽獄制罪者，刑也。先王之刑，亦嘗有曰：「福不可請，禍不可諱，敬無益，暴無傷者乎？」所以整設師旅，進退師徒者，誓也。先王之誓，亦嘗有曰：「福不可請，禍不可諱，敬無益，暴無傷者乎？」是故子墨子言曰：「吾當未鹽㊁數，天下之良書，不可盡計數，大方㊂論數，而五者㊃是也。今雖毋㊄求執有命者之言，不必得，不亦可錯㊅乎？」

【今註】㊀憲：爾雅釋詁：「憲，法也。」㊁鹽：盡字之誤。㊂大方：大較，大略的比較。㊃五者：應為三者，即上所謂憲、刑、誓。㊄雖毋：即唯毋，語詞，沒有其他意義，見前。㊅錯：廢字之誤。

【今譯】現在天下的士君子，有人以為有命，他們何不從上代去看看那先王的書。先王的書，所以用於國家，頒佈人民的，就是憲法了。而先王的憲法上可曾說過：「福不可求，禍不可避，敬沒有益，暴沒有害嗎？」其次用來斷獄定罪的，就是刑法了。而先王的刑法上可曾說過：「福不可求，禍不可避，敬沒有益，暴沒有害嗎？」再次，用來整治軍隊，指揮兵士的就是誓辭了。而先王的誓辭可曾說過：「福不可求，災不可避，敬沒有益，暴沒有害嗎？」墨子說：「我還沒有舉完例子，天下的好書太多了，也不能盡舉，但大體說來，要算這三種了。現在執命運論的人，找不到證據，不是可以把它放棄嗎？」

今用執有命者之言，是覆天下之義；覆天下之義者，是立命者也，百姓之誶㈠也。說㈡百姓之誶者，是滅天下之人也，然則所為欲義，在上者何也？曰：「義人在上，天下必治，上帝山川鬼神，必有幹主㈢，萬民被其大利。」何以知之？子墨子曰：「古者湯封於亳㈣，絕長繼短，方地百里，與其百姓兼相愛，交相利，移則分㈤。率其百姓，以上尊天事鬼，是以天鬼富之，諸侯與之，百姓親之，賢士歸之，未沒其世，而王天下，政諸侯，昔者文王封於岐周㈥，絕長繼短，方地百里，與其百姓兼相愛，交相利，是以近者安其政，遠者歸其德，聞文王者，皆起而趨之，罷不肖㈦股肱不利者，處而願㈧之。曰：『奈何乎使文王之地及我，吾則吾利㈨豈不亦猶文王之民也哉？』是以天鬼富之，諸侯與之，百姓親之，賢士歸之，未歿其世，而王天下，征諸侯。鄉㈩者言曰：『義人在上，天下必治，上帝山川鬼神，必有幹主，萬民被其大利，吾用此知之。』」

【今註】㈠誶：與悴同，憂的意思。㈡說：同悅，喜歡。㈢幹主：古代承祖先祭祀的叫做幹主，亦稱宗主。㈣亳：音ㄅㄛˊ，古京兆地。㈤移則分：移與多同，是說財多則分。㈥岐周：周舊邑在岐山下，故稱岐周。㈦罷不肖：罷與疲同，疲弱不能作事的人。㈧願：冀望的意思。又慕效的意思。㈨吾則吾利：依俞樾校，則字上吾字及利字皆衍文，應刪。㈩鄉：與嚮同。

【今譯】如果現在採用有命的說法，就是破壞天下的義；破壞天下的義，由於立命的人，那就是給百姓們的痛苦了，喜愛給百姓痛苦的，也就是毀天下的人。然則我們主張要有「義人」在上，是為什麼呢？因為：「義人若在上位，天下必治，上帝山川和鬼神，就必定有主祭的人，萬民受到很大的利益。」何以知道呢？墨子說：「古代湯受封於亳地，絕長補短，地方百里，他和百姓們兼相愛，交相利，財多了就分。率領百姓去尊天和敬事鬼神，所以天帝鬼神富足他，諸侯歸服他，百姓親近他，賢人投向他。在他活著的時候，統一天下，盟長諸侯。從前文王受封於岐周，絕長補短，地方也只百里，他和百姓們兼相愛，交相利，財多了就分。所以近的人安樂他的政治，遠的人懷念他的德行，凡是聽說到文王的，都來投他。疲弱無能和手腳不利便的，都希望著說：『怎樣才使到文王的地方輪到我，我們豈不也是文王的人民了嗎？』所以天帝鬼神富足他，諸侯歸服他，百姓親近他，賢人投向他，在他活著的時候，統一天下，盟長諸侯。上面我說過：『義人在上，天下必治，上帝山川鬼神，都必定有主祭的人，萬民都受到極大的利益，就是這個道理。』」

是故古之聖王，發憲出令，設以為賞罰以勸賢㈠，是以入則孝慈於親戚，出則弟長㈡於鄉里，坐處有度，出入有節，男女有辨。是故使治官府，則不盜竊，守城則不崩㈢叛，君有難則死，出亡則送。此上之所賞，而百姓之所譽也。執有命者之言曰：「上之所賞，命固且賞，非賢故賞也；」上之所罰，命固且罰，不暴故罰也㈣。是故入則不慈孝於親戚，出則不弟長於鄉里，坐處不度，出入無節，男女無辨。是故治官府則盜竊，守城則崩叛，君有難則不死，出亡則不送。此上之所罰，百姓之所非毀也。

【今註】㈠勸賢：下有沮暴二字，誤脫，應補。沮，勸阻的意思。㈡弟長：弟音去一ˋ，悌長是對年長者致敬，猶如兄長一樣。㈢崩：崩，倍義同，倍即背。㈣上之所罰十三字：依俞樾校為衍文，應刪。

【今譯】古代的聖王頒憲下令，設下了賞罰以勸賢沮暴，所以人們在家都孝順父母，出外都悌長鄉里，坐息有常，出入有節，男女有別，使他們去官府任職，就不會竊盜，守城就不會背叛，君有難就盡忠效死，出亡就跟著護送。這都是在上位的所獎賞，而百姓們所稱讚的了。而那主張有命的人卻說：「上面賞他，那是他命裏註定該賞，並不是因賢而得賞的呀！上面若罰他，那是他命裏註定該罰，並不是因暴而受罰的呀！」所以人們入則不孝順父母，出則不悌長鄉里，坐息無常，出入無節，男女無別。這些人去官府任職就盜竊，守城就背叛，君有難，不會盡忠效死，出亡不會跟隨護送。這都是在上位的所罰，而百姓們所詆毀的了。

執有命者言曰：「上之所罰，命固且罰，不暴故罰也；」上之所賞，命固且賞，非賢故賞也。㊀以此為君則不義，為臣則不忠，為父則不慈，為子則不孝，為兄則不良，為弟則不弟，而強執此者，此特凶言之所自生，而暴人㊁之道也！然則何以知命之為暴人之道？昔上世之窮民，貪於飲食，惰於從事，是以衣食之財不足，而飢寒凍餒之憂至。不知曰：「我罷㊂不肖，從事不疾。」必曰：「我命固且貧。」若上世暴王，不繆其耳目之淫，心涂之辟㊄，不順其親戚㊅，遂以亡失國家，傾覆社稷，不知曰：「我罷不肖，為政不善。」必曰：「吾命固失之。」於仲虺之誥㊆曰：「我聞于夏人，矯天命，布命于下，帝伐之惡㊇，龔㊈喪厥師。」此言湯之所以非桀之執有命也。於太誓曰：「紂夷處㉈，不肯事上帝鬼神，禍厥先神禔㊁不祀，乃曰吾民有命，無廖排漏㊂，天亦縱棄之而弗葆。」此言武王所以非紂執有命也。今用執有命者之言，則上不聽治，下不從事。上不聽治，則刑政亂，下不從事，則財用不足。上無以供粢盛酒醴，祭祀上帝鬼神，下無以降綏㊂天下賢可之士；外無以應待諸侯之賓客，內無以食飢衣寒㊃，將養㊄老弱。故命上不利於天，中不利於鬼，下不利於人，而強執此者，此特凶言之所自生，而暴人之道也。

【今註】㊀上之所賞十三字：依俞樾校，應刪。㊁暴人：墨子以暴人為義人的對稱，意指暴虐之人。㊂罷：與疲同。㊃繆：孫以繆即糾的假借字，這裏作「糾正」的意思。㊄心涂之辟：應作「心術之僻」。㊅親戚：墨子書親戚皆指父母。㊆仲虺之誥：書經的篇名，仲虺為人名。㊇帝伐之惡：之與其同。㊈龔：與用字同，於是的意思。㊉夷處：即倨傲是居。㊁禔：與祇同，神祇就是神靈。㊂無廖排漏：按此四字，中篇作「毋僇其務」。天志中篇則誤作「無廖僔務」，更不可讀。毋僇其務，是說不勠力祭祀鬼神之事，所以天亦棄之而不保佑他們。㊂降綏：綏與安同。降，曹耀湘本作「隆」，隆重的意思。㊃食饑衣寒：食讀飼，衣讀裔，都作動詞用。㊄將養：應為持養。

【今譯】主張有命的人說：「上面所罰，是命中註定應罰，並不是因暴而罰的！」像這樣，為君即不義，為臣即不忠，為父即不慈，為子即不孝，為兄即不良，為弟即不悌，而那些強有命的說法，簡直就是惡言的來源，而「暴人」所持的道理了。何以知道主張命的就是「暴人」的道理呢？從前古代的窮民，貪於飲食，懶於工作，所以衣食之財不足，飢寒凍餓之憂跟著來到。他們不知道說：「我們疲弱無能，做事不勤勉。」一定要說：「我們的命註定窮。」從前古代暴王不能克制他們耳目的淫亂，和心術的邪僻，不順其父母，以致亡失國家，傾覆社稷，他們不知道說：「我疲弱無能，為政不善。」一定要說：「我命中註定該失天下。」仲虺之誥上曾說：「我聽說夏王矯傳天命，佈達天下，上帝懲處其惡，使他失去了人眾。」這是說湯以為桀相信命是不對的。太誓上說：「紂平時傲慢無禮，不肯去奉事上帝鬼神，遺棄他的祖先神靈，不去祭祀，反而說：『我有命，』不必去敬祀鬼神。而上天也就把他放棄，不再去保佑他。」這是說武王反對紂主張有命了。現在如果相信主張有命的說法，那在上位的人就不去主持政事，在下面的就不去工作。上不主持政事，刑政就會亂，下面不去工作，財用就會不足。這樣，對上就沒法供獻酒醴粢盛，祭祀上帝鬼神，對下就沒法厚待天下的賢能之士，對外就沒法款接諸侯派來的賓客，對內就沒法給饑者的東西吃，寒者的衣服穿，以及老弱們的撫養。所以「命」這東西，上不利於天，中不利於鬼神，下不利於人民，而如強以這個為有的話，那就是惡言的來源，而「暴人」所持的道理了。

是故子墨子言曰：「今天下之士君子，忠㊀實欲天下之富而惡其貧，欲天下之治而惡其亂，執有命者之言，不可不非，此天

下之大害也。」

【今註】㊀忠：下篇作中。

【今譯】所以墨子說：「當今天下的士君子，心中果然想求天下富庶，而厭惡貧窮，想求天下治理，而厭惡混亂，那麼對於主張有命的人所說的話，不可不加以反對，因為這實在是天下的大禍害。」

非命中第三十六

子墨子言曰：「凡出言談，由文學之為道也，則不可而不先立義㊀法，若言而無義，譬猶立朝夕於員鈞之上也㊁；則雖有巧工，必不能得正焉。然今天下之情偽，未可得而識也，故使言有三法。三法者何也？有本之者，有原之者，有用之者。於其本之也，考之天鬼之志，聖王之事；於其原之也，徵以先王之書，用之奈何，發而為刑㊂，此言之三法也。今天下之士君子㊃，或以命為亡。我所以知命之有與亡者，以眾人耳目之情，知有與亡。有聞之，有見之，謂之有；莫之聞，莫之見，謂之亡。然胡不嘗考之百姓之情？自古以及今，生民以來者，亦嘗見命之物，聞命之聲者乎？則未嘗有也。若以百姓為愚不肖，耳目之情。不足因而為法。然則胡不嘗考之諸侯之傳言流語乎？自古以及今，生民以來者，亦嘗有聞命之聲，見命之體者乎？則未嘗有也。然胡不嘗考之聖王之事？古之聖王，舉孝子而勸之事親，尊賢良而勸之為善，發憲布令以教誨，明賞罰以勸沮㊄，若此。則亂者可使治，而危者可使安矣。若以為不然，昔者桀之所亂，湯治之；紂之所亂，武王治之。此世不渝而民不改，上變政而民易教。其在湯武則治，其在桀紂則亂，安危治亂，在上之發政也，則豈可謂有命哉？夫曰有命云者亦不然矣。」

【今註】㊀義：與儀同。㊁立朝夕於員鈞之上：員與圓同，上篇作運，員鈞和運鈞都是圓盤。㊂刑：據上篇，下有「政」字。㊃今天下之士君子：下脫「或以命為有」五字，應補。㊄沮：與阻同。

【今譯】墨子說：「凡是發出言談，由於文學方面的道理，就不能不下一個標準，言論若沒有一個標準，譬如將測影器安放在製陶器的轉盤上一樣，即令有很巧的工人，也就不能得到一個正確的時間了。現在天下的一般情狀，不容易知道得清楚，所以言論必須有三種方法。那三種方法呢？第一是本之，第二是原之，第三是用之。在本的方面，考驗天帝鬼神的意志和聖王的事例。在原的方面，徵究先王的各種書籍。在用的方面，實施到行政的範圍。這就是言論的三種方法了。當今天下的士君子，或以為命運是有的，或以為命運是沒有的；而我們所以知道命運究竟有沒有，乃是由眾人耳目所聞見的情形得來的，耳朵聽過，眼睛看過的就說有，沒有聽過見過的就說無。既然如此，何不嘗試考查百姓們的情狀呢？從古至今，有人民以來，可曾有人見過『命』的形體，聽過『命』的聲音麼？那是不曾有過的了。如果以為百姓們愚蠢無識，他們耳目所聞見的靠不住，那麼何不嘗試考察諸侯們流傳的話呢？從古到今，有人民以來，可曾有人見過『命』的形體，聽過『命』的聲音麼？那也是從來沒有的事了！那麼何不嘗試考察古代聖王的事呢？古代的聖王推舉孝子，勸人事親，尊重賢良，勸人為善，頒憲令，用來教誨人民，明賞罰，用來勸沮，這樣，亂的就可使他治，危的就可使他安了。如果以為這話不對，請看當初經過桀亂過的，湯拿來治好，紂亂過的，武王拿來治好，那時代不曾轉移，而人民也不曾改換，上變正了，下面也就容易學習，所以在湯武就治，在桀紂就亂，安危治亂，完全在上面操持，怎麼可以說是有命運呢？人們如講有命的話，那就不對了。」

今夫有命者言曰：「我非作之後世也，自昔三代有若言以傳流矣。」今故先生對之曰㊀：「夫有命者不志㊁昔也三代之聖善人與㊂，意亡㊃昔三代之暴不肖人也？」何以知之？初之列士桀大夫㊄，慎言知行，此上有以規諫其君長，下有以教順其百姓，故上得其君長之賞，下得其百姓之譽。列士桀大夫，聲聞不廢，流傳至今，而天下皆曰其力也。必不能曰我見命焉。

【今註】 ㊀今故先生對之曰：依畢沅校，應作「今胡先生非之曰。」胡同何，就是為什麼？ ㊁志：

與識同，即知道。㊂與：即歟字，問詞。㊃意亡：即抑毋。㊄列士桀大夫：「列士者，所以參大夫也」，見說苑臣篇。是說可以參預到大夫這一級了，桀與傑同，桀大夫，就是很傑出的大夫。

【今譯】現在主張有命的人說：「這並不是我們後來造作的，而是從前三代以來就有這種話了。現在您先生為什麼要反對呢？」墨子說：「這種主張有命的，不知道是不是出於從前三代的聖人和善人？恐怕還是出於三代的暴人和不肖人罷。」怎樣知道呢？從前的列士和傑出的大夫，對於自己的言語行事都很謹慎，上有以規勸他們的君長，下有以教訓他們的人民，所以上面得到君長的賞賜，下面得到人民的稱讚。他們的名聲一直不衰落，流傳到現在，而天下的人，都說是由於他們自己的力量，一定不能說這是他們的命該如此。

是故昔者三代之暴王，不繆㊀其耳目之淫，不慎其心志之辟㊁，外之毆騁㊂田獵畢弋㊃，內沈於酒樂，而不顧其國家百姓之政。繁為無用，暴逆百姓，使下不親其上，是故國為虛厲㊄，身在刑僇㊅之中。不肯曰：「我罷不肖，我為刑政不善。」必曰：「我命故且亡。」雖昔也三代之窮民，亦由此也。內之不能善事其親戚㊆，外不能善事其君長，惡恭儉而好簡易，貪飲食而惰從事，衣食之財不足，使身至有飢寒凍餒之憂。必不能曰：「我罷不肖，我從事不疾；」必曰：「我命固且窮。」雖昔也三代之偽民，亦猶此也。繁飾有命，以教眾愚樸人久矣。聖王之患㈧此也，故書之竹帛，琢之金石，於先王之書仲虺之誥曰：「我聞有夏，人矯天命，布命于下，帝式是惡，用闕㈨師。」此語夏王桀之執有命也，湯與仲虺共非之。先王之書太誓之言然曰：「紂夷之居⑩，而不肯事上帝，棄闕⑪其先神而不祀也。曰：『我民有命，毋僇其務⑫。』天不亦⑬棄縱而不葆。」此言紂之執有命也，武王以太誓非之。有於三代不國⑭有之曰：「女毋崇天之有命也，命三不國⑮，亦言命之無也。」於召公之執令⑯亦然。且⑰「敬哉！無天命，惟予二人⑱，而無造言⑲，不自降天之哉得之⑳。」在於商夏之詩書曰：「命者暴王作之。」且今天下之士君子，將欲辯是非利害之故，當天㉑有命者，不可不疾㉒非也。執有命者，此天下之厚害也，是故子墨子非也。

【今註】㈠繆：孫以為繆即糾之假借字。㈡辟：與僻同。㈢歐：即古文驅字。騁音逞，馳騁。㈣畢畢弋：畢，掩雉兔之網。弋音亦，以繩繫矢而射叫弋。㈤虛厲：居宅無人叫虛，死而無後叫厲。畢引陸德明莊子音義李說。⑥僇：同戮。⑦親戚：指父母，詳見兼愛下篇。⑧患：一種憂慮。⑨用闕師：當作用喪厥師。⑩紂夷之居：與上篇紂夷處義同，「倨傲是居」之意。⑪棄闕：闕亦當作厥，下其字衍文。⑫毋僇其務：畢云：「毋僇力其事也，上二篇俱當從此。」毋與「不」同。⑬不亦：孟子滕文公篇注：「不亦者，亦也。」一本作「亦不」，非。⑭三代不國：孫以為不字，疑係百字之誤，三代百國，或皆古史記之名。⑮命三不國：依孫說，應為今三代百國。⑯執令：孫謂當為「非執命」，亦周書逸篇之名，召公奭作。⑰且：曰字之誤。⑱予二人：召公指自己及湯。⑲造言：古代周禮有造言之刑，就是造作謗言。⑳不自降天之哉得之：孫校作「不自天降，自我得之。」㉑天：夫字之誤。㉒疾：力的意思。

【今譯】所以從前三代暴戾的君王，不能糾正他們的耳目，恣情於聲色之慾，不能鎮定他們的心思，妄生邪僻的念頭，外則騎馬打獵，弋射飛鳥，內則沈醉於飲酒作樂，而不顧百姓的痛苦。多做無用的事，暴虐百姓，違背他們的意思，使下面的人民，不親近他們的君長，以致國家成為墟厲，自己也在刑戮之中。然而他不肯說：「我疲弱無能，我主持政治不善。」一定要說：「我命裏本來註定要滅亡的。」而那從前三代的窮民，也是如此。他們在家裏不能善事父母，在外面不能善事君長，憎恨恭儉，喜歡簡易，貪飲食而懶於工作，衣食之財不足，以至本身受到飢寒凍餓之憂。他們一定不說：「我疲弱無能，我工作不勤快。」一定要說：「我的命裏註定要窮。」而從前三代的偽民，也是如此。他們造作許多命定的話，去教給一般忠厚老實的人聽，也已經很久了。聖王也以這個為慮，所以寫在竹帛，刻在金石。在先王的書仲虺之誥上曾說：「我聽得夏王假造天命，頒佈天下，上帝惱怒他，使他喪失了人民。」這就是說夏王桀主張天命。湯和仲虺都反對他。還有先王的書，太誓上也這樣說：「紂性情倨傲，不肯事奉上帝，棄他的祖先不去祭祀，他說：『我有人民而且有命。不必去認真敬拜神。』如是，上天也放棄了他，不再保佑了。」這就是說紂主張有命，而武王以太誓反對他。還有，三代百國的書上也曾說：「你們不要誇說有天命。」那就證明三代百國的書上也說命是沒有的了。而召公不主張有命，也是一樣的。他說：「敬哉！沒有天命，只有我們二人不說假話，那種天命不是從天降下，而是由我們自己得到的。」在商夏的詩書上也說：「『命』這個東西，是暴王作的。」當今天下的士君子，如果要辨明是非利害的原故，那麼對於「有天命」這種說法，是不可不極力反對的。主張有命的，那是天下的一種大害，所以墨子要加以反對。

非命下第三十七

子墨子言曰：「凡出言談，則必可而不㈠先立儀而言。若不先立儀而言，譬之猶運鈞之上，而立朝夕焉也。我以為雖有朝夕之辯，必將終未可得而從定也。是故言有三法。」何謂三法？曰：有考之者，有原之者，有用之者。惡㈡乎考之？考先聖大王之事。惡乎原之？察眾之耳目之情。惡乎用之？發而為政乎國，察萬民而觀之。此謂三法也。

【今註】㈠則必可而不：「必」字為「不」字之誤，「不可而」即「不可以」。㈡惡：音烏，如何的意思。

【今譯】墨子說：「凡是要發表言論，就不可以不先立下一個標準然後再講，言論若沒有一個標準，譬如在陶人的轉盤上，安放一個測影器一樣。我以為他們雖然也有早晚的分別，但總不會有一個確定的時間了。所以言論必須立定三法。」那三法呢？就是有考，有原，有用。怎樣考呢？考究古代聖王的行事。怎樣原呢？審察眾人耳目聞見的實情。怎樣用呢？用在國家刑政上的設施，看他對人民發生的效果如何？這就叫做三法。

故昔者三代聖王禹湯文武，方為政乎天下之時，曰：必務舉孝子，而勸之事親，尊賢良之人而教之為善。是故出政施教，賞善罰暴。且以為若此，則天下之亂也，將屬㈠可得而治也；社稷之危也，將屬可得而定也。若以為不然，昔桀之所亂，湯治之；紂之所亂，武王治之。當此之時，世不渝而民不易，上變政而民改俗。存乎桀紂而天下亂，存乎湯武而天下治。天下之治也，湯武之力也；天下之亂也，桀紂之罪也。若以此觀之，夫安危治亂，存乎上之為政也，則夫豈可謂有命哉？故昔者禹湯文武，方為政乎天下之時，曰必使飢者得食，寒者得衣，勞者得息，亂者得治，遂得光譽令問於天下，夫豈可以為命哉？故以為其力也，今賢良之人，尊賢而好功㈡道術，故上得其王公大人之賞，下得其萬民之譽，遂得光譽令問於天下，亦豈以為其命哉？又以為力㈢也！然今夫有命者，不識昔也三代之聖善人與？意亡㈣昔三代之暴不肖人與？若以說觀之，則必非昔三代聖善人也，必暴不肖人也。

【今註】㈠屬：與適同，事的常然者叫做適然。這裏應作「會」的意思。㈡功：衍文，可刪。㈢力：力字上有其字。㈣意亡：與抑毋同，「或者是」的意思。

【今譯】從前三代聖王，禹湯文武治理天下的時候說：「務必要表揚孝子，勸人事親。尊重賢良的人，教人為善。所以出政令，施教化，一定以賞善罰暴為主，如果能夠這樣，天下的混亂，將會得到治理，社稷的危險，將會得到安定。」如以為這話不對，請看從前桀弄亂了的，湯給他治好，紂弄亂的，武王給他治好。在那個時候，世界沒有改變，人民也不曾更換，上面一變更政策，而人民也跟著把風俗改了。在桀紂的手中，天下就亂，在湯武的手中，天下就治。天下的治，是湯武的力量；天下的亂，是桀紂的罪過。如果照這樣看來，安危治亂的關鍵，完全在上位者的政治設施，怎麼可以說是有命呢？從前禹湯文武治理天下的時候說：「必須使饑餓的有得吃，寒冷的有得穿，勞苦的有得休息，危亂的得以治理。」他們因此揚名於天下，這怎麼可以說是命呢？實在由於他們自己的力量而已！當今的賢人君子，尊賢而愛好道術，因此上面得到王公大人的獎賞，下面得到人民的讚美，於是揚名於天下，這也算得上是命嗎？也不過是他們自己的力量而已。而現在主張有命的人，不知道他們是根據從前三代的聖人和善人呢？還是根據從前三代的暴君和不肖人呢？若依照以上看來，他們一定不是出於從前三代的聖人和善人，一定是出自暴君和不肖人了。

然今以命為有者，昔三代暴王，桀紂幽厲，貴為天子，富有天下，於此乎。不而㈠矯其耳目之欲，而從其心意之辟，外之敺騁田獵畢弋，內湛於酒樂，而不顧其國家百姓之政。繁為無用，暴逆百姓，遂失其宗廟。其言不曰吾罷不肖，吾聽治不強；必曰吾命固將失之。雖昔也三代罷不肖之民，亦猶此也。不能善事親戚㈡君長，甚惡恭儉，而好簡易，貪飲食而惰從事，衣食之財不足，是以身有陷乎飢寒凍餒之憂。其言不曰吾罷不肖，吾從事不強；又㈢曰吾命固將窮，昔三代偽民㈣，亦猶此也。

【今註】㈠而：畢沅云：「應讀如能。」㈡親戚：指父母，見前。㈢又：應依上文作必。㈣偽民：指古代奸詐的人民。

【今譯】那些以命為有的，像從前三代的暴王桀紂幽厲，貴為天子，富有天下，不能矯正他們耳目的私慾，而放縱心裏所起的邪念，外面馳馬射獵禽獸，內面就沈溺於飲酒作樂，不顧國家百姓的事，做許多無用的事，暴虐百姓，以致喪失了他的國家。他們不肯說：「自己疲弱不肖，辦事不努力。」必定要說：「我命中本來要失掉的。」雖然是從前三代疲弱不肖的人民，也是如此。他們不能好好事奉他的父母和君長，他們憎惡恭儉，喜歡簡易，貪嗜飲食，懶得做事，以致衣食的財用缺乏，身受飢寒凍餓之憂，然而他們一定不肯說：「我疲弱不肖，做事不勤勉。」一定要說：「我命中註定要窮。」從前三代的偽民，也是這樣。

昔者暴王作之，窮人術㈠之，此皆疑眾遲樸㈡，先聖王之患之也，固在前矣。是以書之竹帛，鏤之金石，琢之盤盂，傳遺後世子孫。曰何書焉存㈢？禹之總德㈣有之曰：「允不著，惟天民不而㈤葆，既防凶心㈥，天加之咎，不慎厥德，天命焉葆？」仲虺之誥曰：「我聞有夏人，矯天命于下，帝式是增㈦，用爽㈧厥師。」彼用無為有，故謂矯；若有而謂有，夫豈為矯哉？昔者桀執有命而行，湯為仲虺之告以非之。太誓之言也，於去發㈨曰：「惡乎君子㈩？天有顯德，其行甚章，為鑑不遠，在彼殷王。謂人有命，謂敬不可行，謂祭無益，謂暴無傷。上帝不常，九有以亡，上帝不順，祝㈡降其喪，惟我有周，受之大帝㈢。」昔紂執有命而行，武王為太誓去發以非之。曰子胡不尚考之乎商周虞夏之記，從十簡之篇以尚㈢。皆無之，將何若者也。

【今註】㈠術：與述通，是說前代暴王造為有命之說，而後代窮人述之。㈡疑眾遲樸：王引之以為

「遲字當為遇字之誤，遇與愚同。」本書非儒篇「愚」作「遇」，這是說使眾人懷疑，而樸實的人受到愚弄。㊂何書焉存：這是倒裝句法，是說存於何書。㊃總德：逸書篇名。㊄允不著惟天民不而葆：孫詒讓說「允不著」應作「允不若」，就是信不順的意思。惟雖古字通用，不而葆，而與能同。葆與保同。這是說如果信心不恭順，雖是上天的子民也不能保。㊅既防凶心：你有了防害人的凶心。㊆增：應作憎，為上帝所憎惡。㊇爽：喪字音近的錯誤。㊈於去發：孫星衍以為是「太子發」三字之誤。俞樾亦以為是。發為武王之名，是時發為太子故也。㊉惡乎君子：惡當作「於」，語詞。⑪祝：與斷同，見泰誓篇，是說天要斷棄紂的身命。⑫受之大帝：孫引莊陳兩家校作「受之大商。」因此節都是有韻之文，作商就和上文協韻了。⑬尚：同上。

【今譯】從前暴王創造「命」，窮人們傳開來，足以欺騙羣眾和那些老實人，聖王早就慮到了，所以書在竹帛，刻在金石，琢在盤盂，傳給後代的子孫道：「這些話在那種書上說過？」禹的總德上曾說：「如果信心不順，就是上天的子民也不能保護你，你有了防害人凶心，天會降給災禍，你不慎修你的德行，天命怎能保護你呢？」仲虺的誥上曾說：「我聽說夏人，矯稱天命，佈告天下，上帝因此惱怒他，使他喪失了他的民眾。」夏桀以無為有，所以說他矯命，如果本來有而說有，又怎能說是矯命呢？從前夏桀執有命之說而行，湯於是作了仲虺之誥去反對他，太誓上的太子發篇上說：「嗚呼（讚美詞）君子！天佑明德，行事昭彰。借鏡不遠，在那殷王。說命有前定，說敬不足行。說祭祀沒有益處，說暴力沒有損傷。上帝不佑，天下滅亡。上帝不順，斷降其喪。惟有我周，受之大商。」從前紂執有命之說而行，而武王作太誓的太子發去反對他，說你怎不上考虞夏商周的事跡，從十簡的篇數以上，都說沒有，這是什麼緣故呢？

是故子墨子曰：「今天下之君子之為文學，出言談也，非將勤勞其惟㈠舌，而利其脣呡㈡也，中實將欲㈢其國家邑里㈣萬民刑政者也。今也王公大人之所以蚤朝晏退，聽獄治政，終朝均分，而不敢怠倦者，何也？曰彼以為強必治，不強必亂，強必寧，不強必危，故不敢怠倦。今也卿大夫之所以竭股肱之力，殫其思慮之知，內治官府，外歛關市，山林澤梁之利，以實官府，而不敢怠倦者，何也？曰彼以為強必貴，不強必賤，強必榮，不強必辱，故不敢怠倦。今也農夫之所以蚤出暮入，強乎耕稼樹藝，多聚叔粟，而不敢怠倦者，何也？曰彼以為強必富，不強必貧，強必飽，不強必飢，故不敢怠倦。今也婦人之所以夙興夜寐，強乎紡績織紝，多治麻統葛㈤緒捆布縿㈥，而不敢怠倦者，何也？曰彼以為強必富，不強必貧，強必煖，不強必寒，故不敢怠倦。今雖毋㈦在乎王公大人蕢若㈧信有命而致行之，則必怠乎聽獄治政矣，卿大夫必怠乎治官府矣，農夫必怠乎耕稼樹藝矣，婦人必怠乎紡績織紝矣。王公大人怠乎聽獄治政、卿大夫怠乎治官府，則我以為天下必亂矣。農夫怠乎耕稼樹藝，婦人怠乎紡績織紝，則我以為天下衣食之財，將必不足矣。若以為政乎天下，上以事天鬼，天鬼不使㈨；下以待養百姓，百姓不利，必離散不可得用也。是以入守則不固，出誅則不勝，故雖昔者三代暴王，桀紂幽厲之所以共抎㈩其國家，傾覆其社稷者此也。」

【今註】㈠惟舌：惟字乃喉字之誤，應依王說改。㈡呡：應為吻。㈢邑里：應為治理二字之訛。㈣欲：下脫「為」字。㈤厤統葛緒：非樂篇作「厤絲葛緒」。㈥捆布縿：捆與綑同，縿依王校應作繰，讀如綃。禮記鄭注：「繰，縑也。」捆布縿即織布帛。㈦雖毋：即唯毋，語詞。㈧蕢若：藉若之誤，假如的意思。㈨使：與從同。㈩共抎：共為失字之誤，抎與損字通。天志篇云：抎失社稷。

【今譯】所以墨子說：「當今天下的君子研究文學，發表言論，並不是要勤勞他們的喉舌，利便他們的脣吻，實在是心裏頭想對他們的國家治理萬民刑政罷了。現在王公大人們所以要早朝晏退，聽獄治政，整天利用時間，不敢怠倦，這是為的什麼呢？他們以為勤必治，不勤必亂，勤必寧，不勤必危，所以不敢怠倦。現在卿大夫所以要竭盡手足之力，和他們思慮之知，內治官府，外徵關市山林川澤出產的利益，充實倉府，而不敢怠倦，這是為什麼呢？他們以為勤必貴，不勤必賤，勤必榮，不勤必辱，所以不敢怠倦。現在農夫所以要早出晚歸，努力耕田種菜，多聚豆粟，而不敢怠倦，這是為的什麼呢？他們知道勤必富，不勤必貧，勤必飽，不勤必饑。所以不敢怠倦。現在婦人所以要早起晚睡，努力去紡紗織布，多治麻絲葛紵，綑束布匹，而不敢怠倦，這是為的什麼呢？他們知道勤必富，不勤必貧，勤必暖，不勤必寒。所以不敢怠倦。現在王公大人假如相信有命，而去奉行他，就會懶得聽獄治政；跟著卿大夫懶得服官，農夫懶得耕田種菜，婦人懶得紡紗織布。如果王公大人懶於聽獄治政，卿大夫懶於服官，我以為這樣天下就要亂了！農夫懶於耕田種菜，婦人懶於紡紗織布，我以為這樣天下衣食財用就要缺乏了，照這樣治理天下，上面去事奉天帝鬼神，天帝鬼神就會不順。下面去保養百姓，百姓不利，勢必會離散，不能得用了。結果入守則不固，出征則不勝，從前三代暴王桀紂幽厲，所以會喪失國家，滅亡社稷，都是因為這個原故。」

是故子墨子言曰：「今天下之士君子，中實將欲求興天下之利，除天下之害，當若有命者之言，不可不強非也，曰命者，暴王所作，窮人所術，非仁者之言也。今之為仁義者，將不可不察，而強非者，此也。」

【今譯】所以墨子說：「當今天下的士君子，心中果真想興天下之利，除天下之害，那麼對於主張有命之說，是不可不極力加以反對的了。因為命運之說，乃是暴王所作，窮人所傳，並不是仁者所說，如今要行仁義，就不可不細察而力加反對，就是這個理由。」

非儒下第三十九

儒者曰：「親親有術㈠，尊賢有等，言親疏尊卑之異也。」其禮曰、喪父母三年，妻，後子㈡三年，伯父叔父弟兄庶子其㈢，戚族人五月。若以親疏為歲月之數，則親者多而疏者少矣，是妻後子與父同也；若以尊卑為歲月數，則是尊其妻子與父母同，而親伯父宗兄而卑子㈣也；逆孰大焉？其親死，列尸弗歛，登屋窺井㈤，挑鼠穴㈥，探滌器㈦，而求其人矣，以為實在則贛㈧愚甚矣；如其亡也，必求焉偽亦大矣。

【今註】㈠親親有術：親親就是對你所親的人，有術，術即殺字，等級之意。也有遞減的意思。中庸：「親親之殺，尊賢之等」即是。㈡後子：為父後之子，即長子。㈢其：與期同，一年之喪。㈣而卑子：當作如卑子，卑子即庶子。嫡子以外都叫庶子。是說把伯父宗兄當作庶子一樣。㈤登屋窺井：古喪禮有升屋持衣招魂之禮，所以墨家譏之，窺井無據。㈥挑鼠穴：無此禮，墨家謾語。㈦探滌器：滌器洒濯之器。㈧贛：愚蠢之意。

【今譯】儒者說：「親親（上親字作動詞用，下親字作名詞用）有次序，尊賢有等級，是說明親疏尊卑各有不同。」他們的禮節上說得明白：妻和長子三年。伯父、叔父、弟兄、和庶子一年。戚族人五個月，如果以親疏來定年月的數目，那麼越親近的就越多，而越疏遠的就越少了。妻與長子和父母喪期相同，如果以尊卑來定年月的數目，那就是尊敬他的妻子和父母一樣，而反將伯父宗兄看做庶子一樣，這不是很悖逆的麼？他們的父母死後，暫時陳尸不收斂，登屋窺井、挑掘鼠洞，探察洗滌的器具，去找尋那死了的人，以為死者真在這裏面，這實在太愚蠢了。但如知道已經死亡，還是這樣去找尋，不是太虛偽了嗎？

取妻身迎㈠，祗褍為僕㈡，秉轡授綏㈢，如仰嚴親，昏禮威儀，如承祭祀，顛覆上下，悖逆父母，下則妻子㈣，妻子上侵事親，若此可謂孝乎？儒者㈤「迎妻妻㈥之奉祭祀，子將守宗廟，故重之。」應之曰：「此誣言也，其宗兄守其先宗廟數十年，死喪之具，兄弟之妻奉其先之祭祀弗散㈦，則喪妻子三年，必非以守奉祭祀也。」夫憂㈧妻子以大負絫㈨，有㈩曰，所以重親也，為欲厚所至私，輕所至重，豈非大姦也哉？

【今註】㈠身迎：古禮娶妻必親往迎接，叫做親迎。㈡祗褍為僕：祗，敬的意思。褍，衣正幅。是說端正衣裳如僕人。㊂授綏：古時乘車，僕人必授綏，綏所以引升車者。㊃下則妻子：應為「父母下則妻子。」㊄儒者：者字下應脫一曰字。㊅妻：與字之誤。㊆散：服字的錯誤。不為之服喪。㊇憂：同優，優厚的意思，古作優字，止作憂。㊈大負絫：大負愆累。㊉有：又。

【今譯】他們娶妻，要親自前往迎接，端正衣裳像僕人一樣，拉著馬轠，將綏遞給新婦，如同侍奉嚴親。婚禮儀節隆重，像在祭祀，顛倒上下，違逆父母，將父母降低到和妻子一樣，妻子影響到事奉雙親，這樣算得孝嗎？儒者說：「迎接妻，是因為妻將要奉祭祀，兒子將要守宗廟，所以重視他們。」我們可以告訴他：「這種話是胡亂說的，他的宗兄守著祖先的宗廟數十年，死了只給他一年喪，兄弟的妻也奉先人的祭祀，卻沒有服，而妻子喪三年，這當然不是為守宗廟奉祭祀的緣故了。」因為過於重視妻子，大大的犯了過錯，還要說這是為了尊重父母。為著要厚待自己最親的人，而輕忽那些最重要的人，豈不是大奸嗎？

有強執有命以說議曰：「壽夭貧富，安危治亂，固有天命，不可損益，窮達賞罰幸否，有極人之知力，不能為焉。」羣吏信之，則怠於分職；庶人信之，則怠於從事。吏不治則亂，農事緩則貧，貧且亂政之本，而儒者以為道教，是賊㊀天下之人者也。且夫繁飾禮樂以淫㊁人，久喪偽哀以謾㊂親，立命緩貧㊃而高浩居㈤；倍㈥本棄事而安怠傲，貪於飲食，惰於作務，陷於飢寒，危於凍餒，無以違㈦之，是若人氣㈧，鼸鼠藏㈨，而羝羊視㈩，賁彘起(十一)。君子笑之，怒曰：「散人(十二)！焉知良儒(十三)？」夫夏乞麥禾，五穀既收，大喪是隨，子姓皆從，得厭(十四)飲食，畢治數喪，足以至(十五)矣。因人之家翠以為(十六)，恃人之野以為尊(十七)，富人有喪，乃大說喜(十八)曰：「此衣食之端也。」

【今註】㈠賊：害的意思。㈡淫：惑的意思，凡是過甚的都叫淫。㈢諼：與欺同。㈣立命緩貧：安心立命，不急於救貧。㈤浩居：畢沅以為與傲倨同。㈥倍：與背同。㈦違：避免的意思。㈧人氣：氣為乞字之誤，即乞人，乞丐。㈨鼸鼠藏：鼸音ㄒㄧㄢˇ，鼸鼠就是田鼠，能頰內藏食物。㈩羝羊視：羝羊就是牡羊，視是形容牠會覓食物。(十一)賁彘起：賁彘即豶豕，見易經大畜。被閹過的豬。豬性懶，見有食則起，也是形容儒者會覓食的意思。(十二)散人：冗散之人。儒者詈人之語。(十三)良儒：儒者自稱。(十四)厭：與饜同。飽食。(十五)足以至矣：足夠的意思。(十六)因人之家翠以為：應作因人之家以為翠，翠古訓是肥的意思，是說藉別人的家來自肥。(十七)尊：同樽。畢云：「言禾麥在野。」人之禾麥，可以釀酒也。(十八)說：同悅。

【今譯】儒者又強執有命之說，道：「長壽與短命，貧窮與富貴，以及安危與治亂，都有天命，沒有增減。窮困與得意，以及受賞遭罰，吉凶禍福，都是有一定的，人的智力是不能有所改造的。」一羣官吏相信了這些話，就懈怠了自己的職分，平民相信了這些話，就懈怠了自己的工作。治不修即亂，農事遲緩即貧，貧且亂，就是敗壞政治的根本，而儒者卻以為這是教化之道，實在是賊害天下的人了！他們制定了許多繁縟的禮樂迷惑人們，久喪偽哀欺他們的父母；任命安貧而極端倨傲，背本棄事而安於懶慢，好吃懶做，因此經常陷入饑寒凍餒的險境，而無法避免。他們就像乞丐一樣，也很像一隻田鼠，用牠的兩頰把食物藏起來，也像一隻牡羊用眼睛四處察看，也像一頭閹豬一樣跳起來。君子笑他，他就怒道：「你們這些無用的人，怎能知道良儒呢！」他們夏天向人家乞討麥子，等到五穀都已收割了，就尋找大戶人家的喪事去幫忙，甚至一家人都跟著前往，儘量吃喝，等到幫完幾家喪事，也就夠了。借他人的家來滿足自己，靠人家的米麥釀酒喝幾鍾，富人家有了喪事，他們就很高興，喜道：「衣食的機會來了！」

儒者曰：「君子必服古言然後仁。」應之曰：「所謂古之言服者，皆嘗新矣！而古人言之服之，則非君子也。然則必服非君子之服，言非君子之言，而後仁乎？」又曰：「君子循而不作。」應之曰：「古者羿作弓㈠，伃作甲㈡，奚仲作車㈢，巧垂作舟㈣。然則今之鮑函車匠㈤，皆君子也；而羿伃奚仲巧垂皆小人邪？且其所循人必或作之，然則其所循，皆小人道也。」又曰：「君子勝不逐奔㈥，揜函弗射㈦，施則助之胥車㈧。」應之曰：「若皆仁人也，則無說而相與㈨，仁人以其取舍是非之理相告，無故從有故也，弗知從有知也，無辭必服，見善必遷，何故相㈩？若兩暴交爭，其勝者欲不逐奔，揜函弗射，施則助之胥車，雖盡能猶且不得為君子也。意暴殘之國也，聖㈡將為世除害，興師誅罰，勝將因用儒術令士卒曰，毋逐奔，揜函勿射，施則助之胥車。暴亂之人也得活，天下害不除，是為羣殘父母，而深賤㈢世也，不義莫大焉。」

【今註】 ㈠羿作弓：呂氏春秋：夷羿作弓。說文：羿古諸侯也，一曰，射師。㈡仔作甲：仔是夏少康之子季杼，為作甲的人。㈢奚仲作車：為夏的車正，說文車部：車，夏后時奚仲所造。㈣巧垂作舟：垂一作倕，堯時巧工。㈤鮑函車匠：皮工和車工。周禮云：柔皮之工鮑氏。一作鞄，說文：鞄，柔革工。函，是一種軟甲。㈥勝不逐奔：穀梁隱五年傳：戰不逐奔。對方已敗逃就不追趕。㈦揜函弗射：揜與掩同，函即軟甲，掩函就是卸甲，以示不敵。對方已卸甲，則不射之。㈧施則助之胥車：孫云：此義未詳。似言軍敗而走則助之挽重車，而文有脫誤。按：施讀弛，斜行曰施。孟子：施從良人之所之。似言敵車斜陷則助之挽車。㊈相與：即相敵。㊉相：下有脫文。㊁聖：下脫人字。㊂賤：賊字之誤。

【今譯】儒者說：「君子的言語與服飾都必定要依照古人，然後才合乎仁義。」我們可以回答他道：「所謂古代的言語與服飾，在當時初制之時，也都是新的呀，然而古人用這言語服飾的難道就不是君子了嗎？那麼必定要穿不是君子所穿的衣服，說不是君子所說的話，才算得合乎仁義嗎？」儒者又說：「君子但遵循陳規，不加創作。」我們可以回答他道：「古時候羿製弓，伃製鎧甲，奚仲造車子，巧垂造船，若依照儒者所說的話，那麼現在的一般製皮革與造車的工匠都是君子，而古代的羿伃奚仲和巧垂都是小人了？並且凡是所遵循的事，起初必定有創作的人，創作的既然是小人，那麼所遵循的也都是小人之道了！」儒者又說：「君子打仗，戰勝後不再追那些敗逃的人，敵人卸下甲衣就不再射他，敵車走了岔道陷住了，則幫助他推車。」這樣，我們可以回答他道：「倘若兩方面都是仁人，那麼就不會相打了；仁人們都將把是非曲直的道理相告，沒有理由的會跟著那有理由的走，不知道的會跟著那知道的走。說不出理由的必定折服，看到善的必定依從，這樣怎麼會相爭呢？如果兩方面都是暴虐的人相爭，戰勝的這一邊不追逐逃走的人，卸下甲衣的就不射，敵人的車子陷住了就幫助他們推，這些儘管都能夠做到，也不能就算是君子呀。那些殘暴的國家，聖人將要替世人除害，所以興兵誅罰他們，如果在戰勝時，用儒家的方法，下令士卒：『不要追逐逃走的人，卸下甲衣的就不射，敵人車子陷住了幫助他們推。』這樣暴亂之人就可以不死，天下的害不除，這乃是殘暴眾人的父母，深深的賊害世人，不義的行為沒有比這更大了！」

又曰：「君子若鐘，擊之則鳴，弗擊不鳴。」應之曰：「夫仁人事上竭忠，事親務孝，得善則美，有過則諫，此為人臣之道也。今擊之則鳴，弗擊不鳴，隱知豫力㈠，恬漠㈡待問而後對，雖有君親之大利，弗問不言，若將有大寇亂，盜賊將作，若機辟㈢將發也，他人不知，己獨知之，雖其君親皆在，不問不言，是夫大亂之賊也。以是為人臣不忠，為子不孝，事兄不弟友，遇人不貞良。夫執後不言之朝物㈣，見利使已雖恐後言㈤，君㈥若言而未有利焉，則高拱下視㈦，會噎為深㈧，曰唯其未之學也，用誰急遺行遠矣㈨。夫一道術學業仁義者㈩，皆大以治人，小以任官，遠施周偏，近以脩身，不義不處，非理不行，務興天下之利，曲直周旋，不利則止，此君子之道也。以所聞孔某㈩之行，則本與此相反謬也。」

【今註】㈠隱知豫力：依俞說豫與儲通，是說隱藏其知，儲蓄其力，儲力就是不肯隨便出力的意思。孫以為「豫」應當作「捨」字講。㈡恬漠：淡漠之意。㈢機辟：莊子逍遙篇：「中於幾辟，死於罔罟。」機是一種機關，陷穽之類，辟與網同。㈣執後不言之朝物：朝物有脫誤，此句不可強解，存疑為是。㈤見利使己雖恐後言：「使」當為「便」，「雖」當為「唯」，意思是如果有利於己，則言之唯恐或後。㈥君：此字衍文，應刪。㈦高拱下視：拱手看著。㈧會噎為深：會即噲，咽的意思，噲噎就是咽住不肯說話。㈨用誰急遺行遠矣：是說雖然急須用他們，但已經走遠了。誰當作雖。㈩夫一道術學業仁義者：依曹耀湘校應作「夫一道術學業者仁義也。」是說世上的道術和學業不一，而能一之者，莫如仁義。義較長。㈡孔某：指孔子的名，後人改為「某」字。

【今譯】又說：「君子像一口鐘，敲他就響，不敲就不響。」我們可以答覆他道：「凡是仁人，事上必忠，事親必孝；有善就稱揚，有過就諫阻，這纔是為人臣之道呀！現在若敲他纔響，不敲不響，隱藏智力，冷靜地等待問纔答話，雖是有關國親的大利不問不言，如果將有大寇亂，盜賊將作，就像一種安置好的機關將要發動似的，這時他人都不知道，只有他一個人明白，難道說這時君親都在，也給他一個不問不言，這豈不是大亂的賊子了嗎？像這樣，為人臣即不忠，為人子即不孝，事兄即不恭順，待人即不貞良。「……？」看到有利自己的地方，唯恐說得比人家遲，如果沒有利的話，就高拱兩手，往下瞧瞧，像飯塞在嘴裏一般，說道：『這個我還不曾學過啊。』需要他雖很緊急，而他倒走得遠遠的了。凡是能夠齊一道術學業的莫過於仁義，大可以治人，小可以任事，遠的博施，近的修身。不義的就不居，無理的就不行，務興天下之利，所有一切舉措，沒有利的就停止，這就是君子之道了。而我們所聽到有關孔某的行為，卻根本與此相反。」

齊景公㈠問晏子㈡曰：「孔子為人何如？」晏子不對，公又復問，不對。景公曰：「以孔某語寡人㈢者眾矣，俱以為賢人也，今寡人問之，而子不對，何也？」晏子對曰：「嬰不肖，不足以知賢人。雖然，嬰聞所謂賢人者，入人之國，必務合其君臣之親，而弭㈣其上下之怨。孔某之荊㈤，知白公㈥之謀，而奉之以石乞，君身幾滅，而白公僇㈦。嬰聞賢人得上不虛，得下不危，言聽於君必㈧利人，教行下必於㈨上，是以言明而易知也，行明而易從也，行義可明乎民，謀慮可通乎君臣。今孔某深慮同謀以奉賊，勞思盡知以行邪，勸下亂上，教臣殺君，非賢人之行也；入人之國，而與人之賊，非義之類也；知人不忠，趣⑩之為亂，非仁義之也⑪。逃人而後謀，避人而後言，行義不可明於民，謀慮不可通於君臣，嬰不知孔某之有異於白公也，是以不對。」景公曰：「嗚乎！眖⑫寡人者眾矣，非夫子，則吾終身不知孔某之與白公同也。」

【今註】 ㈠齊景公：春秋時齊國之君，名杵臼。㈡晏子：名嬰，景公的相國。㈢寡人：古代諸侯的自稱。㊃弭：音ㄇㄧˇ，消釋的意思。㊄荊：即楚。㊅白公：楚平王孫，名勝。與石乞作亂，見左傳哀十六年。但據考定白公作亂，孔子已歿十旬，又齊景公此時已死十二年，晏子的死更在景公前，可證此事全不可信。㊆僇：與戮同。㊇利：利字下脫一於字，應校補。㊈教行下必於上：應作教行於下必利於上。㊉趣：與促同，古書促多用趣。㊀非仁義之也：之下有脫文，似是徒字。㊂貺：與賜同。

【今譯】齊景公問晏子道：「孔子為人怎樣？」晏子不答。景公又問，又不答。景公說道：「把孔某講給我聽的人很多了，都以為他是賢人，現在寡人問起，你為什麼不答呢？」晏子答道：「嬰不肖，不夠知道賢人。但是，嬰聽說過所謂賢人，若是到了人家的國內，必定要促進該國君臣的關係，消除上下的怨恨。而孔某到了楚國，知道白公的陰謀，卻把石乞送給他，楚君幾乎被殺，而白公終於誅戮。嬰聽說賢人若得到上面的信用，必定不會毫無建樹，而得到下面的信仰，亦一定沒有什麼危險發生。言聽於君必然利人，教行於下必然利上。所以說話明白而易知，行為明白而易從；行義可為人民所共曉，而謀慮可以通行於君臣之間。現在孔某深慮同謀去伺候賊人，勞心竭智去施行邪計，鼓動下面去亂上，教導臣子去殺君，這就不是賢人的行為了。到了人家的國內，而給他們的叛賊相交，這就算不得義的一類了。知道其人不忠，反倒促使他叛亂，這就不是仁義之徒了。逃開人纔設謀；避開人才說話，行義不可以公開於人民，計謀不可以通行於君臣，嬰不知道孔某與白公有甚麼分別，所以不敢回答。」景公聽了以後說：「唉！向我進言的人也很多了，但是若沒有聽到夫子這一席話，我還一輩子不知道孔某與白公相同哩！」

孔某之齊，見景公，景公說(一)，欲封之以尼谿(二)，以告晏子。晏子曰：「不可！夫儒浩居(三)而自順者也，不可以教下；好樂而淫人，不可使親治；立命而怠事，不可使守職；宗喪循哀(四)，不可使慈(五)民；機服勉容(六)，不可使導眾。孔某盛容脩飾以蠱(七)世，弦歌鼓舞以聚徒，繁登降之禮(八)以示儀，務趨翔(九)之節以觀眾，博學不可使議世，勞思不可以補民，絫壽(一〇)不能盡其學，當年不能行其禮，積財不能贍其樂(一一)，繁飾邪術，以營(一二)世君，盛為聲樂，以淫遇(一三)民，其道不可以期(一四)世，其學不可以導眾。今君封之，以利齊俗，非所以導國先眾。」公曰：「善！」於是厚其禮，留其封，敬見而不問其道。孔某乃恚，怒於景公與晏子，乃樹鴟夷子皮(一五)於田常(一六)之門，告南郭惠子(一七)，以所欲為，歸於魯。有頃，聞齊將伐魯，告子貢曰：「賜乎！舉大事於今之時矣。」乃遣子貢之齊，因南郭惠子以見田常，勸之伐吳，以教高國鮑晏(一八)，使毋得害田常之亂，勸越伐吳。三年之內，齊吳破國之難㊈，伏尸以言術數㊉，孔某之誅㊁也。

【今註】㈠說：同悅。㈡尼谿：地名，無考。㈢浩居：史記作倨傲自順。浩裾，簡略不恭之貌，居倨裾並同聲假借字。㈣宗喪循哀：宗與崇通，循遂一聲之轉。崇喪，崇飾喪禮。遂哀，哀不止。㈤慈：子愛的意思。㈥機服勉容：機服即危服，高冠也。勉容，恭謹之容。㈦蠱：與惑同。㈧登降之禮：即升降之禮，行禮時一升一降。㈨趨翔：即趨蹌，行禮時之步伐。㈩絫壽：即累世。⑪不能贍其樂：贍音善，足夠的意思，儒者好音樂，花費很多。⑫營：營惑，一作熒惑，迷惑的意思。⑬遇：當為愚，古字遇與愚通。⑭期：示的錯誤。⑮鴟夷子皮：即范蠡。蠡於越勝吳後，變姓名為鴟夷子皮，去之齊。樹鴟夷子皮於田常之門，是說把他介紹給田常。⑯田常：即陳恆，後來弒齊君。⑰南郭惠子：當時的人名，無考。⑱高、國、鮑、晏：齊國的有名四大姓。⑲齊吳破國之難：是說後來齊和吳遭受破國的禍亂。⑳伏尸以言術數：孫以為術同遂，隧的假借字，是說死人之多以隧數計。或言以十萬計亦通。㉑誅：與責同，是說責在孔子。

【今譯】孔某到齊國，見了景公，景公很歡喜，要把尼谿那地方封給他，告知晏子，晏子說：「不可。凡儒，都是很倨傲而依著自己的意思行事的，不可以教導下面；喜好音樂而搖惑人，不可教他直接管理政治；主張命運而懶於工作，不可教他擔任職守；重喪久哀，不可教他保育人民；高冠卑容，不可教他領導大眾。而且孔某講究修飾外表以蠱惑人世，絃歌鼓舞以招集生徒。繁演登降的禮節來表示儀規，注重趨蹌的步伐來表率大眾。淵博的學問無濟於事，勞苦的思考無補於人。幾輩子也難窮究他們的學問，畢生也難奉行他們的禮節，積下錢財也難供養他們的聲樂。崇飾邪說鼓動當世的人君，盛設聲樂以惑亂愚民，他們的道術不可以顯示人世，他們的學問不可以教導眾人。如今您封他，馬上轉移齊國的風俗，委實不是一個辦法。」景公聽了說道：「很對。」於是加厚了禮待，留下了封地，很恭敬的接見而不訪問他的道術。孔某因此心中大大的不快，惱怒景公和晏子，就把鴟夷子皮安排在田常的門下，將一切計劃告訴南郭惠子，回到魯國去了。沒有多少時候，聽到齊將伐魯，乃對子貢說道：「賜！舉大事就在此時了！」於是遂派子貢往齊國去，因南郭惠子以進見田常，勸田常起兵攻吳，教高、國、鮑、晏四大族不妨害田常作亂，又去勸越伐吳，三年之內，齊和吳受到了破國之禍，死亡的人數以十萬計，這都是孔某幹的！

孔某為魯司寇，舍㈠公家而奉季孫㈡，季孫相魯君而走，季孫與邑人爭門關，決植㈢。

【今註】㈠舍：與捨同。㈡季孫：季孫氏，又稱季氏，魯國的權臣。㈢決植：上面似有脫文。畢沅引說文云：「『植，戶植也。』似言季氏爭關而出。孔子決門植以縱之。呂氏春秋慎大云：『孔子之勁，能舉國門之關，而不肯以力聞。』此云決植，即其事也。」

【今譯】孔某做魯國的司寇時，不顧公家，反去事奉季孫氏，季孫氏為魯相出走，逃到城門口時，和邑人爭門關，孔某把國門托起，放季孫氏逃走。

孔某窮于陳蔡之間，藜羹不糂㈠，十日，子路為享豚㈡，孔某不問肉之所由來而食；號㈢人衣以酤酒，孔某不問酒之所從來而飲。哀公迎孔子，席不端弗坐，割不正弗食，子路進請曰：「何其與陳蔡反也？」孔某曰：「來！吾語女，曩㈣與女為苟生，今與女為苟義㈤。」夫飢約則不辭妄取以活身，贏飽㈥則偽行以自飾，汙邪詐偽，孰大於此？

【今註】㈠糂：說文（糂，音ㄙㄢˇ），以米和羹也。㈡享豚：享即烹字，烹豚即蒸豚。㈢號：褫字的誤寫，奪的意思。㈣曩：音ㄋㄤˇ，從前。㈤苟生苟義：畢以苟為苟且之意。王引之以為非是，苟讀為亟，急的意思。說文：「苟，自急敕也。」意思是說我和你那時以生為急，現在則以義為急。按王說勝，兩句皆聯貫。㈥贏飽：贏，多餘。

【今譯】孔某被困在陳蔡之間，用藜羹充饑，沒有飯吃，到了第十天，子路蒸了一隻小豬，孔某不問肉從何來就吃；又剝下別人的衣服去沽酒，孔某也不問酒從何來就喝，後來魯哀公迎接孔子，筵席擺得不正不肯坐，割肉不正方不肯吃。子路走上前問道：「為甚麼和在陳蔡時相反呢？」孔某道：「來！我告訴你，當時我和你急於求生，現在我和你急於行義。」在饑困中就不惜妄取以求生，吃飽了就偽裝來擡高自己，卑污詐偽，還有比這更甚的嗎？

孔某與其門弟子閒坐曰：「夫舜見瞽叟孰然㈠，此時天下圾乎㈡！周公旦非其人也邪？何為舍亓㈢家室而託寓也？」孔某所行，心術所至也。其徒屬弟子皆效孔某，子貢季路輔孔悝亂乎衛㈣，陽貨㈤亂乎齊，佛肹㈥以中牟叛，黍雕刑殘㈧莫大焉！夫為弟子後生，其師必修其言，法其行，力不足知弗及而後已，今孔某之行如此，儒士則可以疑矣。

【今註】㈠熟然：孰為就字之誤，即蹴然，與蹙然同，不安的意思。㈡此時天下圾乎：圾與岌同，是說孔子以瞽叟是父親，舜是兒子。這時兒子為君，父親為臣，天下有岌岌不安的模樣。㈢何為舍亓家室而託寓也：亓即古其字。是說孔子指謫周公，辭三公而東居於商，就是「捨其家室而託寓」的意思。㈣子貢子路輔孔悝亂乎衛：子路死孔悝之難，子貢不與其事。㈤陽貨亂乎齊：陽貨無亂齊之事，亦與孔子無關。㈥佛肹：音ㄅㄧˋㄒㄧˋ，晉大夫趙簡子的邑宰。據孔安國說。㈦中牟：地名。㈧黍雕刑殘：即漆雕，孔子弟子有漆雕開，亦無刑殘之說。

【今譯】孔某和弟子們閒坐時說道：「舜看見瞽叟時，蹙踖不安，這個時候，天下真危險啊！周公旦算不上是仁義之人吧，為何要捨棄他的家室，寄寓在外面呢？」孔某的心術與行事，於此可見一斑。

他的弟子和黨徒也都仿效他，子貢和季路輔佐孔悝在衛國作亂；陽貨在齊國作亂；佛肸以中牟叛；「漆雕開刑殘……」（中有脫文）凡是做弟子的，對於老師必定要摹倣他的言語，效法他的行事，一直到自己的力量不夠，智力不及時，方纔罷休。現在孔某的行事如此，那麼一般儒士就可以懷疑了。

大取㈠第四十四

天之愛人也，薄㈡於聖人之愛人也；其利人也，厚於聖人之利人也。大人之愛小人也，薄㈢於小人之愛大人也；其利小人也，厚於小人之利大人也。

【今註】㈠大取：取與取譬之取同，小取篇云：「以類取，以類予。」即其義。此與小取篇皆墨經之餘論。㈡薄：疑為溥字，溥，大也，普也。若讀如字，便失墨家本恉。法儀篇略謂：「父母、學（師也）、君，三者不可以為法，莫若法天，天之行廣而無私，其施厚而不德，故聖王法之。天必欲人之相愛相利，以其兼而愛之，兼而利之也。」其謂天之行廣施厚，兼愛兼利，聖王法之；是天之博愛厚利，皆過於聖人矣。又天志上篇云：「故天意曰：『此之我所愛，兼而愛之；我所利，兼而利之。』愛人者此為博焉；利人者此為厚焉。」是薄為溥較妥。下與㈢同。

【今譯】上天厚愛人，比聖人厚愛人要普及；他施利益給人，又比聖人施利益給人要厚重。君子厚愛小人，比小人厚愛君子要普遍；他施利益給小人，又比小人施利益給他要厚重。

以臧㊀為愛㊁其親也，而愛之，非愛其親也㊂；以臧為利㊃其親也，而利之，非利其親也。以樂為愛㊃其子，而為其子愛之，愛其子也。以樂為利其子，而為其子求之，非利其子也。

【今註】㊀臧：畢沅云：「說文云：『葬，臧也，即藏字正文。』謂葬親。」按葬與樂相對成文，畢說是也。易繫辭下：「葬之中野。」「漢書劉向傳作：『臧之中野。』」是臧為葬之證。㊁愛：愛字舊脫，據下文增。㊂非愛其親也：非字衍。㊃利：利字舊脫，閒詁云：「吳抄本為下有利字。」㊄愛：張純一云：「愛舊作利，今據上下文審校改。」

【今譯】認為厚葬是愛父母親而厚葬，這是對父母親愛的表現，認為厚葬是對父母親有利而厚葬，其實對父母親並沒有利。認為教兒子學習音樂，是愛兒子，那為兒子去愛好音樂，便是對兒子的愛。認為學習音樂對兒子有利。而為兒子去求取音樂，其實音樂對兒子並沒有什麼利益。

於所體之中㊀，而權輕重之謂權㊁。權非為是也，亦㊂非為非也，權正也。斷指以存掔㊃，利之中取大，害之中取小也。害之中取小也，非取害也，取利也。其所取者，人之所執也。遇盜人，而斷指以免身，利也；其遇盜人，害也。斷指與斷腕㊄，利於天下相若㈥，無擇也。死生利若，一㈦無擇也。

【今註】㈠於所體之中：吳抄本作「於所體輕重之中」，據閒詁改之。㈡而權輕重之謂權：吳抄本作「而權其輕重之謂權」。閒詁：「按其字疑當有，文選運命論李注引尸子云：『聖人權福則取重，權禍則取輕。』」㈢亦：原作非，今校正。㈣掔：意林引作脛。畢沅云：「此捥字正文。」鄭玄注士喪禮云：「手後節中也，古文掔作捥。」捥、即腕字。㈤腕：玉篇：「腕，烏段切。手腕亦作捥。」按捥腕皆掔字之俗。㈥利於天下相若：閒詁作「利於天下，相若……」非是。㈦一，閒詁謂「當作非」，非是。一，皆也。

【今譯】在所做的事情中，而衡量他的輕重叫做「權」，權並不就是對，也並不就是錯，但權是正確的。譬如砍斷手指以存手捥，那是在利益中選取大的，在害處中選取小的。在害處中選取小的，並不是選取害處，是選取利益，因為他所選取的，是被別人執持而不能自免。遇到強盜，而砍斷手指，以免除殺身之禍，是利；遇到強盜，是害。砍斷手指與砍斷手捥，對天下的利益相似，那是沒有選擇的；甚至，祇要有利於天下，就是生死，也皆無選擇。

殺一人以存天下，非殺一人以利天下也。殺己以存天下，是殺己以利天下。於事為之中，而權輕重之謂求。求為之，非也㈠。

害之中取小，求為義，非為義也㈡。為暴人㈢語天之為是也而性㈣，為暴人歌天之為非也。諸陳執㈤既有所為，而我為之陳執，陳執之所為，因吾所為也，若陳執未有所為，而我為之陳執，陳執因吾所為也。暴人為我為天之㈥；以人非為是也，而性，不可正而正之。

【今註】㈠求為之非也：凡事必有利害，利害必有輕重，故害求其輕，利求其重，尤當權其孰利天下為最重，所謂利之中取大也。然所以求其大利於天下，當常求於所未有，順應萬物而無心，若有心求之，亦非也。㈡害之中取小……非為義也：在權衡事理當中，應趨利而避害，然已陷入害中，則權衡以取其小，而取其小者，非徒苟生，仍求為義以利天下，但求為義並非真為義。㈢暴人：暴戾之人。㈣而性：閒詁云：「而性語前後兩見，疑性並當作惟，惟與唯通。」張純一謂性即本性。按張說是也。㈤諸陳執：曹耀湘略云：「諸陳執者，人之所執不一也。如執無鬼，執有命，執厚葬久喪，人之有所執而不化也久矣，是陳執也。墨子節用節葬非命非樂之說，亦陳執也；兼愛尚同天志明鬼各篇，亦陳執也。」㈥暴人為我為天之，之與志，古通用。暴戾之人以為我為天志。

【今譯】殺死一個人以保全天下，並不是殺死一個人以利天下；殺死自己以保全天下，是殺死自己以利天下。在做事情當中，衡量它的輕重叫做求。但有心求之，是不對的。在害處中選擇小的，有心求合於義，並不是真的行義。為暴戾的人說天的意志叫你這樣，而且這是天性；就等於對暴戾的人歌頌天志是不對的。各種學說主張既已廣傳天下，若我再為他衛護闡釋，則各種學說主張必因我而更發揚光大；反之，各種學說主張因未盡善而不被人們接受，而我能就其缺失處加以彌補，則此學說主張必因我的努力而傳佈天下，為人們所接受。暴戾的人自私自利，而卻說這是上天的意志，那是把人們認為錯的看成對的，這一種人是天生的暴戾，雖然不可以改正他，但也要想辦法改正。

利之中取大，非不得已也。害之中取小，不得已也。於所未有而取焉㊀，是利之中取大也；於所既有而棄焉，是害之中取小也。

【今註】㊀於所未有而取焉：於字舊脫，據下句校增，墨商亦同。

【今譯】在利益中選取大的，不是不得已；在害處中選取小的，是不得已。在所沒有當中選取，是利益中選取大的；在已經有的當中去丟棄，是害處中選取小的。

義可厚，厚之；義可薄，薄之㊀；謂倫列㊁。德行、君上、老長、親戚㊂，此皆所厚也。為長厚，不為幼薄㊃。親厚，厚；親薄，薄。親至，薄不至㊄。義厚親，不稱行而類行㊅。

【今註】㈠義可厚……薄之：墨家雖言愛無差等，但愛必以義為準，而義者，利也，亦即於天下利大者，當厚愛之，如禹；於天下無利者，當薄之，如盜。㈡倫列：倫：等也、列，位列也，是倫列，即無差等之義。㈢德行、君上、老長、親戚：是儒家所謂當厚者，如孟子常說：「天下有達尊三，爵一、齒一，德一。」即所謂德行、君上、老長。親戚，曹箋：「親戚、謂父母也。」非命上篇有：「入則孝慈於親戚。」是墨書中稱親戚者未必專指父母，應指同宗的近親較妥。而儒家仁愛即以「親親為大」。㈣為長厚、不為幼薄：係批評儒家既以長厚，就應以幼薄、若不為幼薄，即不可以長厚推之。㈤親至，薄不至：此則批評儒家親厚厚、親薄薄之理不可推之。㈥不稱行而類行：稱，讀平聲，即稱物之稱。行：施行。所謂稱行，即以人施利於天下之大小，而厚愛或薄愛，亦即以義為準也。類行，即儒家愛利人以與己親者厚，與己疏者薄之義，因此愛利是由親及疏，由近及遠以類推之也。類，舊作顧，依孫校改。

【今譯】義理上可厚愛，即厚愛；義理上可薄愛，即薄愛；這叫做無等差的愛。有德行的，居君位的，年紀長的，至親愛的，這是儒家所認為皆應當厚愛的。厚愛年長的，卻不薄愛年幼的；親厚的，厚愛；親薄的，薄愛。有至親的，卻沒有至薄的。依照儒家所謂的義是厚愛自己最親的，那是不以他對天下施利愛的大小而厚愛或薄愛，而是以我為中心，由親及疏以類推之而厚愛至薄愛。

為天下厚禹，為禹也。為天下厚愛禹㈠，乃為禹之愛人也㈡。

厚禹之為加於天下㊂，而厚禹不加於天下。若惡盜之為加於天下，而惡盜不加於天下。

【今註】㊀為天下厚愛禹：孫云：「此句厚字疑衍。」㊁乃為禹之愛人：愛人原作人愛，依孫校改。㊂厚禹之為加於天下：為字原脫，依孫校增補。

【今譯】為天下人施厚利給禹，這是為禹自己；為天下人厚愛禹，是因為禹能厚愛人。厚愛禹的作為能加利於天下；而厚愛禹並不加利於天下。像厭惡強盜的作為能加利於天下，厭惡強盜並不加利於天下。

愛人不外己，己在所愛之中㊀，己在所愛，愛加於己。倫列之愛己，愛人也。

【今註】㊀愛人不外己，己在所愛之中：閒詁云：「言己亦猶是人也。」人己雖為二體，但本性一兼，己實不在人外，故愛人亦即愛己，且兼愛中篇云：「愛人者，人亦從而愛之，利人者，人亦從而利之。」

【今譯】愛別人並不是不愛自己，自己也在所愛當中；自己既在所愛當中，所以愛也加於自己。無等差的愛己就是愛人。

聖人惡疾病㈠，不惡危難㈡，正體不動㈢，欲人之利也，非惡人之害也。

【今註】㈠聖人惡疾病：聖人少私寡欲，修養自身，深怕有疾病，怠職廢事。㈡不惡危難：惡，曹箋云：「惡，猶畏也。」危難為人所畏，但聖人所行所為，志在有利天下，至於危難在所不避。孟子嘗云：「墨子兼愛，摩頂放踵，利天下為之。」正此意。而孟子捨生取義之說，亦不畏危難而行義於天下也。㈢正體不動：閒詁云：「疑當作四體不動。」恐非。蓋聖人惡疾病，故必自衛其生，而不為沴疫所累，是謂正體。不惡危難，故必自堅其志，而不為難阻所搖，是謂不動。

【今譯】聖人厭惡生病，卻不怕艱危困難，所以能保重自身，使不染疾病，堅定心志，不為艱險所動。這是希望人們得到利益，並不是要人們畏避禍害。

聖人不為其室臧之故，在於臧㈠。

【今註】㈠聖人不為其室臧之故在於臧：閒詁云：「此義難通，畢云言臧富在下，非。」按臧，即藏正文。言聖人兼利天下，不為其居室足以貯藏之故，而志在於財貨之藏。如禹八年在外，三過其門而不入是也。尚賢下篇云：「有力者疾以救人，有財者勉以分人，有道者勸以教人。」亦不以私藏為志也。

【今譯】聖人不以為自己的居室可以貯藏財貨，就全心全意在於財貨的收藏。

聖人不得為子之事㈠。聖人之法死亡親㈡，為天下也。厚親，分也㈢。以死亡之，體渴興利㈣。有厚而毋薄㈤，倫列之興利為己㈥。

【今註】㈠聖人不得為子之事：言聖人孝思不匱，務勞形體以興天下之利，是謂大孝，庭前奉養服勞並非大孝。如管子七法篇曰：「不為愛親危其社稷，故曰社稷戚於親。」此節聖人當指禹及墨子。㈡聖人之法死亡親：亡，閒詁云：「亡，忘通，謂親死而忘之，即薄葬之義。」下句亡亦通忘。㈢厚親分也：厚葬父母親是人子的本分。㈣體渴興利：體，譚戒甫謂如經上：「體，分於兼也」之體，恐非。按體即體力之體。渴，說文：「渴，盡也。」體渴興利，即竭盡自己的力量，為天下興大利。㈤有厚而毋薄：閒詁作有厚薄而毋，據張純一集解正之。毋，與無同，言聖人愛人，有厚而無薄。㈥倫列之興利為己：普遍地為天下興利，是真正為了自己。

【今譯】聖人為了替天下人謀取大利，往往不能侍奉在父母左右。聖人的喪法是父母死後，因體魄無知，應節葬短喪，為整個天下興利。厚葬父母，是人子應盡的本分。但父母死後所以要節葬短喪，是想竭盡自己的力量，為天下謀求大利。聖人愛人，祇有厚沒有薄。普遍地為天下興利，才是真正為了自己。

語經㈠，語經也㈡，非白馬焉㈢。執駒焉說求之㈣，舞說非也㈤，殺狗之無犬㈥，非也。（三物必具，然後足以生。）㈦

【今註】㈠語經：言語之常經。新釋云：言語之經。今所謂論理學者，又稱辯學。㈡語經也：也，閒詁云：「當為者。」㈢非白馬焉：閒詁云：「此即白馬非馬之說。」公孫龍子有白馬論，倡「白馬非馬」之說，墨子則主張「白馬，馬也。」與公孫龍子相反，故謂其說非也。㈣執駒焉說求之：閒詁云：「莊子天下篇云：『孤駒未嘗有母，白馬孤駒蓋名家常語，所謂語經也。說求之上疑捝有字，與下無說文相對。」按此似言白馬非馬亦為非，又執孤駒未嘗有母之說以求之。經下云：「可無也，有之而不可去，說在嘗然。」即駁「孤駒未嘗有母」為非。㈤舞說非也：畢沅校舞為無。按舞，無誤，舞說非也，謂舞弄其說，非也。㈥殺狗之無犬：原作「漁大之舞大」，閒詁云：「疑當作殺犬之無犬。殺俗作煞，釋慧宛華嚴經音義云：『漁聲類作魰。』二形相近而譌。」按經下云：「狗，犬也。」莊子天下篇引辯者二十一事有：「狗非犬。」故此句愚疑當為：「殺狗之無犬。」「狗」涉下一犬字而誤。「舞」涉上一舞字而誤。此亦墨家反對名家之說。㈦（三物必具然後足以生）：必與畢同。閒詁云：「此下疑當接後『以故生、以理長，以類行也者』句，三物即指故理類而言之，謂辭之所由生也。」

【今譯】言語的常經；言語的常經說白馬不是馬，又堅持孤駒不曾有母親，這是舞弄其說啊！說殺狗不是殺犬，也是不對的啊！

臧之愛己㈠，非為愛己之人也，厚人㈡不外己，愛無厚薄。舉己㈢，非賢也。義，利㈣，不義，害，志功為辯㈤。

【今註】㈠臧之愛己：閒詁云：「疑此節當接上文愛己愛人也下。」㈡厚人：原脫人字，依孫氏校增。㈢舉己：舉當作譽。㈣義利：經上云：「義，利也。」經說云：「義，志以天下為芬，而能能利之，不必用。」芬，職分也。上一能字，乃也。是墨家所講之利，乃公利而非私利，故凡利人利己即謂之義，反之即謂之害，即謂之不義。㈤志功為辯：志，心之所之也，實際之證驗也。墨家以兼相愛為理想，交相利為目的，亦即以兼相愛為志，交相利之功。兼相愛，仁也。交相利，義也。是仁義與不仁義之辯，應以志功為準。

【今譯】臧的愛護自己，祇是自愛其身，並不是愛自己是一個人。厚愛別人並不是不愛自己，所以愛人與愛己，要沒有厚薄的分別。讚譽自己，並非賢能。義，就是能利人利己；不義，就是害人害己，但義與不義的分別，應該依實際所做的事情是否對人民有利為標準。

有有於秦馬，有有於馬也㈠，智來者之馬也㈡。

【今註】㈠有有於秦馬，有有於馬也：曹耀湘箋云：「此亦若公孫龍楚弓之喻。」按公孫龍子跡府篇云：「龍聞楚王喪其功，左右請求之；『王曰止，楚王遺弓，楚人得之，又何求乎？』仲尼聞之曰：『亦曰人亡之，人得之而已，何必楚。』若此仲尼異楚人於所謂人。夫是仲尼異楚人於所謂人，而非龍異白馬於所謂馬，悖。」蓋公孫龍主張白馬非馬，而小取篇則云：「白馬，馬也，驪馬，驪也。」而此言秦馬，猶言楚人。馬，猶言人。猶即白馬與馬，是以墨家駁之。㊁智來者之馬也：智：同知。

【今譯】有人有的是秦馬，有人有的是馬，無論是秦馬，或是馬，我祇知來此者是馬。

凡學愛人㊀，愛眾眾世㊁，與愛寡世相若，兼愛之有相若㊂，愛尚世與愛後世㊃，一若今之世。人之鬼㊄，非人也。兄之鬼，兄也。天下之利驩㊅。

【今註】㊀凡學愛人：四字舊在後小圜之圜上，從王引之說校移於此。㊁愛眾眾世：下眾字涉上字衍。㊂兼愛之有相若：有，同又。㊃愛尚世與愛後世：尚，同上。上云眾世寡世以廣狹言，此云上世後世以古今言。㊄人之鬼：原作鬼，據王引之校補增。且小取篇亦作「人之鬼，人也，兄之鬼，兄也。」㊅驩：悅也。

【今譯】凡是學習愛人，愛眾世與寡世要相同。彼此互相的愛也要相同。愛護上古的人和愛護以後的人，也要和愛護現在的人一樣。人的鬼，並不是人，哥哥的鬼，是哥哥。天下的人都能蒙受利益而歡悅。

聖人有愛而無利㊀，俔日之言也㊁，乃客之言也㊂。天下無人㊃，子墨子之言也㊄，猶在㊅。

【今註】㊀聖人有愛而無利：此似指儒家僅言愛不言利。如論語：「子罕言利。」故此駁其執著。其實有人我之別，則言愛言利均不可，無人我之別，則言愛言利均無不可。㊁俔日之言也：閒詁：「或疑當為儒者之言。儒俗作僡，與俔相似而誤。」㊂乃客之言也：集解云：「此五字疑本後人注語，竄入正文，當刪。」閒詁未解。㊃天下無人：無人，即指兼愛之義，蓋人己兩忘，則視人如己。㊄子墨子之言也：子墨下本無「子」字，據吳抄本補。㊅猶在：閒詁：「似言害捨大取小，然其害猶在，上疑有挩文。」集解則將猶在校移至「也」上，謂應作子墨子之言猶在也。愚按此節若就字面解，可謂：即使天下無人，子墨子的言論還是存在的亦通。貴義篇云：「以其言非吾言者，是猶以卵投石也。盡天下之卵，其石猶是也，不可毀也。」

【今譯】聖人祇言愛不言利，這是儒家的言論，也是一般人的說法。其實天下並沒有人我的分別，若沒有人我的分別，則言愛言利又有何妨，子墨子的話，是永遠存在的啊！

不得已而欲之，非欲之也，非殺臧也㊀，專殺盜，非殺盜也。

【今註】㈠非殺臧也：王引之云非殺臧也，上有脫文，以下二句例之，當云「專殺臧，非殺臧也。」臧，藏也。殺，咸也。殺藏即減少私人財產。墨家主張有餘財以分人。且殺藏亦可謂之節葬。藏為葬上已註。

【今譯】不得已這樣做，並不是要這樣做，例如減少私有財產，並不是要減少私有財產，而是為了謀求大眾利益，必須減少私有財產。殺害盜人，也不是要殺害盜人，而是為了替社會除害必須要殺害盜人，這都是不得已的啊！

小圜之圜，與大圜之圜同。方尺之不至㈠，與千里之不至㈡，不異。其不至者同，遠近之謂也，是璜㈢也，是玉也。

【今註】㈠方尺之不至：原作「方至尺之不至。」閒詁云：「方當為不。」張純一謂方無誤，「方至」應作「方不至」。按均未塙，方，比方也。上一至字因下而衍。㈡與千里之不至：原作「與不至鍾之至。」按鍾當為千里二字。蓋千里二字誤合為「重」字，校者又益金為鍾，遂不可通。續漢書五行志童謠以董字誤為千里草可證。鍾上「不至」二字，疑涉下而衍。㈢說文：「璜，半璧也。」

【今譯】小圓的圓與大圓的圓，雖然小大不同，但圓是一樣的，比方一尺地的不到與千里地的不到，是沒有分別的，因為不到是一樣的，祇是遠近不同罷了。正如璜雖然是半璧，但也是玉。

意楹㈠，非意木也，意是楹之木也。意人之指也㈡，非意人也。意獲也㈢，乃意禽也㈣。志功，不可以相從也㈤。

【今註】㈠意楹：意同臆，度也。楹，柱也。㈡意人之指也：原作「意指之人也。」㈢意獲也：說文犬部云：「獲，獵所獲也。」㈣乃意禽也：俞樾謂當作「非意禽也」。㈤志功不可以相從也：志，即意求之，功，乃求而得之也，是以不可相從。

【今譯】臆度柱子，並不是臆度整個木頭，祇是臆度這根柱子的木頭。臆度人的手指，並不是臆度整個人。臆度打獵的收獲，並不是祇臆度禽。所以心裡想得到和實際得到，並不是一樣的。

利人也㈠，為其人也。富人，非為其人也㈡，有為也以富人。富人也，治人有為鬼焉㈢。

【今註】㈠利人也：以利施於人，即財分於人。㈡富人非為其人也：富人，以爵祿使人富。以爵祿使人富有，並非以其為人，乃以其能遵道利民，兼愛天下也。㈢富人也治人有為鬼焉：富人即使人永受其福，則此人必也能自求多福，且能為天下造福，如此，則人事無不治，且能和鬼神以致百福。和鬼神如祭祀之類是也。有同又。

【今譯】施利益給人，是為著那個人，把爵祿給那個人，使那個人富有，並不是為了那個人，是因為那個人能遵道利民，兼愛天下，所以使他富有是有目的的。把爵祿給他使他富有，一定是他能治理人事，祭祀鬼神。

為賞譽利一人，非為賞譽利人也，亦不至無貴於人㈠。

【今註】㈠亦不至無貴於人，閒詁云：「無貴疑當作無賞譽。」

【今譯】借著賞譽而使一人受利，並不是借著賞譽而施利益給人，賞譽雖然不能徧及所有的人，但也不能因此而不用賞譽。

智親之一利㈠，未為孝也，亦不至於智不為己之利於親也㈡。

【今註】㈠智親之一利：智同知。一利，一事之利。㈡亦不至於智不為己之利於親也：智同知。亦不至於明知自己有利於父母親而不做。

【今譯】事奉父母親祇知道其中一件事對父母親有利，不能算是孝，但也不至於明明知道自己有利於父母親而不做。

智是世之有盜也㈠，盡愛是世。智是室之有盜也，不盡惡是室也㈡，智其一人之盜也，不盡惡是人㈢。雖其一人之盜，苟不知

其所在，盡惡，其弱也㊃。

【今註】㈠智是世之有盜也：智同知，下同。世字上原衍「之」字，據吳抄本刪。㈡不盡惡是室也：「惡」字原脫，據孫氏校增。㈢不盡惡是人：原作「不盡是二人」，據孫氏校正。㊃盡惡，其弱也：閒詁原作「盡惡其弱也。」並云：「弱疑當為朋，形近而誤，言盜雖止一人，然不能審知其誰某，則盡惡其朋黨也。」按非是。弱，即無志氣也。

【今譯】知道這個世界上有強盜，仍舊愛護這個世界上所有的人。知道這個房子裡有強盜，不能厭惡這個房子裡所有的人。知道其中一個人是強盜，不能厭惡這所有的人。雖然其中祇有一個人是強盜，若不能詳知他在那裡，仍要努力尋找，如盡惡所有的人，那就是志氣太弱了。

諸聖人所先㈠為人效名實㈡，名實不必名㈢。苟是石也白，敗是石也，盡與白同㊃。是石也唯大，不與大同㈤，是有便謂焉也㈥，以形貌命者㈦，必智是之某也，焉智某也㈧，不可以形貌命者，唯不智是之某也㈨，智某可也，諸以居運命者㈩，苟人於其中者⑪，皆是也，去之因非也。諸以居運命者，若鄉里齊荊者，皆是。諸以形貌命者，若山丘室廟者，皆是也。

【今註】㈠諸聖人所先：先，曹箋云：「先，猶急也。」聖人所先，謂聖人所先務。㈡效名實：原作「欲名實。」廣雅釋言云：「效，考也。」效名實，即鄧析循名責實之意。荀子正名篇云：「名聞而實喻，名之用也。」㈢名實不必名：閒詁謂上一名字衍，曹箋則補「不必實」三字於上一「名」字下，成「名不必實，實不必名。」㈣敗是石也，盡與白同：敗，說文文部云：「毀也。」若石為白，則毀壞此石，仍不失白，蓋白盈於此石，不可毀也。且此白必與天下白物之白相同。㈤是石也唯大，不與大同：唯與雖同，吳抄本作惟。此石雖大，但不與大同，因天下之大無定，大之名又無形無色，是不可相比。㈥是有便謂焉：便，便宜也。是各以其便宜而稱之。㈦以形貌命者：貌，吳抄本作兒，下同。命，命名。㈧焉智某也：焉：猶乃也。智與知同，下同。㈨唯不智是之某也：唯與雖同。㈩諸以居運命者：爾雅釋詁云：「運，徙也。」畢沅云：「居運言居住或運徙。」㈡苟人於其中者：人，當作入。

【今譯】聖人們首先要做的是考核名實；有名不一定有實，有實不一定有名。譬如這一塊石頭是白色的，我們毀壞了這塊石頭，它仍舊是白色的，而且和天下所有白物的白相同；這塊石頭雖然是大的，但不和大石相同，因為大石之中仍有大小的不同，是各依其便宜而稱的。用形貌來命名的，一定要知道這件東西的名稱叫做什麼，才可以知道他是什麼。不是用形貌來命名的，雖然不知道這件東西叫做什麼，祇要知道他是什麼就可以了。那些以居住或運徙命名的，假若進入這個地方，就稱居運之地，離開這個地方就立刻不稱為居運之地。那些以居住或運徙命名的，像鄉里和齊國楚國都是，那些以形貌命名的，像山丘室廟都是。

智與意異㈠，重同㈡，具同㈢，連同㈣，同類之同㈤，同名之同，丘同㈥，鮒同㈦，是之同㈧，然之同㈨，同根之同㈩，有非之異，有不然之異㈡，有其異也，為其同也，為其同也異。一曰乃是而然，二曰乃是而不然，三曰遷㈢，四曰強㈢。

【今註】㈠智與意異：智同知。物可以形貌命名者，靠知覺。不可以形貌命名者，須意會。覺官感於外者叫做知，心識證於內者叫做意，是知與意不同。㈡重同：經說上云：「二名一實，重同也。」如狗與犬，雖有二名，卻同為一物，故謂重同。㈢具同：具同俱，經說上云：「俱處於室，合同也。」荀子正名篇云：「有異狀而同所者。」如子貢、子路同處孔氏之門，是謂合同。按合同即此具同。㈣連同：國語楚語韋昭注云：「連，屬也。」經說上云：「不外於兼，體同也。」按連同即此體同。如墨子、孔子同為中國人，是謂體同。㈤同類之同：經說上云：「有以同，類同也。」國語吳語韋昭注云：「類，似也。」廣雅釋詁曰：「類，象也。」是二物有相似、相象之點，是謂類同。如牛羊同有角即是。㈥丘同：閒詁云：「丘與區同，謂同區域而處。」如某甲與某乙同處中山區，是謂丘同。㈦鮒同：鮒與附同，史記魏世家屈侯鮒，說苑臣術篇鮒作附。附，麗也。鮒同，即所附麗者相同。㈧是之同：實際本同，正見其同。㈨然之同：閒詁云：「畢云：『一本又有同字』。」

張純一集解即依之補增「同」字於「然」字上，而成「同然之同」，並註云：「謂實際未必盡同，而輿論同以為同，亦不得不謂之同。」㈡有同根之同：閒詁云：「此四字疑當在前同名之同下。」㈢遷：從前是現在不是。㈢強：形貌是而實際不是。不然之異：謂彼是此非，是非各執之異。

【今譯】知道與意會是不同的。同的種類很多：一是雖有二名，而同為一物的同；二是同處於相同處所的同；三是同屬於一個全體的同；四是同為一類的同；五是名字相同的同；六是區域相同的同；七是所附麗相同的同；八是實際本同的同；九是實際未必同，而輿論以為同的同；十是同根的同。異的種類也很多：有實際不同的異；有實際未必異，而輿論以為不同的異。所以有異，是因為有同。因為有同，才顯出異。是不是的關係有四種：第一種是本來是，結果也是；第二種是本來是，而結果不是；第三種是以前是，而現在不是；第四種是形貌是，而實際不是。

子㈠深其深。淺其淺。益其益。尊其尊㈡。次察由、比、因㈢，至優指得㈣，次察聲端、名因、情得㈤，匹夫辭惡者㈥，人有以其情得焉㈦。諸所遭執而欲惡生者㈧，人不必以其情得焉。聖人之拊瀆㈨，仁而無利愛。利愛生於慮㈩。昔者之慮也，非今日之慮也。昔者之愛人也，非今之愛人也。愛獲㈡之愛人也，生於慮獲之利。慮獲之利，非慮臧㈢之利也。而愛臧之愛人也，乃愛獲之愛人也。去其愛而利天下，弗能不去也㊂。昔之知嗇，非今日之知嗇也㊃。貴為天子，其利人不厚於匹夫㊄。二子事親，或遇孰，或遇凶㊅，其愛親也相若。非彼行有益也，非損也㊆。外埶無能厚吾利者㊇，藉㊈臧也死而天下害，吾持養臧也萬倍，吾愛臧也不加厚。

【今註】㊀子：稱當時非難墨家的學者。㊁尊其尊：尊，俞樾云：「尊當為剸，說文刀部云：『剸，減也。』剸有減損之義，故與益其益對文成義。」按尊，剸、樽、聲類並同。㊂次察由比因：原作「察次山比因。」從張純一校改。由謂根由，比謂比附。因謂原因。㊃至優指得：原作「至優指復」，從孫氏校「復」為「得」。至優猶言最優。增謂指歸。得即得其至優之指歸。㊄次察聲端、名因、情得：「情得」原作「請復」，依孫氏校正。聲端謂聲教的端緒，如尚賢、尚同等，無非完全兼愛主義。名因，如經上下、經說上下，大取、小取等，皆以名字的規律，證明兼愛主義。情得，謂能如此，墨家兼愛主義之情實，便可得而知。㊅匹夫之辭惡者：「匹夫」原作「正夫」，依孫氏校改。㊆人有以其情得焉：「有」原作「右」，「情」原作「請」，依孫氏校正。㊇諸所遭執而欲惡生者：謂那些因自己所遭遇而執持一種成見，則感情用事，而產生愛惡。㊈聖人之拊瀆：拊原作附，依道藏本、吳抄本改。瀆，曹箋作覆，並云：「拊與撫同，撫覆者，天下皆在含育之中也。」㊉慮：

經說上云：「慮也者，以其知有來也。」㈡獲：古稱婢為獲。㈢臧：古稱奴為臧。㈢弗能不去也：原作「弗能去也」，從孫氏校改。㈣昔之知嗇，非今日之知嗇：二「嗇」字，原作「牆」，從俞樾校改。嗇，不妄費也。韓非子解老：「少費謂之嗇。」少費即不妄費。㈤匹夫：原作「正夫」，從顧校改。㈥或遇孰、或遇凶：孰，道藏本、吳抄本並作「熟」。孰即歲熟，凶指歲凶。歲熟指豐年，歲凶指荒年。㈦非彼行有益也，非損也：原作「非彼其行益也，非加也」，依張純一校改。㈧外埶無能厚吾利者：「埶」原作「執」，依孫氏校改。外執即外物，如權位、利祿之類。謂外物不能使吾利親之心加厚。㈨藉：假設之辭。

【今譯】你對於墨家所主張的學說，如愛人不外己等深奧的深入探求，節葬非樂等淺近的淺顯研究，並體察為天下增進利益而厚愛大禹及親死忘之，以及為天下樽節財用而提倡節用節葬是否應當。其次明察墨家兼愛學說所以成立的根由，及與兼愛學說相比附的天志非攻等學說的要意，以及這些學說所以和兼愛相比附的種種原因，則墨家學說最重的要旨就可以知道了。進一步更要明察其聲教的端緒，如尚賢、尚同等無非完全是兼愛主義，而經上下，經說上下更是藉名學的方法，顯證兼愛的終因。如此對墨家學說的實情才能了解。一個平常的人，他的言辭雖然粗俗，但卻是真實的論斷，我們還可以從他言辭中了解實情。而那些因自己的遭遇堅持一種成見，竟感情用事，產生好惡，而遽下論斷的，我們從他的言辭中便不會得到實情了。聖人的撫覆天下，一本於仁，沒有愛人利人的分別，愛人利人是產生於有所求。從前的所求，不是現在的所求，因此從前的愛人，也不是現在的愛人。愛婢的愛人，是產生於想得到婢所貢獻的利益，並不是想得到奴所貢獻的利益，所以祇愛婢不愛奴。而愛奴的愛人，那又正如愛婢的愛人一樣。祇要對天下有利，即使去掉所愛的人，也不能不去。從前的主張節儉，是為了自己積財而不分人，現在的主張節儉，是要以餘財分人，所以不同。顯貴的天子，雖然得位行道，以政治的作用替人類謀幸福，但並不一定超過一般沒有地位權勢的科學家、教育家為人類謀求的福利多。二子的事奉父母親，一個遇到豐年，一個遇到荒年，但他們事親是一樣的，絕不會因豐年而增多，也不會因荒年而減少。像權位利祿等外物，也不會使我利親的心加厚。假使奴死對天下有害，我持養奴一定萬倍，這是為天下除害，並不是對奴的愛心加厚。

長人之與短人也同㊀，其貌同者也，故同。指之人也，與首之人也異。人之體，非一貌者也，故異。將劍與挺劍異㊁。劍，以形貌命者也。其形不一，故異。楊木之木，與桃木之木也，同。諸非以舉數量命者，取㊂之盡是也。故一指㊃，非一人也。是一人之指，乃是一人也。方之一面，非方也。方木之面，方木也。夫辭以故生，以理長，以類行者也㊄。三物必具，然後足以生㊅。立辭而不明於其所生，妄也㊆。今㊇人非道無所行，唯㊈有強股肱，而不明於道，其困也，可立而待也。夫辭以類行者也，立

辭而不明於其類，則必困矣。

【今註】㊀長人之與短人也同：原作「長人之異，短人之同」，從俞樾校改。㊁將劍與挺劍異：將，牂之借字，說文手部云：「牂，扶也，挺，拔也。」㊂取：原作「敗」，從孫校改。取與小取篇「以類取」的「取」同，舉例也。㊃故一指：原作故一人指，從王引之校改。㊄夫辭以故生，以理長，以類行者也：故，經上云：「故，所得而後成也。」「故」即「原因」。理，條理。長、滋長。類，即小取篇所謂「以類取，以類予」的類。行，推行而傳佈之。「夫辭」二字原脫，依孫校改。㊅三物必具，然後足以生：此九字舊錯置前「臧之愛己」上，從孫校移此。必與畢通。三物，指故、理、類，謂辭之所由生。㊆妄：原作忘，依顧校改，妄，不誠，謬誤。㊇今：假設辭。㊈唯：與雖通。

【今譯】高的人和矮的人相同，是因為他們的外表相同，所以相同。人們的手指和人們的頭都是不一樣的，因為人的身體，並不是一種形貌，所以不同。扶劍和拔劍是不同的，因為劍是以形貌命名的，他的外形不一樣，所以不同。楊樹的木和桃樹的木是相同的。有些不是以量數舉出命名的，舉出來的都是一樣，如一人是人，百人也是人。因此一個手指，不能確定是那一個人的。一個人的手指，才能確定是某個人的。一面是方的，不算是方體，但方木的一面卻是方木。言辭（學說）是因事理而產生的，產生以後，就要順著他的條理，使他滋長發達，並以同類的事理相互曉譬，使他能推行而傳佈各處，所以原因、條理、類別，三者全部具備，然後才能產生言辭（學說），創立言辭（學說）而不明他們所以產生的原因，那一定是謬誤的。譬如人不循道理，就不能做事，雖然有強壯的身體，但不明做事的道理，做起事來很快就會遭到困難。正如言辭要依照類別才能成立，如果創立言辭而不明白他的類別，就一定有困難。

故浸淫之辭㈠，其類在鼓栗㈡。聖人也，為天下也，其類在追迷㈢。或壽或卒，其利天下也指若㈣，其類在譽石㈤。一日而百萬生，愛不加厚，其類在惡害㈥。愛二世有厚薄㈦，而愛二世相若，其類在蛇文㈧。愛之相若，擇而殺其一人，其類在阬下之鼠㈨。小仁與大仁㈩，行厚相若，其類在申⑪。凡興利除害也，其類在漏雍⑫。厚親不稱行而類行，其類在江上井⑬。不為己之可學也⑭，其類在獵走⑮。愛人非為譽也，其類在逆旅⑯。愛人之親，若愛其親，其類在官苟⑰。兼愛相若，一愛相若，（一愛相若）⑱其類在死⑲也。

【今註】 ㈠浸淫之辭：閒詁云：「文選洞簫賦李注云：『猶漸冉相親附之意也。』」張純一云：「浸，漸染之意，淫，亂也。」㈡其類在鼓栗：刊誤云：「此下言其類者十三，語意殊不可曉，疑皆有說以證明之，如韓非儲說所云者，而今已不考矣。」張純一云：「案墨氏精於名理，立義前後相應，此言其類者十三，大氏總結上文兼愛之故以立辭，使人明行之理而不困也。惜其說亡不可考。」按此下共十三條，列舉標題，如經上經下之經，所謂其類在某某者，又如經下之在某某。以經說上經說下及韓非子內儲說外儲說例之，似當別有一篇，附於大取之後。鼓栗，張純一謂「鼓、鼓動也，栗者，恐懼之貌。」㊂其類在追迷：原「在」字下衍一「于」字，據上下文刪之。追迷，追正迷惑。㊃指若：謂指歸相同。㊄礜石：閒詁云：「疑當作礜。」似未塙。墨商：「礜石，或當作礬石，謂涅也。」淮南子俶真訓高誘注「涅、謂礬石。」按礬石可染緇。㊅惡害：畢沅云：「言意多所愛而不行者，畏難之故。」似未塙。惡害之說無徵。㊆愛二世有礎薄：二世當為三世，指尚（上）世，後世，今世。㊇其類在蛇文：類如蛇身有文、一文多文，文文相似。惜蛇文之說無徵，愚僅案字面釋之。㊈其類在阬下之鼠：阬，舊本譌為院，今據道藏本、吳抄本正。阬，爾雅釋詁云：「阬、虛也。」其類如虛下之鼠，得而殺之，因其害物也。⑩小仁與大仁：大仁舊本作大人，從吳抄本正。仁與人通。小人似指一般的人，大人似指天子。⑪申：閒詁云：「有譌脫。」廣雅釋詁云：「申，伸也。」是申有伸展之意。申之說無徵。⑫其類在漏雍：雍與甕同。言似甕之害在於漏，去其漏則得汲水之利。⑬其類在江上井：言如江上井，縱然有利，但與江水相比卻極有限，似言由親及疏，由近及遠的愛與兼愛雖同為愛，但前者的愛極有限，不足取。⑭不為己之可學也：為，去聲。經上云：「任，士損己而益所為也。」是「不為己」即損己利人，亦即墨子「摩頂放踵，利天下而為之」

之精神。㊄其類在獵走：獵走，田獵競走。言如田獵逐禽獸，係為公眾除禾稼之害，非為個人。㊅其類在逆旅：逆旅，客舍也。言如寄居客舍一樣，不會長久。㊆其類在官苟：官，猶公也，不私也。見史記孝文紀索隱。苟，說文苟部云：「从羊省，从勹口。音亟：敬也。」桂馥注：「苟通作亟。方言自關而西，秦晉之間，凡相敬愛謂之亟。」官苟，是謂公敬，公同敬愛人之親，則己親自在敬愛之中。㊇（一愛相若）：四字重出，當是衍文。㊈其類在死也：也，畢沅云：「一本作虵。」案顧校季本亦作虵。馬氏繹史引此亦作虵。虵，蛇之俗字。國策魏第四曰：「有虵於此。擊其尾，其首救。擊其首，其尾救，擊其中身，首尾皆救。」此似言兼愛一愛，真心不二，類如人擊蛇，蛇必首尾相救。而首尾相救亦即自救，人能兼愛，己亦在所愛之中。

【今譯】所以漸冉相親附的言辭，正如鼓動人恐懼。聖人是為整個天下興利除害，類如追正迷惑。聖人無論長壽或夭折，但利天下的目的都是化民為善，正如礬石可以染緇。一日之中，天下有百萬億生靈，但我的愛不會加厚，正如為天下除害，我萬倍持養臧，但愛臧不加厚一樣。愛上世、今世、後世似有厚薄的不同，其實愛上世、今世、後世，雖有三名，實為一兼，並沒有厚薄的分別，正如蛇身有文，一文多文，文文皆相似。愛兩人相同，而殺其中一人，必是為了替社會除害，正如殺墟下的老鼠，為人類除害一樣。一般人和天子，德行厚薄是相同的，就看他是否能伸展才能，為民興利除害。凡是興利除害，正像甕的害處是漏水，除去漏水，就得汲水的便利。厚愛自己最親的，是不以他對天下施利愛的大小而厚愛或薄愛，而是以我為中心，由親及疏以類推之而厚愛至薄愛，正像江上井一樣，縱然是愛，也是有限的。不為自己的精神，是可以學的，因為它正像田獵時追逐禽獸，是為公眾除害而非為個人。愛別人並不是為了個人的聲譽，因為人我本來就是一體，而我在羣體之中，正如寄居在客舍一樣，祇是短暫的，羣體才是永久的。愛別人的雙親，像愛自己的雙親一樣，自己的雙親自在愛之中，正如敬別人的雙親，則自己的雙親必在敬之中。沒有類別的去愛所有的人，和愛自己一個人一樣，因為能兼愛人，就是自愛，正如蛇受到人們攻擊的時候，一定首尾相救，其實首尾相救，也就是自救。

小取第四十五

夫辯㈠者，將以明是非之分，審治亂之紀，明同異㈡之處，察名實㈢之理，處利害㈣，決嫌疑。焉㈤摹略㈥萬物之然，論求羣言之比。以名舉實，以辭抒意㈦，以說出故㈧。以類取㈨，以類予㈩，有諸己不非諸人㈡，無諸己不求諸人㈢。

【今註】 ㈠辯：墨經上云：「辯；爭彼也。」是「辯」在爭論一個問題。因為無論對任何問題，若一主肯定，一主否定，而「辯」即產生。㈡同異：「同異」之辯，不僅是墨家辯學中極重要的論題，也是當時許多人皆討論的問題，如楊朱、毛公、惠施等人均有同異之辯，惟主張與墨子異。莊子天下篇引惠施厤物十事有：「大同而與小同異，此之謂小同異；萬物畢同畢異，此之謂大同異。」是惠施自體察個物，較列同異，先分析以觀小同異，後綜合以觀大同異，終而驗出萬物皆同中有異，異中有同，故既不同又不異，且亦同亦異，此之謂「合同異」。而墨經上云同有重同、體同、合同、類同四種。異有二之異，不體之異、不合之異、不類之異四種。是「同異」為絕對性而非相對性，故墨家實主張「離同異」，而名墨兩家於「同異」之看法所以不同，乃其認識論一重知識，一重概念；一基於客觀，一基於主觀。而墨家「同異」之說，亦見於大取篇。㊂名實：名既事物之名。墨家將名分為達名、類名、私名三種。實即名所指的個體。㊃處利害：墨家重功利，是以於利害之辨特為精密。經上云：「欲正權利，惡正權害。」大取篇云：「利之中取大，害之中取小。」㊄焉：乃也。㊅摹略：太玄注曰：「摹者，索而討之。」廣雅釋詁曰：「略、求也。」是「摹略」即探討搜求的意思。㊆以辭抒意：在文法與法式論理上，實即主詞，名即表詞。「辭」乃合名與實言者。「意」即所謂概念。故以名與實表達概念，即「以辭抒意。」㊇故：經上云：「故：所得而後成也。」「故」即論理學中之因果律所不可缺少者。凡事有因必有果，得因而後成果。而此所謂「故」即「因」，亦即所謂「原因」。㊈以類取：「取」即經上「法取同」及「取此釋彼」之取，即今所謂舉例也。㊉以類予：說文云：「予，相推予也。」即今所謂斷語或斷案。⑪有諸己不非諸人：謂以上所舉，若有諸己，亦必使人有之而不非議別人，即儒家所謂「己欲立而立人，己欲達而達人」之義。⑫無諸己不求諸人：謂以上所舉，若自己沒有，不可任己沒有，當反過來自己去探求，不要向別人求取，即佛家所謂「仗自力不仗他力」之義。

【今譯】辯論是用來說明是非的分別，審察治亂的原因，辨明同異的地方，觀察名實的道理，權衡利害，決絕嫌疑。而辯的方法是搜求觀察各種事物的現象，並討論比較各種現象交互的關係。然後將此現象與其交互的關係，用名稱表明實物，用文辭表達他的概念，再用語言文字說明吾人所以持此概念的理由。而一切推論的舉例與論斷必定要種類相同。且舉例與論斷時，自己所有的，亦必使別人有之而不非議別人；自己所沒有的，不可任自己沒有，而要反過來自己去探求，不可向別人求取。

或也者，不盡也。假也者，今不然也。效者，為之法㈠也。所效者，所以為之法也。故㈡中效，則是也。不中效，則非也。此效也。辟㈢也者，舉也㈣物而以明之也。侔㈤也者，比辭而俱行也。援㈥也者，曰子然，我奚獨不可以然也。推也者，以其所不取之，同於其所取者，予之也。是猶謂也㈦者同也，吾豈謂也㈧者異也。

【今註】㈠法：法則、公式。㈡故：指完成某事物的原因或建立某理論的理由。㈢辟：同譬，譬喻也。㈣也：王引之云：「也與他同」。下㈦㈧亦同他。㈤侔：齊等。辭義相等，比而同之。㈥援：說文云：「援，引也。」引彼以例此。

【今譯】所謂「或許」，是不完全這樣。所謂「假設」，是現在不是這樣。「效」，就是一切事物或立論的法則。「所效」就是所以要以他為一切事物或立論的法則。而完成此事物的原因或建立此理論的理由，合乎法則，則此原因與理由是正確的，否則便不正確，這就是「效」的意思。「譬喻」就是列舉其他的事物來說明這件事物。「齊等」就是以彼辭比較此辭，使此辭旨意彰明。所謂「援引」，就是說你可以這樣，為什麼祇有我不可以這樣做呢？所謂「推求」，就是我們所沒有舉出的事物，若與我們所舉出的事物同類，我們便可下一斷語說：「凡類此者皆如此。」就好像說「他」是相同的，我怎麼能說「他」是不同的。

夫物有以同而不率遂同㈠。辭之侔，有所止而正㈡。其然也，有所以然也，其然也同，其所以然不必同。其取之也，有所以取之，其取之也同，其所以取之不必同。是故辟侔援推之辭，行而異㈢，轉而危㈣，遠而失㈤，流而離本㈥，則不可不審也，不可常用也。故言多方㈦，殊類異故，則不可偏㈧觀也。

【今註】㈠不率遂同：不，閒詁讀為否。率遂皆釋為述。按不即不。率：皆也。遂：述也。耕柱篇云：「古之善者不遂。」遂：述也。㈡正：閒詁云：「疑當作止。」而正亦通。㈢行而異：相傳而意思歧異。㈣轉而危：危，俞樾云「讀為詭」。轉而詭，即轉離本題而於理不安。㈤遠而失：喪失其真，過失叢生。㈥流而離本：支離破碎而忘失根本。㈦方：術也。㈧偏：與徧通。

【今譯】有的事物雖然有相同的地方，而述說卻不完全相同。齊等的辭義相比較的時候，必須止其所當止，始可謂正。這樣的情形，自有所以這樣的原因。這樣的情形儘管相同，而所以這樣的原因不一定完全相同。他要舉例的事物，自有他所以要舉例的原因，他要舉例的事物儘管相同，而他所以要舉例的原因不一定完全相同。因此「譬喻」「齊辭」「援引」「推求」這些辭彙，由於舉例時稍不審慎就意思歧異。兩辭比較時超越界限，就轉離本題，於理不妥。援引時不察原因，就過失叢生，推理時以私意成見，就喪失根本。這是不可以不知道的，也是不可以常用的。所以說話的技巧雖然很多，但對於不同種類的事物，或構成事物的原因不一樣的，就不可以混同看待。

夫物或乃是而然。或是而不然。或不是而然㊀。或一周而一不周㊁。或一是而一（不是也。不可常用也。故言多方，殊類異故，則不可偏觀也，）㊂非也。

【今註】 ㊀或不是而然：據下文增補。㊁周：周舊本並作害，據王引之校正。㊂不是也……則不可偏觀也：此二十二字為衍文，宜刪去。

【今譯】 事物有些為「是」而對，有些為「是」而不對，有些為「不是」而對，有些為一方面普遍，而另一方面卻不普遍。有些為一方面是對，而另一方面卻不對。

白馬，馬也，乘白馬，乘馬也。驪馬㊀，馬也，乘驪馬，乘馬也。獲，人也，愛獲㊁，愛人也，臧㊂，人也，愛臧，愛人也，此乃是而然者也。

【今註】 ㊀驪馬：黑馬也。詩魯頌駉：「有驪有黃。」傳：「純黑曰驪。」㊁獲：婢之賤稱。㊂

臧：奴之賤稱。

【今譯】白馬是馬，騎白馬，就是騎馬。黑馬是馬，騎黑馬，就是騎馬。婢是人，愛婢，就是愛人。奴是人，愛奴，就是愛人。這就是「是」而對。

獲之親，人也，獲事其親，非事人也。其弟，美㈠人也，愛弟，非愛美㈡人也。車，木也，乘車，非乘木也。船，木也，人㈢船，非人㈣木也。盜人人㈤也，多盜非多人也，無盜非無人也，奚以明之，惡多盜，非惡多人也，欲無盜，非欲無人也，世相與共是之。若若是，則雖盜人人㈥也，愛盜非愛人也，不愛盜非不愛人也。殺盜人㈦非殺人也，無難（盜無難）㈧矣，此與彼同類，世有彼而不自非也，墨者有此而非之，無也㈨故焉，所謂內膠外閉㈩（與心毋空乎內膠）⑪而不解也，此乃是而不然也。

【今註】㈠美：衍字。下與㈡同。上文云：「獲之親，人也，獲事其親，非事人也。」此文云：「其弟，人也，愛弟，非愛人也。」文正一律。㈢人：畢沅云：「當為乘。」蘇氏云：「當為入之誤。」下與㈣同。㈤人：衍字。下與㈥㈦同。㈧無難（盜無難）：據下文衍「盜無難」三字。㈨也：同他。㈩內膠外閉：爾雅釋詁云：「膠，固也。」謂內膠固而外閉塞。⑪與心毋空乎內膠：

此七字疑衍。

【今譯】婢的父母是人，婢奉事她的父母，不是奉事人。她的弟弟是人，愛她的弟弟，不是愛人。車是木頭造的，乘車卻不是乘木頭。船也是木頭造的。乘船卻不是乘木頭。強盜是人，多強盜並不是多人，沒有強盜也不是沒有人。怎樣證明呢？厭惡強盜多，並不是厭惡人多。希望沒有強盜，並不是希望沒有人。這是一般人異口同聲認為是對的。假若是這樣，那末雖強盜是人，但愛強盜卻不是愛人，不愛強盜也並不是不愛人，殺強盜也並不是殺人，這是沒有疑難的。這個道理與人們共是的道理，實為同類，然而一般人贊同那個道理而自己並不以為錯，墨徒提出這個道理卻來非議他，這沒有其他的緣故，就是內心固執，耳目失明，而得不到解說。這就是「是」而不對的了。

夫且讀書，非讀書也。好讀書，好書也㊀。且鬭雞，非鬭㊁雞也。好鬭雞，好雞也。且㊂入井，非入井也。止且入井，止入井也。且出門，非出門也。止且出門，止出門也。世相與共是之㊃。若若是，且夭，非夭也。壽夭也。有命，非命也。非執有命，非命也㊄。無難矣，此與彼同類，世有彼而不自非也，墨者有此而罪㊅非之，無也㊆故焉，所謂內膠外閉（與心毋空乎內膠）而不解也，此乃不是而然者也。

【今註】㊀夫且讀書……好書也：原作「且夫讀書，非好書也。」依孫氏校增。㊁鬬：原脫，據下文審校增。㊂且：將也。經說上云：「自前曰且，自後曰已，方然亦且。」㊃世相與共是之：原文脫此五字，據上文校增。㊄非執有命非命也：此二非字與上文諸非字異，應訓為譏，義與誹同。㊅罪：衍字。孫云「疑當為眾，形近而譌。」且上文亦應增此字。㊆也：同他。㊇與心毋空乎內膠：衍文，與上文同。

【今譯】將要讀書，不是讀書，喜好讀書，就是喜好書。將要鬬雞，不是鬬雞，喜好鬬雞，就是喜好雞。將要進入井，不是進入井，阻止將要進入井，就是阻止進入井。將要出門，不是出門，阻止將要出門，就是阻止出門。這是一般人異口同聲公認為是對的。如果是對的，那麼將要夭折，不是夭折，壽終，才是夭折。認為夭壽有命，並不是有命。誹議執有命，就是非命，這是沒有疑難的了。這個道理與人們共是的道理實為同類，然而一般人贊同的那個道理自己並不以為錯，墨徒有了這個道理卻來誹議他，這沒有其他的緣故，就是所謂內心固執，耳目失明，而得不到解說。這就是「不是」而對的了。

愛人，待周愛人，而後為愛人。不愛人，不待周不愛人，不周愛㊀，因為不愛人矣。乘馬，不待周乘馬㊁，然後為乘馬也。有乘於馬，因為乘馬矣。逮至不乘馬，待周不乘馬，而後為不乘馬㊂。此一周而一不周者也。

【今註】㈠不周愛：舊本作「不失周愛」。俞樾云：「周猶徧也，失字衍文。」㈡不待周乘馬：舊本脫「不」字。據王引之校增。㈢而後為不乘馬：舊本脫「為」字，下文衍「而後不乘馬」字。據王引之校增刪。

【今譯】愛人，要等到普遍愛了所有的人，然後才可以稱為愛人。不愛人，不必等待普遍不愛所有的人，然後才稱為不愛人。不普遍的愛人，是因為不愛人。騎馬，不必等待普遍的騎了所有的馬，然後才稱為騎馬，祇要有馬可騎，就可以稱為騎馬了。至於不騎馬，要等到普遍不騎所有的馬，然後才可以稱為不騎馬。這就是一方面普遍，而另一方面卻不普遍。

居於國，則為居國。有一宅於國，而不為有國。桃之實，桃也。棘之實，非棘也㈠。問人之病，問人也。惡人之病，非惡人也。人之鬼，非人也。兄之鬼，兄也。祭人之鬼㈡，非祭人也。祭兄之鬼，乃祭兄也。之馬之目盼㈢，則謂之馬盼㈣。之馬之目大，而不謂之馬大。之牛之毛黃，則謂之牛黃，之牛之毛眾，而不謂之牛眾。一馬，馬也。二馬，馬也。馬四足者，一馬而四足也，非兩馬而四足也。（一馬馬也）㈤馬或白者，二馬而或白也，非一馬而或白。此乃一是而一非也。

【今註】㈠棘之實，非棘也：棘之實，棗也，故云非棘。此乃明同異之說，蓋桃之實名桃，棘之實名棗，迥乎不同，足見以類取，以類予之說，不可率爾常用。㈡祭人之鬼：舊本脫人字，據王引之校增。㈢之馬之目盼：之，是也。盼，淮南子說山訓作眇，此作盼，誤也。眇，一目小也。（見說文）㈣則謂之馬盼：謂舊作為，今校正。㈤一馬馬也：已見上文，此衍字。

【今譯】住在國內，就是在國內；有一幢房子在國內，並不是有國家。桃的果實是桃；棘的果實卻不是棘。慰問他人的疾病，是慰問他人；厭惡他人的疾病，卻不是厭惡他人。人的鬼魂不是人，哥哥的鬼魂卻是哥哥。祭祀人的鬼魂，不是祭祀人，祭祀哥哥的鬼魂，卻是祭祀哥哥。這一匹馬的眼睛一邊小，就稱牠是眼睛一邊小的馬；這一匹馬的眼睛大，卻不稱牠是大馬。這一隻牛的毛是黃色，就稱牠是黃牛；這一隻牛的毛多，而不稱牠是多牛。一匹馬是馬，兩匹馬也是馬，馬有四隻腳，是說一匹馬有四隻腳，並不是說兩匹馬有四隻腳。馬有的是白色的，是說兩匹馬當中有的是白色的，並不是一匹馬而有的是白色的。這就是一方面是對，而另一方面卻是錯的了。

耕柱第四十六

子墨子怒耕柱子㈠，耕柱子曰：「我毋俞㈡於人乎？」子墨子曰：「我將上大行，駕驥與羊㈢，子將誰敺㈣？」耕柱子曰：「將敺驥㈤也。」子墨子曰：「何故敺驥也？」耕柱子曰：「驥足以責㈥。」子墨子曰：「我亦以子為足以責㈦。」

【今註】㈠耕柱子：墨子弟子。㈡毋俞：毋與不同，俞讀為愈，勝的意思。㈢羊：應為牛字之誤。因羊不能與馬並駕。㈣敺：與驅同。說文：走馬謂之馳，策馬謂之驅。㈤驥：良馬。㈥責：責成，良馬足以供驅策的意思。㈦子亦足以責：你也負得起責任。

【今譯】墨子對耕柱子發怒，耕柱子說：「難道我就沒有勝過旁人的地方嗎？」墨子問：「假使我要上大行山去，用一匹良馬和一頭牛來駕車，你預備驅策那一種呢？」耕柱子答道：「那我當然用良馬了。」墨子說：「為甚麼要良馬呢？」耕柱子說：「因為良馬可以負得起責任。」墨子說：「我也以為你負得起責任。」

巫馬子謂子墨子曰：「鬼神孰與聖人明智？」子墨子曰：「鬼神之明智於聖人，猶聰耳明目之與聾瞽也。」昔者夏后開㊀使蜚廉㊁折金㊂於山川，而陶鑄之於昆吾㊃；是使翁難雉乙㊄，卜於白若㊅之龜，曰：「鼎成三足㊆而方，不炊而自烹，不舉而自臧，不遷而自行，以祭於昆吾之虛㊇，上鄉㊈。」乙又言兆之由㊉曰：「饗矣㊀！逢逢㊁白雲，一南一北，一西一東，九鼎即成，遷於三國。」夏后氏失之，殷人受之；殷人失之，周人受之。夏后殷周之相受也，數百歲矣，使聖人聚其良臣與其桀㊂相而謀，豈能智㊃數百歲之後哉？而鬼神智之。是故曰，鬼神之明智於聖人也，猶聰耳明目之與聾瞽也。

【今註】㊀夏后開：即禹王之子啟。開即啟，漢人避諱改開。古代帝王亦稱后。㊁蜚廉：此為夏之蜚廉，與紂時蜚廉，又另是一人。㊂折金：折與採同。㊃昆吾：今直隸大名府西南，古昆吾國。㊄翁難雉乙：依孫詒讓校定應連下句讀作「益蔪雉以卜於白若之龜。」益，即伯益，夏臣名。蔪雉，即殺雉，取其血以釁（灑）白若之龜而卜之。㊅白若：白若一作白苦，或以為地名。按：道藏本墨子作「目苦」二字，亦不詳其義。㊆三足：三為四字之誤，應依王校改。㊇虛：同墟。㊈上鄉：

即尚饗，是請神來饗受的意思。祝詞末尾的例句。㊉乙又言兆之由：乙應作已，由與繇通，卦兆的占辭。是說已經卜過，又把卦兆上面的占辭說出來。㊁饗矣：神已經享用了。㊂逢逢：讀蓬，盛的意思。㊂桀相：桀與傑同，傑出的宰相。㊃智：與知同。

【今譯】巫馬子問墨子道：「鬼神和聖人相比，誰更明智？」墨子答道：「以鬼神的明智和聖人相比，就好像一個耳聰目明的人和聾瞽比一樣。」從前夏帝啟命蜚廉去山上採金，在昆吾地方鑄了鼎，於是叫他的臣子伯益殺了一隻雉，把血塗在那「白若」的龜上，那卜辭道：「鼎的形狀四足而方。不用生火它自己會烹。不用移動它自己會藏，不用遷徙它自己會行，用它祭祀在昆吾之鄉。尚饗。」跟著又念那卦上的占辭道：「神靈已經享用了。你看那蓬蓬的白雲，一會兒西東，一會兒南北。九隻鼎鑄成功了，將來還要遷於三國。」後來夏后氏失掉了，殷人接受了它，殷人失掉了，周人又接受了它。夏后殷周的互相接受這鼎，已經有幾百年了。假定有一位聖君召集他的良臣和傑出的宰相共同策劃，又那能知道數百年以後的事呢？然而鬼神卻能夠知道，我所以說：「如果將鬼神的明智和聖人比，就好像一個耳聰目明的人和聾瞽比一樣！」

治徒娛縣子碩㊀問於子墨子曰：「為義孰為大務？」子墨子曰：「譬若築牆然，能築者築，能實壤者實壤，能欣者欣㊁，然後牆成也。為義猶是也，能談辯者談辯，能說書者說書，能從事者從事，然後義事成也。」巫馬子謂子墨子曰：「子兼愛天下，未云利也；我不愛天下，未云賊㊂也；功皆未至，子何獨自是而非我哉？」子墨子曰：「今有燎者㊃於此，一人奉水將灌之，一人摻㊄火將益之，功皆未至，子何貴於二人？」巫馬子曰：「我是彼奉水者之意，而非夫摻火者之意。」子墨子曰：「吾亦是吾意，而非子之意也。」

【今註】㊀治徒娛，縣子碩：二人皆墨子弟子。㊁欣：畢沅云同掀。王引之以為是睎字，指測量。㊂賊：與害同。㊃燎：放火。㊄摻：即操字。

【今譯】治徒娛和縣子碩二人問墨子道：「如果我們要行『義』，甚麼是最重要的部分？」墨子說：「譬如築牆一樣。能夠建築的建築，能夠運土的運土，能夠測量的測量，這樣牆才可以築成功。我們要為『義』也是如此，能夠談辯的就談辯，能夠說書的就說書，能工作的就工作，這樣『義』的事也就成了。」巫馬子對墨子說：「你兼愛天下，也沒有什麼利，我不愛天下，也沒有什麼害。功效都沒有到，你為何自以為是而說我不對呢？」墨子道：「現在假使有人在此地放火。有一個人捧著水將要去澆熄它，另一個人拿著火將要去幫助它。而都還不曾實際去作，你覺得這兩人誰是對的呢？」巫馬子道：「我覺得那個捧水的用意是對的，那個加火的用意是不對的。」墨子說：「我因此也覺得我的用意是對的，而以為你的用意是不對的。」

子墨子游㊀荊耕柱子㊁於楚，二三子㊂過之，食之三升㊃，客之不厚，二三子復於子墨子曰：「耕柱子處楚無益矣，二三子過之，食之三升，客之不厚。」子墨子曰：「未可智㊄也。」毋幾何㊅而遺十金㊆於子墨子曰：「後生不敢死㊇，有十金於此，願夫子之用也。」子墨子曰：「果未可智也。」

【今註】 ㊀游：游揚其名而使之仕。即推介他出仕於楚。㊁荊耕柱子：荊字為衍文應刪。㊂二三子：指耕柱子的幾位同門。㊃三升：古代的一升，等於現在的大半升，普通人要五升米才夠飽，說苑尊賢篇：「三升之稷，不足於士。」㊄智：同知，下同。㊅毋幾何：沒有多久。㊆遺十金：遺，讀如「意」，贈的意思。古代以一鎰為一金，一鎰就是二十兩，十金就是二百兩。㊇後生不敢死：後生，弟子的自稱，「不敢死」是一種客氣語，好比古人寫信自稱「死罪死罪」一樣。

【今譯】 墨子推薦門人耕柱子出仕楚國，有幾位同門經過那兒，耕柱子祇供給三升米作飯，款待不厚。門人們回來說：「耕柱子在楚國沒有益處了，弟子們去到那兒，也祇供給三升米作飯，款待不厚。」墨子說：「這還不能預料哩！」沒有多久，耕柱子贈送黃金十鎰給墨子，說：「弟子死罪，這裏有黃金十鎰，請夫子留著用。」墨子說：「果然不能預料罷。」

巫馬子謂子墨子曰：「子之為義也，人不見而耶，鬼不見而富㈠，而子為之，有狂疾！」子墨子曰：「今使子有二臣㈡於此，其一人者見子從事，不見子則不從事；其一人者見子亦從事，不見子亦從事，子誰貴於此二人？」巫馬子曰：「我貴其見我亦從事，不見我亦從事者。」子墨子曰：「然則是子亦貴有狂疾也。」

【今註】㈠人不見而耶鬼不見而富：而與汝同。耶，服字的錯誤。富與福同，古通用。人不見而服，是說你為「義」，並沒有人服你。鬼不見而福，是說也沒有鬼神降福你。㈡二臣：古代大家人家都有家臣，就是管事的人。如子路曾為季氏宰，即是。

【今譯】巫馬子對墨子說：「你行義，別人不見得會佩服你，鬼神也不見得會降福你，你大概是患著一種狂病！」墨子說：「現在假定你有兩個家臣，一個見你時就做事，不見你時就不做事，另一個見你時也做事，不見你時也做事，你看重那一個？」巫馬子說：「我看重見我也做事，不見我也做事的那一個。」墨子說：「那麼你也是看得起有狂病的了。」

子夏之徒問於子墨子曰：「君子有鬬乎？」子墨子曰：「君子

無鬭。」子夏之徒曰：「狗豨㈠猶有鬭，惡有㈡士而無鬭矣？」子墨子曰：「傷矣哉！言則稱於湯文，行則譬於狗豨，傷矣哉！」

【今註】㈠豨：方言云：南楚稱豬為豨。㈡惡有：惡讀烏，那有的意思。

【今譯】子夏的弟子們問墨子道：「君子有打鬭嗎？」墨子答道：「君子沒有打鬭。」子夏之徒說：「豬狗尚且要打鬭，那有士人沒有打鬭呢？」墨子說：「傷心啊！講話動輒提到湯和文王，而行為就將豬狗來作比喻，傷心啊！」

巫馬子謂子墨子曰：「舍㈠今之人，而譽先王，是譽槁㈡骨也，譬若匠人然，智㈢槁木也，而不智生木。」子墨子曰：「天下之所以生者，以先王之道教㈣也。今譽先王，是譽天下之所以生也。可譽而不譽，非仁也。」

【今註】㈠舍：同捨。㈡槁：枯的意思。㈢智：與知同，墨子書知多作智。㈣道教：道德的教訓。

【今譯】巫馬子對墨子說：「丟掉現實的人，而去讚美先王，那就是讚美枯骨了。好像木匠一樣，祇知道枯木，而不知道活生生的樹木。」墨子說：「天下之所以能夠生存，就是因為先王的道德教訓。現在讚美先王，就是讚美能夠生存天下的原因哪！可以讚美而不去讚美，那就不仁了。」

子墨子曰：「和氏之璧㈠，隋侯之珠㈡，三棘六異㈢，此諸侯之所謂良寶也。可以富國家，眾人民，治刑政，安社稷乎？曰：不可。所謂貴良寶者，為其可以利也，而和氏之璧，隋侯之珠，三棘六異，不可以利人，是非天下之良寶也。今用義為政於國家，人民必眾，刑政必治，社稷必安，所為貴良寶者，可以利民也，而義可以利人，故曰，義天下之良寶也。」

【今註】㈠和氏之璧：楚人和氏所獻的寶玉。㈡隋侯之珠：隋侯見大蛇傷斷救之，後蛇銜大珠以報，遂稱隋侯之珠。見淮南子覽冥訓注。㈢三棘六異：指九鼎，史記作三翮六翼，空足叫做翮，六翼就是鼎的六隻耳。

【今譯】墨子說：「和氏的璧，隋侯的珠，和三棘六翼的鼎，這就是諸侯所說的良寶了。而這些東西可以富國家，眾人民，治刑政，安社稷麼？答道：不可以的。我們想到那些被貴為良寶的，是因為它有利呀！而和氏的璧，隋侯的珠，和三棘六翼的鼎，並不可以利人，所以就不是天下的良寶了。如今如果用『義』去治理國家，人民必眾，刑政必治，社稷必安，我們所以看重那所謂良寶的，是因為有利於民，而『義』卻實在有利於人，所以說：『義』就是天下的良寶了。」

葉公子高問政於仲尼曰：「善為政者若之何？」仲尼對曰：「善為政者，遠者近之，而舊者新之㊀。」子墨子聞之曰：「葉公子高未得其問也，仲尼亦未得其所以對也。葉公子高豈不知善為政者之遠者近也㊁，而舊者新是㊂哉？問所以為之若之何也？不以人之所不智㊃告人，以所智告之，故葉公子高未得其問也，仲尼亦未得其所以對也。」

【今註】㊀遠者近之舊者新之：孫注：「言待故舊如新無厭怠也。」畢云：「論語作近者悅，遠者來。」㊁也：應作之。㊂是：衍文，蘇時學云：「當作之。」㊃智：同知，下同。

【今譯】葉公子高問為政之道於仲尼，說：「善於為政的應該怎樣？」仲尼答道：「善於為政的，遠的使他接近，舊的待之如新。」墨子聽了後說：「葉公子高沒有達到他的所問，仲尼也沒有答出一個所以然來。葉公子高怎會不知道善於為政的，要使遠者近而舊者新呢？他是要問所以為政之道如何而已，不將人家所不知道的去告訴他，而將所知道的告訴他，所以說葉公子高沒有達到他所要問的，而仲尼也沒有把所以然的道理告訴他。」

子墨子謂魯陽文君曰：「大國之攻小國，譬猶童子之為馬也。

童子之為馬，足用而勞㊀，今大國之攻小國也，攻者農夫不得耕，婦人不得織，以守為事；攻人者亦農夫不得耕，婦人不得織，以攻為事。故大國之攻小國也，譬猶童子之為馬也。」

【今註】㊀足用而勞：指童子戲學作馬，自勞其足。

【今譯】墨子對魯陽文君說：「大國的攻打小國，就好比童子作馬一樣了。童子的作馬，用自己的足而十分勞累。如今大國之攻打小國，被攻的這一方，農夫不能耕，婦人不能織，大家以防守為事。攻的這一方，農夫也不能耕，婦人也不能織，以攻打為事。所以大國之攻打小國，就像童子作馬一樣。」

子墨子曰：「言足以復行㊀者常之，不足以舉行者勿常，不足以舉行而常之，是蕩口㊁也。」

【今註】㊀復行：履行的意思。㊁蕩口：徒費口舌。

【今譯】墨子說：「話要是能做得到的，就不妨常說；做不到的，就不必多說。若是做不到的話而還要常常的去說，那就徒費口舌了。」

子墨子使管黔潋游高石子㊀於衛，衛君致祿甚厚，設㊁之於卿。高石子三朝必盡言，而言無行者，去而之齊，見子墨子曰：「衛君以夫子之故，致祿甚厚，設我於卿，石三朝必盡言，而言無行，是以去之也，衛君無乃以石為狂乎？」子墨子曰：「去之苟道，受狂何傷？古者周公旦非關叔㊂，辭三公，東處於商蓋㊃，人皆謂之狂。後世稱其德，揚其名，至今不息。且翟㊄聞之，為義非避毀就譽，去之苟道，受狂何傷？」高石子曰：「石去之，焉敢不道也？昔者夫子有言曰：『天下無道，仁士不處厚焉。』今衛君無道，而貪其祿爵，則是我為苟陷人長㊅也。」子墨子說㊆而召子禽子㊇曰：「姑聽此乎！夫倍㊈義而鄉㊉祿者，我常聞之矣；倍祿而鄉義者，於高石子焉見之也。」

【今註】㊀管黔滶游高石子：滶應作敖，與高石子並墨子弟子。游，游揚，推薦的意思。㊁設之於卿：設與列同。卿是當時的高階層，在大夫之上。㊂關叔：即管叔。㊃商蓋：即商奄，地名。㊄翟：墨子自稱其名。㊅苟陷人長：孫校作「苟啗人食」。啗和噉同，白吃人家的。㊆說：與悅同。㊇子禽子：即禽滑釐，墨子的大弟子。㊈倍：與背同。㊉鄉：與嚮同。

【今譯】墨子叫管黔敖推薦高石子到衛國去，衛君給他的俸祿很厚，列他為卿。高石子三次朝見必盡量進言，但是所說的話都不被採用，於是離衛去齊，見著墨子說道：「衛君因為夫子的緣故，給我的俸祿很厚，位置為卿，石三朝都盡量進言而言不行，所以我就離開了，衛君將會以石為狂吧?!」墨子說：「祇要去得合理，雖受狂名何害呢？古時候，周公旦覺得管叔的行為不對，辭掉三公，東行居在商奄的地方，當時都說他狂。但是後世都稱其德，揚其名至今不衰。而且翟曾聽說過：為『義』並不是為避免毀謗而求人家讚美的。去得如果合理，雖受狂名何傷。」高石子說：「石的離去豈敢不依正道呢？從前夫子曾經說過：『天下無道，仁人不應該處在優厚的地位。』今衛君無道，而貪圖他的爵祿，那我不是白喫人家的糧食嗎？」墨子聽了很高興，就把禽滑釐召了來，說道：「姑且聽聽這些話吧！凡是背義而求祿的，我曾經常聽到；但是背祿而求義的，卻見到高石子了。」

子墨子曰：「世俗之君子，貧而謂之富則怒，無義而謂之有義則喜，豈不悖哉？」

【今譯】墨子說：「世俗的君子，他們本來窮，而你卻說他們富，他們就要發怒；他們若無義，而你卻說他們有義，他們就歡喜了。這不是很違反常理嗎？」

公孟子曰：「先人有則三而已矣。」子墨子曰：「孰先人而曰有則三而已矣？子未智人之先有。」（蘇時學云：「此節原文有錯誤。」無從校釋。）

後生有反子墨子而反㊀者，「我豈有罪哉？吾反後。」子墨子曰：「是猶三軍北㊁，失後之人求賞也。」

【今註】㊀反：同返。前一反字作背意。㊁北：敗北，打了敗仗。

【今譯】弟子中有背棄墨子而又回頭的。他說：「我有甚麼罪呢？不過回得晚一點罷了。」墨子說：「這和軍隊打了敗仗，落伍的人還要求給賞一樣。」

公孟子曰：「君子不作，術㊀而已。」子墨子曰：「不然，人之其㊁不君子者，古之善者不誅㊂，今之善者不作；其次不君子者，古之善者不遂㊃，己有善則作之，欲善之自己出也。今誅㊄而不作，是無所異於不好遂㊅而作者矣。吾以為古之善者則誅㊆之，今之善者則作之，欲善之益多也。」

【今註】㊀術：與述同，即述而不作之意。㊁其：應為甚字，「甚不君子」與下文「次不君子」相應。㊂誅：與下㊃㊄㊅㊆都是述字的錯誤。

【今譯】公孟子說：「君子自己不作，不過述說就是。」墨子說：「不然，凡是甚不君子的，對古代所謂善的不述，對現在的所謂善的也不作；其次不君子的是，對前代的善不述，而自己有善卻還是照作，他的意思是要善從自己出而已。如今單是述而不作，就和那不述而作的也就沒有什麼分別了。我以為對從前所謂善的應該述說他，對現在所謂善的就應該自己去作，這樣就可以使善的更增多了。」

巫馬子謂子墨子曰：「我與子異，我不能兼愛。我愛鄒㊀人於越㊁人，愛魯㊂人於鄒人，愛我鄉人於魯人，愛我家人於鄉人，愛我親於我家人，愛我身於吾親，以為近我也。擊我則疾㊃，擊彼則不疾於我，我何故疾者之不拂㊄，而不疾者之拂？故有我有殺彼以我，無殺我以利㊅。」子墨子曰：「子之義將匿㊆邪，意將以告人乎？」巫馬子曰：「我何故匿我義？吾將以告人。」子墨子曰：「然則一人說㊇子，一人欲殺子以利己；十人說子，十人欲殺子以利己；天下說子，天下欲殺子以利己。一人不說子，一人欲殺子，以子為施不祥言者也；十人不說子，十人欲殺子，以子為施不祥言者也；天下不說子，天下欲殺子，以子為施不祥言者也。說子亦欲殺子，不說子亦欲殺子，是所謂經者口也，殺常㊈之身者也。」子墨子曰：「子之言惡利也？若無所利而不⑩言，是蕩口⑪也。」

【今註】㊀鄒：鄒邑，山東地。㊁越：古浙地。㊂魯：山東地。㊃疾：與痛同。㊄拂：說文：「拂，過擊也。」這裏應該作防衛或抗拒的意思。㊅故有我有殺彼以我無殺我以利：依俞樾校作：「故我有殺彼以利我，無殺我以利彼。」㊆匿：藏匿。㊇說：同悅，下並同。㊈常：子字之誤。⑩不：衍文應刪。⑪蕩口：徒費口舌的意思，見前。

【今譯】巫馬子對墨子說道：「我和你不同，我不能兼愛。我愛鄒人勝過越人，愛魯人勝過鄒人，愛我同鄉的人又勝過魯人，愛我家裏的人又勝過鄉人，愛我的雙親又勝過家人，愛我自己的身體又勝過雙親。因為到了我的身上了，若打擊我，我會痛，打擊別人那就痛不在我。為甚麼痛的我不去防衛，不痛的倒去防衛呢？所以我只有殺彼以利我，沒有殺我以利彼。」墨子說：「你這種意義，準備私底下藏下來呢？還是要告訴別人哩？」巫馬子說：「我為甚麼要隱藏自己這種意義？我將要告訴別人的。」墨子說：「那麼若有一個人聽信你，這一個人就要殺你以利己；十個人聽信你，這十個人就要殺你以利己；天下人聽信你，天下人都要殺你以利己。反過來說，一個人不聽信你，這一個人就要殺掉你，因為你是散佈惡言的人，十個人不聽信你，這十個人也要殺掉你，因為你是散佈惡言的人。天下人都不聽信你，天下人也都要殺掉你，因為你是散佈惡言的人。像這樣，聽信你的，也要殺死你，不聽信你的，也要殺死你，這就叫作言出你口殺你的身啊！」

墨子說：「你說的話究竟有沒有利呢？假使沒有利還要說，那就是白費口舌了。」

子墨子謂魯陽文君曰：「今有一人於此，羊牛犓豢，維人㈠但割而和之，食之不可勝食也。見人之作餅，則還然㈡竊之，曰『舍㈢余食。』不知日月安不足乎㈣？其有竊疾乎？」魯陽文君曰：「有竊疾也。」子墨子曰：「楚四竟㈤之田，曠蕪而不可勝辟，謼靈㈥數千，不可勝㈦，見宋鄭之閒邑㈧，則還然竊之，此與彼異乎？」魯陽文君曰：「是猶彼也，實有竊疾也。」

【今註】㈠維人：當為饔人之誤，饔人就是廚子。㈡還然：當是居然的意思。㈢舍：同捨。㈣不知日月安不足乎：孫以為日月疑耳目二字之誤，不甚妥。曹耀湘校作甘肥二字，姑從之。㈤竟：同境。㈥謼靈：孫校作呼虛，呼即罅之假借字。靈，虛的誤字。罅虛指閒隙虛曠之地。㈦勝：勝字下應脫用字。㈧閒邑：猶言空邑。

【今譯】墨子對魯陽文君說：「現在這裏有一個人，他的牛羊牲畜，廚人袒著手膀給他宰割整治，喫也喫不完，但他看見人家作餅，居然去偷了喫，還說：『這個給我吧！』不知道他是好的東西不夠喫呢？還是有一種偷竊的毛病呢？」魯陽文君說：「這是有偷竊的毛病了。」墨子說：「楚國四境的田地，荒蕪到不可勝闢，空隙的部分數千，不可勝用。而見到宋鄭兩國的空邑，也就居然去偷竊它，這和上述的那人有分別嗎？」魯陽文君道：「這和上述的那人一樣，實在都有偷竊的毛病。」

子墨子曰：「季孫紹與孟伯常治魯國之政，不能相信，而祝於蘩社㈠，曰：『苟使我和。』是猶弇㈡其目，而祝於叢社也㈢：『苟使我皆視。』豈不繆哉？」

【今註】㈠蘩社：蘩，有樹木之地。社，神祠。㈡弇：與掩同。㈢也：依俞樾校應作曰。下文「苟使我皆視。」就是祝詞。

【今譯】墨子說：「季孫紹和孟伯常共理魯國的政事，彼此不能相信，於是跑到神祠裏去祝告說：『使我們和好罷！』這無異把眼睛蒙住，往神祠裏禱告說：『使我們都能夠看見吧！』這不是很荒唐嗎？」

子墨子謂駱滑氂㈠曰：「吾聞子好勇。」駱滑氂曰：「然，我聞其鄉有勇士焉，吾必從而殺之。」子墨子曰：「天下莫不欲與㈡其所好，度㈢其所惡，今子聞其鄉有勇士焉，必從而殺之，是非好勇也，是惡勇也。」

【今註】㈠駱滑氂：此與禽滑氂同名。㈡與：依王引之校作興。㈢度：依王校作廢。

【今譯】墨子對駱滑氂說：「我聽說你好勇。」駱滑氂說：「是的，我祇要聽說某鄉有勇士，我必定要去把他殺了。」墨子說：「天下的人都是要幫助他所愛的，除掉他所惡的。現在你聽到某鄉有勇士，就必定要去殺死他。這不是好勇，而是惡勇。」

貴義第四十七

子墨子曰：「萬事莫貴於義。今謂人曰：『予子冠履，而斷子之手足，子為之乎？』必不為，何故？則冠履不若手足之貴也。又曰：『予子天下而殺子之身，子為之乎？』必不為，何故？則天下不若身之貴也。爭一言以相殺，是貴義㊀於其身也。故曰，萬事莫貴於義也。」

【今註】㊀貴義：應作義貴。

【今譯】墨子說：「萬事沒有比義更貴。現在對一個人說：『給你帽子和鞋子，而斷掉你的手足，你肯這樣做嗎？』這人一定不肯的，甚麼緣故呢？因為鞋帽比不上手足的貴重呀！然後你再說：『給你天下再殺掉你的本身，你肯這樣做嗎？』這人一定不肯的，甚麼緣故呢？因為天下也比不上自己的身體貴重呀！至於為爭一句話，遂至互相殘殺，那就是『義』比自己身體更貴了。所以說：萬事沒有比義更貴。」

子墨子自魯即齊，過故人，謂子墨子曰：「今天下莫為義，子獨自苦而為義，子不若已。」子墨子曰：「今有人於此，有子十人，一人耕而九人處，則耕者不可以不益急矣。何故？則食者眾而耕者寡也，今天下莫為義，則子如㊀勸我者也，何故止我？」

【今註】㊀如：古義如與宜同，應該的意思，是說子宜勸我為義。

【今譯】墨子從魯到齊，遇見老友，對墨子說道：「今天下人都不肯行義，而你偏要苦苦地去做，不如停止罷！」墨子道：「現在假使此地有一個人，他有十個兒子，只有一個兒子耕田，其餘九個都閒下來不幹，那麼這個耕田的就不能不更加努力了。為甚麼呢？那是因為吃的多而耕的少了。今天下不行義，你就應當勸我做呀！為什麼倒攔阻我。」

子墨子南游於楚，見楚獻惠王㊀，獻惠王以老辭，使穆賀見子墨子，子墨子說穆賀，穆賀大說㊁，謂子墨子曰：「子之言則成㊂善矣！而君王天下之大王也，毋乃曰：『賤人㊃之所為而不用乎？』」子墨子曰：「唯其可行，譬若藥然，草之本，天子食之，以順其疾，豈曰：『一草之本而不食哉？』今農夫入其稅於大人，大人為酒醴粢盛，以祭上帝鬼神，豈曰：『賤人之所為而不享哉？』故雖賤人也，上比之農，下比之藥，曾不若一草之本乎？且主君㊄亦嘗聞湯之說乎？昔者湯將往見伊尹，令彭氏之子御，彭氏之子半道而問曰：『君將何之？』湯曰：『將往見伊尹。』彭氏之子曰：『伊尹天下之賤人也。若君欲見之，亦令召問焉，彼受賜矣。』湯曰：『非女所知也。今有藥㊅此，食之，則耳加聰，目加明，則吾必說而強食之。今夫伊尹之於我國也，譬之良醫善藥也。而子不欲我見伊尹，是子不欲吾善也。』因下彭氏之子，不使御。」「彼苟然，然後可也。」（孫詒讓云：後七字與上文不相應，似有脫佚。）

【今註】 ㊀楚獻惠王：楚無獻惠王，應為惠王之誤。墨子曾獻書於惠王，或是獻書惠王。㊁說：同悅，上一說字音稅，遊說的意思。㊂成：同誠。㊃賤人：普通的平民。㊄主君：對穆賀的敬稱。㊅藥：下脫一於字。

【今譯】 墨子南游至楚，要見楚惠王，惠王以衰老辭，命穆賀去見墨子。墨子把言語游說穆賀，穆賀大喜道：「你的話實在是好，但我們君王是一位天下的大王，只怕要說：這是出於賤人，而不肯用罷。」墨子說：「如果可行，就像藥一樣，只是一棵草，但是天子服用，就治好了病，我們豈能說那是一棵草就不喫嗎？現在農夫納稅給大人們，大人們用來做酒醴粢盛，祭祀上帝鬼神，豈能說那是由賤人做的，就不享受麼？所以雖是賤人，上也可以比得上農夫，下也可以比得上藥，豈是連一棵草都不如嗎？而且主君您也曾聽說過湯的故事麼？從前湯將要去見伊尹，命一個姓彭的人駕車，走到半路上，那姓彭的問湯道：『君王將往那裏去？』湯說：『將要去見伊尹。』那姓彭的道：『伊尹是天下的賤人，君王若要見他，令人去把他叫了來，他就很有面子的了。』湯說：『你懂得什麼！現在這裏如果有一種藥，吃了它，耳可以加聰，目可以加明，那我一定很高興地要勉強把這藥吃下去了。現在伊尹對於我國，就好像是良醫是好藥，而你不要我去見他，這是你不希望我好了。』於是命那姓彭的下去，不要他駕駛。」

子墨子曰：「凡言凡動，利於天鬼百姓者為之；凡言凡動，害於天鬼百姓者舍之；凡言凡動，合於三代聖王堯舜禹湯文武者為之；凡言凡動，合於三代暴王桀紂幽厲者舍之。」

【今譯】墨子說：「凡是言語和行動，有利於天鬼和百姓的就做；反之就丟掉不做。凡是言語和行動，與三代聖王堯、舜、禹、湯、文、武相合的就做；反之就丟掉不做。」

子墨子曰：「言足以遷㈠行者常之，不足以遷行者勿常，不足以遷行而常之，是蕩口㈡也。」

【今註】㈠遷：改的意思。是說使行遷於善者，可常言。㈡蕩口：見耕柱篇。

【今譯】墨子說：「說話要是能改善行為的，就不妨常說；不能改善行為的就不常說，因為徒託空言，是白費口舌的。」

子墨子曰：「必去六辟㈠。嘿㈡則思，言則誨，動則事，使三者代御㈢，必為聖人。必去喜去怒，去樂去悲，去愛㈣而用仁義，手足口鼻耳，從事於義，必為聖人。」

【今註】㈠六辟：辟與僻同，偏的意思，就是喜、怒、樂、悲、愛、惡六情。人心本來無偏，流於情就偏，所以叫六僻。㈡嘿：同默。㈢三者代御：三者就是默、言、動。御與用同，代御即代用。㈣去愛：下脫一惡字，應增。

【今譯】墨子說：「必須去掉喜、怒、樂、悲、愛、惡的那六種僻。靜默時就深思，言語時就帶一點教育意義，行動時就工作。如果使這三種東西代替作用，必然可為聖人。必定要去喜、去怒、去樂、去悲、去愛、去惡而用仁義，手、足、口、鼻、耳、目都從事於義，必然可為聖人。」

子墨子謂二三子曰：「為義而不能，必無排其道。譬若匠人之斲而不能，無排㊀其繩。」

【今註】㊀排：畢沅作「背」講。曹耀湘說：「排，詆誹的意思。」墨子新釋：「繩，所以正木者。」

【今譯】墨子對弟子們說道：「人若不能行義時，必定不要排斥那一種正當的道理，就好比匠人斲木不正，不能責怪他的繩墨一樣。」

子墨子曰：「世之君子，使之為一犬一彘之宰，不能則辭之；使為一國之相，不能而為之；豈不悖哉？」

【今譯】墨子說：「世上的君子，若使他們去宰一犬一豬，不能就會推辭；而使他做一國的宰相，他們雖然不能，卻還是照做，這不是很荒謬麼？」

子墨子曰：「今瞽曰：『鉅㊀者白也，黔㊁者墨也。』雖明目者無以易之。兼白黑，使瞽取焉，不能知也。故我曰瞽不知白黑者，非以其名也，以其取也。今天下之君子之名仁也，雖禹湯無以易之。兼仁與不仁，而使天下之君子取焉，不能知也。

故我曰天下之君子不知仁者，非以其名也，亦以其取也。」

【今註】㊀鉅：俞樾以為鉅沒有白的意義，應該是皚字的錯誤。廣雅釋器：「皚，白也。」㊁黚：黑色。

【今譯】墨子說：「現在有一個盲人說道：『皚是白的，黚是黑的。』即使是眼睛好的人，也沒法變更他。但是你若將黑白混合起來，再叫盲人去分辨，就不能知道了。所以我說：盲人不知道黑白，不是那一個名稱，而是實際的辨別。當今天下的君子對於『仁』的說法，雖是禹湯也不能變更他。但是若將仁與不仁混在一處，叫天下的君子去辨認，也就不能知道了。所以我說：天下的君子不知道『仁』是什麼，並不是那一個名稱，而是實際的辨別。」

子墨子曰：「今士之用身，不若商人之用一布之慎也。商人用一布布㊀，不敢繼㊁苟而讎焉，必擇良者。今士之用身則不然，意之所欲則為之；厚者入刑罰，薄者被毀醜，則士之用身，不若商人之用一布之慎也。」

【今註】㊀商人用一布布：應作一布市，布就是古代的錢，市就是買物。㊁繼：應為衍文，宜刪。孫詒讓讀作繼苟，又別為之說，迂曲不可信。

【今譯】墨子說：「現在士人用自己的身子，還不如商人用一個錢的謹慎。商人用一個錢去買東西，一定不肯馬虎，要挑選好的。現在士人用自己的身子就不如此，他們想到甚麼就做，重的被刑罰，輕的遭毀罵，這就是士人用自己的身子不如商人用一個錢的謹慎了。」

子墨子曰：「世之君子，欲其義之成，而助之修其身則慍㊀，是猶欲其牆之成，而人助之築則慍也，豈不悖哉？」

【今註】㊀慍：音問，怒的意思。

【今譯】墨子說：「當世的君子，要想對『義』有所成就，而人家幫助他修身，卻大不高興。這就好比要使牆成功，而人家助他築，反而發怒一樣，這不是很荒謬嗎？」

子墨子曰：「古之聖王，欲傳其道於後世，是故書之竹帛，鏤之金石，傳遺後世子孫，欲後世子孫法之也。今聞先王之遺㊀而不為，是廢先王之傳也。」

【今註】㊀遺：道字的誤寫。

【今譯】墨子說：「古代的聖王想將他們的道傳給後世的人，所以才寫在竹帛，刻在金石，留傳給後世的子孫，希望後世的子孫學習他。如今聽到了先王之道而不去做，這就是把先王傳下來的道廢掉了。」

子墨子南遊使衛，關中㊀載書甚多，弦唐子㊁見而怪之曰：「吾夫子教公尚過曰：『揣曲直而已。』今夫子載書甚多，何有也？」子墨子曰：「昔者周公旦朝讀百篇，夕見漆㊂十士，故周公旦佐相天子，其脩㊃至於今。翟上無君上之事，下無耕農之難，吾安敢廢此？翟聞之：『同歸之物，信有誤者㊄。』然而民聽不鈞，是以書多也。今若過之心者，數逆於精微㊅，同歸之物，既已知其要矣，是以不教以書也，而子何怪焉？」

【今註】㊀關中：關與扃同，車裏面可以放東西的木欄。㊁弦唐子：弦姓，墨子弟子。㊂漆：古七字作桼或作漆。㊃脩：久的意思，是說周公的相業久傳至今。㊄同歸之物信有誤者：同歸之物指天下的道理，原是殊途同歸，但說的時候，難免不有錯誤。㊅數逆於精微：數指理數。逆，是鈎考的意思。

【今譯】墨子南遊出使衛國，車廂裏載了許多書。弦唐子看見了，覺得很奇怪，說道：「夫子曾經教公尚過說：『能夠稱量出曲直就罷了。』現在夫子載這很多書，作什麼用呢？」墨子道：「從前周公旦早晨讀一百篇書，晚上接見七十個士人，所以他佐相天子，傳名至今。現在翟上沒有君相的事業，下沒有耕農的困難，我怎敢荒廢讀書呢？翟聽說過，殊途同歸的道理，原只一個，但說的時候，難免沒有差錯。而人們在聽的程度方面，又不平均，所以書就多了。如今若是通過內心的，能瞭解到這道理的精微，那麼所謂殊途同歸的，已經知道了要領，就不必再把書教給他了。你為甚麼感到奇怪呢？」

子墨子謂公良桓子㈠曰：「衛小國也，處於齊晉之間㈡，猶貧家之處於富家之間也。貧家而學富家之衣食多用，則速亡必矣。今簡㈢子之家，飾車數百乘，馬食菽粟者數百匹，婦人衣文繡者數百人，吾取飾車食馬之費，與繡衣之財以畜士，必千人有餘。若有患難，則使百人處於前，數百於後，與婦人數百人處前後孰安？吾以為不若畜士之安也。」

【今註】㈠公良桓子：衛大夫，公良是姓。㈡衛小國也處於齊晉之間：周武王弟康叔封地，在今河北濮陽，小國，為秦廢。齊，姜尚之後，山東地方。晉，周成王弟唐叔封地，山西地方，與齊在春秋時均為大國。㈢簡：閱的意思，是說看你的家。

【今譯】墨子對公良桓子說：「衛是一個小國，處在齊晉之間，就好像貧家在富家中間一樣。貧家而仿效富家的穿衣吃飯，花費很多，這個家也就必然垮得快了。現在看看你的家，裝飾過的車子有幾百輛，吃豆和穀子的馬有幾百匹，身著繡花衣裳的婦女有幾百人。如果把飾車養馬的費用，和繡衣的錢財，拿來養士，必定達到千人有餘。遇到患難時，就令數百人在前，數百人在後，這和令數百個婦女處在前後，那樣安全呢？我以為不如養士的安全了。」

子墨子仕人㈠於衛，所仕者至而反。子墨子曰：「何故反？」對曰：「與我言而不當㈡。曰：『待女以千盆㈢。』授我五百盆，故去之也。」子墨子曰：「授子過千盆，則子去之乎？」對曰：「不去。」子墨子曰：「然則非為其不審也，為其寡也。」

【今註】㈠仕人：推介一人出仕。㈡當：孫以為應作審，和後面不審相應。㈢盆：古代貯糧米用盆，是一種祿俸的數目。

【今譯】墨子介紹一個人到衛國去，那人到了後馬上回來。墨子問他道：「你為甚麼回來？」答道：「那兒和我說話不守信用。他說：『給你一千盆。』實際只給五百盆，所以我就走了。」墨子說：「如果他給你過千盆，那你走不走呢？」答道：「那就不走。」墨子說：「那麼，並不是因為他不守信，而是你嫌少罷了。」

子墨子曰：「世俗之君子，視義士不若負粟者。今有人於此，負粟息於路側，欲起而不能，君子見之，無長少貴賤，必起之，何故也？曰義也。今為義之君子，奉承先王之道以語之，縱不說㊀而行，又從而非毀之，則是世俗之君子之視義士也，不若視負粟者也。」

【今註】㊀說：一本作悅。

【今譯】墨子說：「世俗的君子，看待義士還不如一個背米的人。現在這兒有一個人，背著米放在路旁休息，要再拿起來時，力量不夠了。這時君子看見，不論老少貴賤，都會給他幫忙拿起來，為甚麼呢？因為這就叫作義呀！現在行義的君子，奉行先王的道去告訴人們，人們不僅聽了不高興跟著跑開，而且還要加以毀謗，可見得世俗的君子看待義士還不如一個背米的人哩！」

子墨子曰：「商人之四方，市賈信徒㊀，雖有關梁㊁之難，盜賊之危，必為之。今士坐而言義，無關梁之難，盜賊之危，此為信徒不可勝計，然而不為，則士之計利，不若商人之察也。」

【今註】㊀信徒：為倍徙之訛，一作倍蓰，倍是一倍，蓰是五倍。孟子：「或相倍蓰。」㊁關梁：古代設關以稽行李。水上架木以通車行的叫梁，也就是橋。關梁亦稱為關津，從前的人視作勞苦風險之地。

【今譯】墨子說：「商人到四方去做買賣，祇要利市數倍，雖有關梁的困難，盜賊的危險，還是一定要做的。現在士人坐著談『義』，沒有關梁之難，盜賊之危，這種倍數就算不清了。可見士人對利的打算，不如商人來得精呢？」

子墨子北之齊，遇日者㈠，日者曰：「帝㈡以今日殺黑龍於北方，而先生之色黑，不可以北。」子墨子不聽，遂北至淄水㈢，不遂而反焉。日者曰：「我謂先生不可以北。」子墨子曰：「南之人不得北，北之人不得南，其色有黑者，有白者，何故皆不遂也？且帝以甲乙殺青龍於東方，以丙丁殺赤龍於南方，以庚辛殺白龍於西方，以壬癸殺黑龍於北方，（以戊己殺黃龍於中方），若用子之言，則是禁天下之行者也。是圍心而虛天下也㈣，子之言不可用也。」

【今註】㈠日者：古人占候卜筮的都叫做日者。㈡帝：天帝。㈢淄水：出山東益都縣西南經臨淄壽光入海。㈣是圍心而虛天下也：此句不易解釋，孫氏閒詁但引蘇吳兩家的說法，以圍違古字通，圍心即違心。一說謂以迷信束縛人心，使天下之行人少。未甚妥。

【今譯】墨子向北赴齊，一個卜卦的人說道：「今天天帝在北方殺黑龍，而先生的顏色是黑的，不可以向北去！」墨子不聽，北進到了淄水，事情沒有順遂就回來了。那卜人說：「我不是說過先生不可以往北去嗎？」墨子說：「有些南方人不能到北，北方人不得往南，他們的顏色有黑的，也有白的，為甚麼都不遂呢？而且天帝以甲乙日殺青龍於東方，以丙丁日殺赤龍於南方，以庚辛日殺白龍於西方，以壬癸日殺黑龍於北方，如果用你的說法，那就要禁止天下人走路了。這不是違反人心，使天下人都裹足不前了麼？你的話是不可用的。」

子墨子曰：「吾言足用矣，舍㈠言革思者㈡，是猶舍穫㈢而攈㈣粟也，以其言非吾言者，是猶以卵投石也。盡天下之卵，其石猶是也，不可毀也。」

【今註】㈠舍：即捨字，下同。㈡舍言革思者：舍字下脫吾字，應補。革與更同，是說捨（放棄）我的話而去另外思考。㈢穫：收割。㈣攈：拾穗叫攈。古代正式收割以後，田裏面還有賸下的穗，上面粘有稻穀，別人去拾取的，就叫做拾穗。

【今譯】墨子說：「我的話足用了。如果捨棄我所說的話而另外去思考，就和放棄正式收割，而去拾穗一樣，以他的言論來反對我的言論，就好像拿雞蛋來擊石頭。將天下所有的雞蛋都打盡了，石頭還是老樣，它是不會被打壞的。」

公孟第四十八

公孟子謂子墨子曰：「君子共㊀己以待。問焉則言，不問焉則止，譬若鐘然，扣則鳴，不扣則不鳴。」子墨子曰：「是言有三物焉，子乃今知其一身也㊁，又未知其所謂也。若大人行淫暴於國家，進而諫，則謂之不遜㊂；因左右而獻諫，則謂之言議㊃；此君子之所疑惑也㊄。若大人為政，將因於國家之難，譬若機之將發也，然君子之必以諫，然而大人之利㊅若此者，雖不扣必鳴者也。若大人舉不義之異行，雖得大巧之經㊆，可行於軍旅之事，欲攻伐無罪之國有之也。君得之則必用之矣。以廣辟土地，著稅偽材㊇，出必見辱，所攻者不利，而攻者亦不利，是兩不利也，若此者，雖不扣必鳴者也。且子曰：『君子共己以待，問焉則言，不問焉則止，譬若鐘然，扣則鳴，不扣則不鳴。』今未有扣子而言，是子之謂不扣而鳴邪？是子之所謂非君子邪？」

【今註】㊀共：與恭同。㊁是言有三物焉子乃知其一耳：王引之云：「所謂言有三物者，不扣則不鳴者一，雖不扣必鳴者二，而公孟子但云不扣則不鳴，是知其一不知其二也。故曰：子乃知其一耳」。按這是指進諫而言的。第一是君行淫暴，君子遲疑不敢發，這是屬於不扣不鳴之類。第二是國家將有大患難，即將發動，君子知之必諫，這是屬於不扣必鳴之類。第三是主上得到新的戰具，要行不義，攻伐無罪之國，君子也必定進諫，這是屬於不扣必鳴之類。身是耳字的誤寫，耳字，文言是「而已」的意思，下也字衍文，應刪。㊂不遜：遜與順同。㊃言議：批評或謗議。㊄此君子之所疑惑也：所字下應有「以」字。這一節是指言之無益而有害，則君子遲疑而不敢言，屬之不扣不鳴。㊅然而大人之利：蘇時學以為下有脫文，孫未同意。按此六字，似係衍文，可刪。㊆大巧之經：一種很了不起的軍事計劃，或新兵器之類，如公輸般所造的雲梯之類。㊇著稅偽材：疑為「籍斂貨財」之誤。

【今譯】公孟子對墨子說：「君子應當拱手等待，問到就發言，不問即止，像鐘一樣，扣就響，不扣就不響。」墨子說：「說話一共有三種，你只知道其中之一，而且也沒有把原因弄清楚呢？如果王公大人在國家行為淫暴，若去進諫，這就叫做不遜。而因左右的人去獻諫，又會說是故意評論。這時君子是遲疑不敢發言的。（以上是不扣不鳴的一物）如果主上治國，將有大難，就像一種陷穽一樣，馬上要發動。君子必定要諫，像這樣，就是不扣也要鳴的了。如果人君將要幹那不義的行為，得到了很巧妙的經略，可以實行到軍隊中去，攻伐無罪的國家，必然要試用一下，以開闢土地，搜括錢財。但是出去必定受到危害，被攻的既不利，攻人的也不利，那就是雙方都不利了。像這樣，就是不扣也要鳴的了。」（以上是不扣必鳴的二物）。而且你說：『君子只須拱著手等待，問就發言，不問即止，像鐘一樣，扣就響，不扣就不響。』現在並沒有人扣你，而你卻在那兒發言，這你不成了不扣就響嗎？是不是你所說的那種『非君子』呢？」

公孟子謂子墨子曰：「實為善人，孰不知？譬若良玉㈠，處而不出有餘糈㈡，譬若美女，處而不出，人爭求之，行而自衒㈢。人莫之取也，今子偏從人而說之，何其勞也？」子墨子曰：「今夫世亂，求美女者眾，美女雖不出，人多求之；今求善者寡，不強說㈣人，人莫之知也。且有二生，於此善筮，一行為人筮者，一處而不出者，行為人筮者，與處而不出者，其糈孰多？」公孟子曰：「行為人筮者其糈多。」子墨子曰：「仁義鈞㈤，行說人者，其功善亦多，何故不行說人也？」

【今註】 ㈠良玉：玉應為巫的誤字。淮南子說山訓：「巫之用糈藉。」古巫醫並稱，良巫與良醫同。㈡有餘糈：糈，糧食，是說雖不出也有人求他，送他的糧米。㈢衒：說文：「行且賣也。」禮記內則：「奔則為妾。」鄭注：「奔或為衒」，是一種出賣的意思。㈣說：遊說。㈤鈞：與均同。

【今譯】 公孟子對墨子說：「真正行善，誰不知道？譬如一個良巫，住在家裏不出外，仍舊有吃不完的糧米。譬如一個美女，住在家裏不出來，人家還是爭著去聘她。走著自己求售的人家都不會要了，現在你到處向人說，不是太勞苦了嗎？」墨子說：「現在遇到亂世，求美女的多，美女雖然不出來，求的人很多，而求善人實在太少，如不勉強去勸說人，人家就不會知道了。假定這裏有兩人都善卜筮，一個出外給人去卜筮，另一個呆在家裏不出來，這兩個比較起來，那一個得的報酬多呢？」公孟子說：「出去給人卜筮的報酬多。」墨子說：「仁義與此相同，出去勸說人的功和善也多，為什麼不出去勸說人呢？」

公孟子戴章甫㈠搢忽㈡，儒服而以見子墨子曰：「君子服然後行乎？其行然後服乎？」子墨子曰：「行不在服？」公孟子曰：「何以知其然也？」子墨子曰：「昔者齊桓公高冠博帶，金劍木盾，以治其國，其國治。昔者晉文公大布之衣，牂羊㈢之裘，韋以帶劍，以治其國，其國治。昔者楚莊王鮮冠組纓，絳衣博袍，以治其國，其國治。昔者越王勾踐翦髮文身，以治其國，其國治。此四君者其服不同，其行猶一也。翟以是知行之不在服也。」公孟子曰：「善！吾聞之曰：『宿善者不祥。』請舍忽，易章甫，復見夫子可乎？」子墨子曰：「請因以相見也。

若必將舍忽，易章甫，而後相見，然則行果在服也。」

【今註】㊀章甫：就是古時的儒冠。禮記云：「章甫殷道也。」是說殷朝的冠式。論語先進：「端章甫。」鄭注：「衣玄端，冠章甫。」㊁搢忽：搢即晉字，說文：「插也。」忽即笏字，一種手持的版。古代官員持之，以備記錄上面的指示和自己的呈述，叫做手版。㊂牂羊：牝羊，見兼愛中篇。

【今譯】公孟子戴著章甫，持笏，儒服去見墨子說：「君子先講究服裝，然後才注重行為呢？還是先注重行為，然後講究服裝呢？」墨子說：「君子重在行為，不在服裝。」公孟子說：「何以知道呢？」墨子說：「從前齊桓公高冠大帶，金劍木盾，治他的國而國治。從前晉文公大布的衣，母羊皮的裘，用皮條掛劍，治他的國而國治，從前楚莊王戴著漂亮的王冠，加上綏和纓，大衣寬袍，治他的國而國治。從前越王勾踐剪髮紋身，治他的國而國治。這四君的服裝雖不同，行起來卻是一樣的，翟因此知道行為重於服裝。」公孟子說：「這話很對！我聽說：『把善事壓下來，不做的不祥。』請讓我放下笏，換掉章甫，再來見夫子好嗎？」墨子說：「請你就這樣相見好了，如果一定要先放下笏，換掉章甫，然後相見，那倒真的成了服裝重於行為了。」

公孟子曰：「君子必古言服，然後仁。」子墨子曰：「昔者商王紂，卿士費仲，為天下之暴人，箕子微子，為天下之聖人，此同言而或仁不仁也；周公旦為天下之聖人，關叔㊀為天下之暴人，此同服或仁或不仁；然則不在古服與古言矣。且子法周，而未法夏㊁也，子之古非古也。」

【今註】㊀關叔：即管叔，見耕柱篇。㊁法周法夏：章甫是周服，而還有夏在周前，則周不如夏古。

【今譯】公孟子說：「君子必須古言古服，然後稱為仁。」墨子說：「從前商紂的卿士費仲，是天下殘暴的人，箕子和微子是天下的聖人，他們說同樣的言語，而或仁或不仁。周公旦是天下的聖人，管叔是天下殘暴的人，他們穿同樣的衣服，也是或仁或不仁。那就可見並不在乎古服和古言了。並且你學到了周，又沒有學到夏，你的古並不古呀！」

公孟子謂子墨子曰：「昔者聖王之列也，上聖立為天子，其次立為卿大夫，今孔子博於詩書，察於禮義，詳於萬物，若使孔子當聖王，則豈不以孔子為天子哉？」子墨子曰：「夫知者必尊天事鬼，愛人節用，合焉為知矣。今子曰：『孔子博於詩書，察於禮樂，詳於萬物，』而曰可以為天子。是數人之齒，而以為富㊀。」

【今註】㊀數人之齒而以為富：是古代一種喻辭。古時人刻竹木以記數，叫做契，刻的地方像齒。列子說符篇：「宋人有游於道，得人遺契者，歸而藏之，密數其齒曰：吾富可待矣。」此正數人之齒而以為富者。此本俞樾說，較合。

【今譯】公孟子對墨子說：「當初聖王的次序，上聖就立作天子，其次就立作卿大夫。現在孔子博覽詩書，精察禮樂，詳究萬物，如果孔子生當聖王的時代，豈不要以孔子作天子嗎？」墨子說：「凡是智者，必定尊天事鬼，愛人節用，合起來就叫做『智』了。現在你說：『孔子博覽詩書，精察禮樂，詳究萬物，』就可以做天子，這好比數人家的契齒，自以為富一樣。」

公孟子曰：「貧富壽夭，齰然㊀在天，不可損益。」又曰：「君子必學。」子墨子曰：「教人學而執有命，是猶命人葆而去亓冠㊁也。」

【今註】㊀齰然：齰與錯、鑿並同，確然的意思。㊁命人葆而去亓冠：葆與包同，是說叫人包裹其髮而去掉帽子。亓，古其字。因為墨子非命，意思就是說如果凡事有命，就不必求學了。如今一方面主張有命，一方面又勸人求學，那就好比叫人包起頭髮來，去掉他的帽子一樣，剛好相反。因為古代都是長髮，戴帽子以前，都要把頭髮包起來。

【今譯】公孟子說：「貧富壽夭，確係天定，是無法可以增減的。」又說：「君子必須要學。」墨子說：「教人學，又要主張有命的說法，這好比叫人包起頭髮，去掉他的帽子一樣。」

公孟子謂子墨子曰：「有義不義，無祥不祥㈠。」子墨子曰：「古聖王皆以鬼神為神明，而為禍福，執有祥不祥，是以政治而國安也。自桀紂以下皆以鬼神為不神明，不能為禍福，執無祥不祥，是以政亂而國危也。故先王之書，子亦㈡有之曰：『亓㈢傲也，出於子，不祥。』此言為不善之有罰，為善之有賞。」

【今註】㈠無祥不祥：是說只有義和不義，沒有什麼祥和不祥。指一切皆有命定，鬼神不能為禍福。㈡子亦：應為「亓子」二字之誤，亓子即箕子，周書有箕子篇，今已不存。㈢亓：即古「其」字，墨子書多見此字。

【今譯】公孟子對墨子說：「只有義與不義，沒有什麼祥與不祥。」墨子說：「古代的聖王，都以鬼神為神明，能作禍福，執定有那祥與不祥。所以他們的政治好而國家定。自桀紂以下，都以鬼神為不神明，不能作福禍，執定沒有什麼祥與不祥，所以他們的政治亂而國家危。我們看那先王的書箕子篇上曾說：『如果傲慢出於你，不祥。』這就是說：為不善的有罰，為善的有賞。」

子墨子謂公孟子曰：「喪禮，君與父母，妻，後子㈠死。三年喪服。伯父叔父兄弟期㈡，族人五月，姑姊舅甥皆有數月之喪，或以不喪之間，誦詩三百，弦詩㈢三百，歌詩三百，舞詩三百。若用子之言，則君子何日以聽治？庶人何日以從事？」公孟子曰：「國亂則治之，治則為禮樂，國治則從事，國富則為禮樂。」子墨子曰：「國之治，治之，故治也。治之廢，則國之治亦廢；國之富也，從事故富也，從事廢，則國之富亦廢。故雖治國，勸之無饜㈣，然後可也。今子曰：『國治則為禮樂，亂則治之。』是譬猶噎㈤而穿井也，死而求醫也，古者三代暴王，桀紂幽厲，薾㈥為聲樂，不顧其民，是以身為刑僇，國為戾虛㈦者，皆從此道也。」

【今註】㈠後子：指嗣子，即長子。㈡期：一年的喪服。㈢弦詩：是說配以琴瑟的聲音。㈣勸之無饜：饜音厭，飽足的意思。是說不斷的勸勉他。㈤噎：被飯顆塞住咽喉叫做噎。㈥薾：音爾，華盛的意思。㈦戾虛：戾與厲同，居宅無人叫做虛，死而無後叫做厲。

【今譯】墨子對公孟子說：「按照喪禮，君和父、母、妻、長子死，三年喪服。伯、叔、兄弟一年。戚族人五個月，姑、姊、舅父、甥都有幾個月的喪。在不守喪的期間，要誦詩三百，弦詩三百，歌詩三百，舞詩三百。如果用你的話，那麼君子那一天才可以治事，人民那一天才可以工作？」公孟子說：「國家亂就去治理它，國治就作禮樂；貧就去工作，國富就作禮樂。」墨子說：「國家所以治的原因，是因為去治理它，所以才治呀！如果治理廢了，國家的治也跟著廢了。國家的富，是因為工作才富呀！如果停止工作，那國家的富，也跟著沒有了。所以雖然是治理國家，也必須勸勉不已，然後才可以。現在你說：『國治作禮樂，亂就去治他。』這好比吃飯哽住咽喉才去鑿井，人死再去找醫生一樣。古時三代暴王，桀紂幽厲等，盛為聲樂，不顧人民，所以身被刑戮，國為虛戾，都是這樣做的結果。」

公孟子曰：「無鬼神。」又曰：「君子必學祭祀。」子墨子曰：「執無鬼而學祭禮，是猶無客而學客禮㈠也，是猶無魚而為魚罟㈡也。」

【今註】㈠客禮：就是中國五禮中的賓禮。㈡罟：魚網。

【今譯】公孟子說：「鬼神是沒有的。」又說：「君子必學祭祀。」墨子說：「執定沒有鬼神而學祭禮，就好像沒有客人而去學客禮，沒有魚而去結魚網一樣。」

公孟子謂子墨子曰：「子以三年之喪為非，子之三日㈠之喪亦非也。」子墨子曰：「子以三年之喪，非三日之喪，是猶倮㊁謂撅㊂者不恭也。」

【今註】㊀三日：當為三月，按韓非子顯學云：「墨者之葬也，冬日冬服，夏日夏服，桐棺三寸，服喪三月。」㊁倮：與裸同，裸體。㊂撅：禮記內則：「不涉不撅。」鄭注：「撅，揭衣也。」按涉即徒涉，指過水時，揭起衣裳，以免為水所濕的意思，平時若揭衣，即為不恭。但是撅衣雖失禮，究竟比全裸體的為好。

【今譯】公孟子對墨子說：「你以為三年喪是不對的，那麼你的三月喪也是不對的了。」墨子說：「你以三年之喪來說三月之喪不對，這好比裸體的人說揭衣的不恭敬一樣。」

公孟子謂子墨子曰：「知有以賢於人㊀，則可謂知㊁乎？」子墨子曰：「愚之知，有以賢於人，而愚豈可謂知㊂矣哉？」

【今註】㊀知有以賢於人：這種知是偶發之知，閒詁：「謂偶有一事，賢於他人。」㊁知：與智同。㊂知：同注㊀。

【今譯】公孟子對墨子說：「知的方面偶然有勝過別人的，就可以算做智麼？」墨子說：「愚人的知，也有時會勝過人的，難道那個愚人就可以叫做智了麼？」

公孟子曰：「三年之喪，學吾㊀之慕父母。」子墨子曰：「夫嬰兒子之知，獨慕父母而已。父母不可得也，然號㊁而不止，此亓㊂故何也？即愚之至也。然則儒者之知，豈有以賢於嬰兒子哉？」

【今註】㊀吾：下脫一「子」字，應作「吾子」，吾子謂小男小女，出管子海王篇。閒詁：「三年之喪學吾子之慕父母。下文子墨子曰：『夫嬰兒子之知，獨慕父母而已。』嬰兒子即吾子也。」㊁號：號啕和號哭。㊂亓：古「其」字。

【今譯】公孟子說：「三年之喪，是學嬰兒慕父母的。」墨子說：「凡是嬰兒的知，只有慕父母而已。父母得不到，就會號哭不止，為什麼呢？這就是愚到極處了。然則儒者的知，豈能強過嬰兒呢？」

子墨子曰㊀：「問於儒者，何故為樂？」曰：「樂以為樂㊁也。」子墨子曰：「子未我應也。」今我問曰：「何故為室？」曰：「冬避寒焉，夏避暑焉，室㊂以為男女之別也。」則子告我為室之故矣。今我問曰：「何故為樂？」曰：「樂以為樂也」是猶曰：「何故為室？」曰：「室以為室也。」

【今註】㊀曰：此「曰」字，應在儒者二字之下，當作「問於儒者曰」。㊁樂以為樂：閒詁引說文木部云：「樂，五聲八音總名，引申為哀樂之樂（音ㄌㄨㄛˋ）」。此第二字即用引申之義。古讀二字同音，故墨子以「室以為室」難之。㊂室：俞樾云：「室乃且字之誤。」

【今譯】墨子問一個儒者說：「為何要作音樂？」儒者說：「樂是為了樂呀！」墨子說：「你沒有回答我的問題。」現在我問你：「為何要作房室？」你如果說：「冬避寒，夏避暑，並且使男女有別。」這就把作室的原因告訴我了。現在我問你：「為何要作音樂？」你只說：「樂是為了樂。」這就等於問：「為何要作房室？」答說：「室是為了室」一樣。

子墨子謂程子曰：「儒之道足以喪天下者，四政焉。儒以天為不明，以鬼為不神，天鬼不說㊀，此足以喪天下。又厚葬久喪，重為棺椁，多為衣衾，送死若徙㊁，三年哭泣，扶後起，杖後行，耳無聞，目無見，此足以喪天下。又弦歌鼓舞，習為聲樂，此足以喪天下。又以命為貧富壽夭，治亂安危有極矣，不可損益也；為上者行之，必不聽治矣；為下者行之，必不從事矣；此足以喪天下。」程子曰：「甚矣！先生之毀儒也。」子墨子曰：「儒固無此若四政者，而我言之，則是毀也；今儒固有此四政者，而我言之，則非毀也，告聞也㊂。」程子無辭而出。子墨子曰：「迷之㈣！」反！復坐。進復曰：「鄉㈤者先生之言有可聞㈥者焉，若先生之言，則是不譽禹，不毀桀紂也。」子墨子曰：「不然，夫應孰辭稱議㈦而為之。敏也，厚攻則厚吾，薄攻則薄吾㈧，應孰辭而稱議，是猶荷轅而擊蛾也㈨。」

【今註】㈠說：同悅。㈡送死若徙：送殯像搬家一樣。㈢告聞也：把我所聽到的告訴你。㈣迷之：應是「還之」的錯誤，墨子叫程子回來。㈤鄉：同嚮，方才。㈥聞：依畢校應為「閒」，與非同。㈦孰辭稱議：孰辭，習熟之辭，等如普通的常語。稱議，辯論的意思。依孫詒讓意，在稱議上當加一不字，是說應付習熟的語言，信口酬答，不必稱議而為之。㈧厚攻則厚吾薄攻則薄吾：兩吾字王引之校作圄，吾就是圄的古字，見戰國策趙策，守禦的意思。㈨荷轅擊蛾：轅，駕車木。蛾，與蟻同，是說拿著駕車的木頭去打螞蟻。

【今譯】墨子對程子（程繁）說：「儒家的道理，足夠喪失天下的有四點。儒以天為不明，鬼為不神，天鬼因此不悅，這足以喪天下。又厚葬久喪，作雙重的棺椁，和很多的衣衾，送殯就像搬家一樣。三年哭泣，扶著才能起，拄杖才能行，耳不能聽，眼不能見，這足以喪天下。又絃歌鼓舞，學作聲樂，這足以喪天下。又以命為有，貧富壽夭，治亂安危都有一定，不可能增損，在上位的這樣行，就不要去聽政了，在下位的這樣行，就不要工作了，這足以喪天下。」程子說：「先生這樣毀謗儒家，也太過分了！」墨子說：「假使儒者本來沒有這四件事，而我這樣說，那就是我在毀謗他們；現在儒者實在有這四件事，而我這樣說，就不是毀謗他們，不過是把我所聽到的告訴你罷了。」程子無言退出。墨子說：「回來！」回來後坐下，復說道：「剛才先生的話，也有不合的地方啊！如果照先生所說，不是不稱讚禹，也不反對桀紂嗎？」墨子說：「不然！凡是應付普通的語言，不必加以辯論，算得上聰明了。人家攻勢強，就用強力抵禦，攻勢薄，就薄設防禦，如果應付普通的語言，也照樣辯論，那就好比拿起駕車子的木頭去打螞蟻一樣。」

子墨子與程子辯，稱於孔子。程子曰：「非儒，何故稱於孔子也？」子墨子曰：「是亦當而不可易者也，今鳥聞熱旱之憂則高，魚聞熱旱之憂則下，當此雖禹湯為之謀，必不能易矣。魚鳥可謂愚矣，禹湯猶云因焉㈠。今翟曾無稱於孔子乎？」

【今註】 ㈠猶云因焉：云與或同。因，依的意思。

【今譯】 墨子和程子辯論，墨子引述孔子，程子說：「非儒，為什麼稱述孔子呢？」墨子說：「是因為說得對而不可更動的呀！」現在你看那鳥兒知道熱旱要來，就飛得高高的，魚兒知道有熱旱要來，就潛得深深的，當這時，縱然有禹湯給它們拿主意，也不過如此呀！鳥和魚是最笨的東西了，而禹湯有時也要照它們那樣辦。現在翟怎不稱述孔子呢？」

有游於子墨子之門者，身體強良，思慮徇㈠通，欲使隨而學。子墨子曰：「姑學乎，吾將仕子。」勸於善言而學其年㈡，而責仕於子墨子，子墨子曰：「不仕子，子亦聞夫魯語乎？魯有昆弟五人者，亓㈢父死，亓長子嗜酒而不葬，亓四弟曰：『子與我葬，當為子沽酒。』勸於善言而葬，已葬。而責酒於其四弟，四弟曰：『吾末予子酒矣，子葬子父，我葬吾父，豈獨吾父哉？子不葬則人將笑子，故勸子葬也。』今子為義，我亦為義，豈獨我義也哉？子不學，則人將笑子，故勸子於學。」

【今註】㈠徇：疾與快的意思。㈡勸於善言而學其年：學字斷句，是說那人聽了墨子的好話而學，其年就是期年。㈢亓：墨子書其字多作亓，這是其的古字。

【今譯】有一個人游於墨子之門，身體強壯，思慮通達，墨子想使他隨學，對他說道：「好好學罷，我將保薦你出仕。」那人被這話打動了，因而就學，過了一年，他向墨子要求出仕。墨子說：「不推薦你。你曾聽過魯國那故事麼？魯國有弟兄五人，父親死了，大哥只愛喝酒不管葬事。這四個兄弟說：『你替我們辦葬事。我們給你去沽酒。』大哥被這話打動了，就辦喪事，葬畢，向四個兄弟要酒，四個兄弟說：『我們沒有酒給你喝，你葬你父，我葬我父，父親又不光是我們的，你不葬，人家會笑你，所以我們才勸你葬啊！』現在你為義，我也在為義，難道『義』是屬於我一個人的嗎？你不學，人家會笑你，所以我勸你學。」

有游於子墨子之門者，子墨子曰：「盍㊀學乎？」對曰：「吾族人無學者。」子墨子曰：「不然，夫好美者，豈曰吾族人莫之好，故不好哉？夫欲富貴者，豈曰我族人莫之欲，故不欲哉？好美欲富貴者，不視人㊁，猶強為之。夫義，天下之大器也，何以視人？必強為之。」

【今註】 ㊀盍：音合，何不的意思。㊁不視人：是說不管人家怎樣。

【今譯】 有一個人游於墨子之門，墨子說：「何不來學呢？」答道：「我族人中沒有求學的。」墨子說：「不然！那愛美的，難道說我族人中沒有人愛，就不愛嗎？那希望富貴的，難道說我族人中沒有人希望，就不希望嗎？愛美和希望富貴的，不管別人如何，自己總要勉強去求得它，何況『義』乃是天下最偉大的東西，何必要看別人呢？也必定要勉強去求得它。」

有游於子墨子之門者，謂子墨子曰：「先王以鬼為明知㊀，能為禍人哉福㊁？為善者福之，為暴者禍之，今吾事先生久矣，而福不至，意者先生之言，有不善乎？鬼神不明乎？我何故不得福也？」子墨子曰：「雖子不得福，吾言何遽㊂不善？而鬼神何遽不明？子亦聞乎匿徒之刑㊃之有刑乎？」對曰：「未之得聞也。」子墨子曰：「今有人於此，什子㊄，子能什譽之，而一自譽乎？」對曰：「不能！」「有人於此，百子，子能終身譽亓善，而子無一乎？」對曰：「不能！」子墨子曰：「匿一人者猶有罪，今子所匿者，若此亓多，將有厚罪者也，何福之求？」

【今註】 ㊀明知：即明智，指鬼神聰明智慧。㊁禍人哉福：人哉二字衍文，應刪。㊂何遽：遽也是何的意思，這是古人的複語。㊃匿徒之刑：應作「匿刑徒。」匿刑徒即藏匿受刑的罪犯。㊄什子：十倍於你。百子，百倍於你。

【今譯】 有一個人游於墨子之門，對墨子說：「先生以鬼神為明智，能降禍福，為善的人給他福，為暴的人給他禍。如今我侍奉先生很久了，並沒有福到來，莫非是先生的話不對呢？還是鬼神不明呢？我為什麼得不到福啊？」墨子說：「你雖得不到福，但是我說的話，不見得就不對。鬼神不見得就不明。你曾聽說隱藏刑徒也有罪過嗎？」答說：「不曾聽說過。」墨子說：「這兒有一個人，勝你十倍，你能十次稱讚他，而一次自讚嗎？」答說：「不能。」墨子說：「這兒有一個人，勝你百倍，你能終身稱讚他的好處，而一次都不提到自己嗎？」答說：「不能。」墨子說：「隱藏一個人尚且有罪，現在你隱藏了這麼多，將有很大的罪過，還要求什麼福呢？」

子墨子有疾，跌鼻㊀進而問曰：「先生以鬼神為明，能為禍福，為善者賞之，為不善者罰之。今先生聖人也，何故有疾？意者先生之言有不善乎？鬼神不明知乎？」子墨子曰：「雖使我有病，何遽不明？人之所得於病者多方，有得之寒暑，有得之勞苦，百門而閉一門焉，則盜何遽無從入？」

【今註】㊀跌鼻：人名，墨子弟子。

【今譯】墨子生病，跌鼻進而問墨子說：「先生以鬼神為明，能降禍福，為善的就賞他，為不善的罰他。現在先生是一位聖人，怎麼會害病呢？莫非先生的話不對嗎？鬼神不明智嗎？」墨子說：「我雖然生病，不見得鬼神就不明。人得病的原因很多，有的是由寒暑而得，有的是由勞苦而得。譬如一百張門只閉一門，盜賊為何不能進去。」

二三子有復於子墨子學射者，子墨子曰：「不可！夫知者，必量亓力所能至而從事焉，國士戰且扶人㊀，猶不可及也，今子非國士也，豈能成學又成射哉？」

【今註】㈠國士戰且扶人：才能出眾的叫做國士，戰且扶人，是說一面作戰一面扶人。

【今譯】弟子們有請從墨子學射的。墨子說：「不可！凡是智者必量自己的力所能到才去做。一個國士一邊作戰，一邊扶人，尚且不可兼顧，何況你並非國士，怎能成學又成射呢？」

二三子復於子墨子曰：「告子㈠曰言義而行甚惡㈡，請棄之。」子墨子曰：「不可！稱我言以毀我行，俞於亡㈢。有人於此，翟甚不仁㈣，尊天事鬼愛人。甚不仁，猶愈於亡也。今告子言談甚辯，言仁義而不吾毀㈤，告子毀，猶愈亡也㈥。」

【今註】㈠告子：按孟子告子篇趙注云：「告，姓也，子，男子之通稱也。名不害，兼治儒墨之道者，嘗學於孟子。」但趙注有不實之處：①告子不知其姓名，其名不害者，乃另一浩生不害也。②告子年長於孟子，亦不曾學於孟子，所謂孟子弟子者，乃浩生不害也，趙注誤為一人。㈡告子曰言義而行甚惡：孫詒讓墨子閒詁以為應作「告子曰墨子言義而行甚惡。」蓋告子嘗以此言毀墨子，而二三子述之，故下文墨子云：「稱我言以毀我行。」又云：「告子毀猶愈亡也。」今本告子曰下脫墨子二字，遂與下文不相應。㈢亡：與無同。㈣翟甚不仁：翟，墨子名，是說有人與我甚不相愛。㈤言仁義而不吾毀：閒詁：「不字當是衍文。」應刪。㈥猶愈亡也：意思是說告子雖毀我，但還稱述我的言語，總比那言行並毀的好些。

【今譯】弟子們告訴墨子說：「告子說：墨子言義，而行為惡。請棄掉他。」墨子說：「不可！他稱述我的言語而毀謗我的行為，究竟比全不提起我強。假定這兒有一個人，和翟甚不相愛，而稱述我尊天，事鬼，愛人，雖然甚不相愛，但總比毫不涉及我為好。現在告子很有口辯，稱說仁義，雖然毀謗我，也總比沒有好呀！」

二三子復於子墨子曰：「告子勝㈠為仁。」子墨子曰：「未必然也！告子為仁，譬猶跂㈡以為長，隱㈢以為廣，不可久也。」

【今註】㈠勝：讀平聲，勝任的意思。㈡跂：說文云：「舉踵也。」把足尖離地。㈢隱：與偃同，仰身。

【今譯】弟子們對墨子說：「告子對行仁能夠勝任。」墨子說：「不見得吧！告子的行仁，譬如翹起腳來使身子加長，仰起來使身子加闊，這是不能長久的。」

告子謂子墨子曰：「我㈠治國為政。」子墨子曰：「政者，口言之，身必行之。今子口言之，而身不行，是子之身亂也。子不能治子之身，惡能治國政？子姑亡㊁，子之身亂之矣㊂！」

【今註】㊀我：下脫一能字，應增。㊁子姑亡：你姑且勿說能治國為政。㊂子之身亂之矣：畢沅云：「一本作子姑防子之身亂之矣。」義較長。

【今譯】告子對墨子說：「我能治國為政。」墨子說：「政治的事，應該能說能行，現在你只口裏說他，而本身卻不去做，這就是你自己本身亂了，你不能治你之身，又怎能治國政？你姑且不要再提這個，只提防你的本身錯亂就好了！」

魯問第四十九

魯君㊀謂子墨子曰：「吾恐齊之攻我也，可救乎？」子墨子曰：「可！昔者三代之聖王禹湯文武，百里之諸侯也，說忠㊁行義，取天下；三代之暴王桀紂幽厲，讎怨㊂行暴，失天下。吾願主君㊃之上者，尊天事鬼，下者愛利百姓，厚為皮幣，卑辭令，亟㊄偏禮四鄰諸侯，敺㊅國而以事齊，患可救也，非此顧㊆無可為者。」

【今註】㊀魯君：指魯國君，齊魯接近，魯小而齊大，故恐齊來攻他。孫詒讓以為此魯君，疑即魯穆公。㊁說忠：與悅忠同，喜愛忠言。㊂讎怨：怨是忠的誤字，應作讎忠，是說與忠臣為讎，與上文悅忠相反。㊃主君：對魯君一種敬稱。㊄亟：音及，與疾，速同。本篇亟字多誤為函。㊅敺：與驅同。驅國而以事齊，是說率領全國人民對付齊國。㊆顧：與固通。非此固無可為，是說除此外沒有別的辦法。

【今譯】魯君問墨子說：「我恐怕齊國要攻打我國，有什麼方法可以解救嗎？」墨子說：「有的，從前三代的聖王，如禹湯文武，都是地方百里的諸侯，他們愛忠行義，所以得了天下。三代的暴王，像桀紂幽厲，仇忠行暴，失了天下。我希望主君上面尊天事鬼，下面愛利百姓，備著貴重的禮物，用謙卑的辭令，趕緊遍禮四鄰諸侯，率領全國民眾去對付齊國，這種憂慮就可以解除了，此外，沒有別的辦法。」

齊將伐魯，子墨子謂項子牛㈠曰：「伐魯，齊之大過也，昔者吳王東伐越，棲諸會稽㈡，西伐楚，葆昭王於隨㈢，北伐齊，取國子㈣以歸於吳。諸侯報其讎，百姓苦其勞，而弗為用，是以國為虛戾㈤，身為刑戮也。昔者智伯伐范氏與中行氏㈥，兼三晉之地，諸侯報其讎，百姓苦其勞，而弗為用，是以國為虛戾，身為刑戮用是㈦也。故大國之攻小國也，是交相賊也，過必反於國。」

【今註】㈠項子牛：齊田和之將。㈡棲諸會稽：吳伐越，句踐兵敗，率餘甲遁往會稽，會稽即浙江紹興。㈢葆昭王於隨：左傳定公四年：「吳入郢，楚鬥辛與其弟巢，以楚王奔隨。」隨，地名，葆與保同。㈣取國子：左傳哀公十一年：「吳敗齊於艾陵，獲國子以歸。」國子是齊將國書。㈤虛戾：居宅無人叫虛，死而無後叫戾。㈥智伯與韓趙魏三家伐范氏和中行氏：事詳非攻中篇。㈦用是：二字衍文，應刪。

【今譯】齊將攻魯，墨子對齊將項子牛說道：「攻魯，是齊國的大錯啊！從前吳王東攻越，越王困在會稽。西攻楚，昭王出奔於隨。北攻齊，擒住國書回吳。結果諸侯起來復仇，百姓太過勞苦，不肯再聽命了，所以國為虛戾，身被刑戮。從前智伯起兵攻打范氏和中行氏，兼併了三晉之地，結果諸侯起來報仇，百姓太過勞苦，不肯再聽命了，於是國為虛戾，身被刑戮。所以大國的攻小國，這就叫『交相賊』，太過甚了，就會回到本身來！」

子墨子見齊大王㊀曰：「今有刀於此，試之人頭，倅㊁然斷之，可謂利乎？」大王曰：「利！」子墨子曰：「多試之人頭，倅然斷之，可謂利乎？」大王曰：「利！」子墨子曰：「刀則利矣，孰將受其不祥？」大王曰：「刀受其利，試者受其不祥㊂。」子墨子曰：「并國覆軍，賊敖㊃百姓，孰將受其不祥？」大王俯仰而思之曰：「我受其不祥。」

【今註】㊀齊大王：大讀為太，即齊的田和。篡了齊國，稱做齊太王。㊁倅：與猝同。㊂試者受其不祥：試者指持刀的人，受其不祥，是說殺多了人必定會受到不祥。㊃敖：殺字之誤。

【今譯】墨子去見齊太王說：「假定這兒有把刀，拿人頭來試，一下就斫斷了，可算得鋒利嗎？」太王說：「利！」墨子說：「多試幾個人頭，也是一下就斷，可算得鋒利嗎？」太王說：「利！」墨子說：「刀是鋒利了，但是結果誰受到不祥呢？」太王說：「刀受到鋒利之名，持刀的受到不祥。」墨子說：「併國覆軍，殺害百姓，結果誰受到不祥呢？」太王將頭俯仰著想了一下，答道：「我應當受到不祥。」

魯陽文君㊀將攻鄭，子墨子聞而止之，謂魯陽文君曰：「今使魯四境之內，大都攻其小都，大家伐其小家，殺其人民，取其牛馬狗豕，布帛米粟貨財，則何若？」魯陽文君曰：「魯四境之內，皆寡人之臣也，今大都攻其小都，大家伐其小家，奪之貨財，則寡人必將厚罰之。」子墨子曰：「夫天之兼有天下也，亦猶君之有四境之內也。今舉兵將以攻鄭，天誅亓㊁不至乎？」魯陽文君曰：「先生何止我攻鄭也？我攻鄭順於天之志，鄭人三世殺其父㊂，天加誅焉，使三年不全㊃，我將助天誅也。」子墨子曰：「鄭人三世殺其父，而天加誅焉，使三年不全，天誅足矣，今又舉兵，將以攻鄭曰：『吾攻鄭也，順於天之志。』譬有人於此，其子強梁㊄不材，故其父笞之，其鄰家之父，舉木而擊之曰：『吾擊之也，順於其父之志。』則豈不悖哉？」

【今註】㊀魯陽文君：楚平王之孫，司馬子期之子，魯陽公即此人，其地在魯山之陽，地理志云：南陽有魯山，今南陽魯陽即是，春秋時為楚縣。㊁亓：即其字，見前。㊂鄭人三世殺其父：「父」字應為「君」。鄭人弒哀公而立聲公弟丑，是為共公，共公卒，子幽公立。韓武子伐鄭，又殺幽公。弟駘立，是為繻公。其後鄭子陽之黨又弒繻公。故說三世弒其君。㊃三年不全：是說五穀收成不全，一連三年如此，是遭天罰的意思。㊄強粱：莊子山木釋文云：「強粱，多力也。」詩大雅蕩孔疏云：「任威使氣之貌。」

【今譯】魯陽文君將要攻鄭，墨子聽到了，就去勸止他，對魯陽文君說：「假使現在魯陽四境之內，大都去攻小都，大家去伐小家，殺死人民，奪取牛馬豬狗，布帛米粟和錢財，你將怎麼呢？」魯陽文君說：「魯陽四境之內，都是寡人的臣民，現在大都攻小都，大家伐小家，搶奪貨財，那我一定要嚴厲處罰他們。」墨子說：「上天之兼有天下，也和人君之兼有四境之內一樣，現在起兵攻鄭，天誅就不會降下來嗎？」魯陽文君說：「先生為何要勸止我攻鄭呢？我攻鄭是順著上天的意志啊！鄭人三代都將國君殺了，上天降下誅罰，使鄭國三年沒有收成，我這是要幫助上天誅罰他們。」墨子說：「鄭人三代將國君殺死，於是天降誅罰，使鄭國三年沒有收成，天的誅罰已經夠了，現在又起兵去攻鄭說：『我攻鄭，是順從天的意志。』這好比有一個人在此，他的兒子豪強不成材，他父親已經打了他，而鄰家的長老又舉起木頭打他說：『我打他是順從他父親的意志。』這豈不是很沒有道理？」

子墨子謂魯陽文君曰：「攻其鄰國，殺其民人，取其牛馬粟米貨財，則書之於竹帛，鏤之於金石，以為銘於鐘鼎，傳遺後世子孫曰：『莫若我多。』今賤人也，亦攻其鄰家，殺其人民，取其狗豕食糧衣裘，亦書之竹帛，以為銘於席豆㊀，以遺後世子孫曰：『莫若我多。』亦可乎？」魯陽文君曰：「然！吾以子之言觀之，則天下之所謂可者，未必然也。」

【今註】㊀席豆：几席和籩豆，豆是食器。

【今譯】墨子對魯陽文君說：「攻打鄰國，殺害該國的人民，奪取人家的牛馬粟米和錢財後，就記在竹帛，刻在金石，作成銘詞在鐘鼎上面，傳給後代的子孫說：『沒有誰比我還多。』現在假使一個平民也攻打他的鄰家，殺死鄰人，奪取人家的豬狗食糧衣服，也把這件事記在竹帛，作成銘詞留在几席和祭器的上面，傳給後代的子孫說：『沒有誰比我還多。』這可以嗎？」魯陽文君說：「不錯，現在照你的話看來，天下所認為對的事，未必一定對啊！」

子墨子謂魯陽文君曰：「世俗之君子，皆知小物而不知大物，今有人於此，竊一犬一彘，則謂之不仁；竊一國一都，則以為義，譬猶小視白謂之白，大視白則謂之黑，是故世俗之君子，知小物而不知大物者，此若言㈠之謂也。」魯陽文君語子墨子曰：「楚之南有啖人之國者橋㈡，其國之長子生，則鮮㈢而食之，謂之宜弟。美，則以遺其君，君喜則賞其父，豈不惡俗哉？」子墨子曰：「雖中國之俗，亦猶是也，殺其父而賞其子㈣，何以異食其子而賞其父者哉？苟不用仁義，何以非夷人食其子也？」

【今註】㈠若言：古人謂此為若，連言之則曰「此若」。此若言之謂也，已見尚賢篇。若言就是「此言」。㈡啖人之國者橋：啖人就是食人國。橋或係他們的國名。㈢鮮：節葬下篇作「解」，作鮮亦可。㈣殺其父而賞其子：意思是說為攻戰而死的人，公家卹賞其孤子。

【今譯】墨子對魯陽文君說：「世俗的君子，都只明白小事，而不明白大事，現在有一個人在這裏，他偷人家一條狗或一隻豬，大家就說他不仁，但是若竊取一國一都，大家就以為他合乎義。這好比少看到白叫做白，多看到白叫做黑。所以世俗的君子，只明白小事，不明白大事，就是這個說法。」

魯陽文君對墨子說：「楚國南面有一個吃人國叫做橋，他國的長子生，就拿來活生生的吃掉，叫做宜弟，假使滋味好的話，還要送去給國君吃，國君吃得高興時，還要賞賜孩子的父親，這不是一種惡俗嗎？」墨子說：「雖是中國的風俗，也是如此啊！殺死人家的父親，賞賜死者的孩子，這和吃了人家的孩子，賞賜孩子的父親，有什麼區別呢？假如不用仁義，怎樣可以非笑那夷人吃自己的兒子呢？」

魯君之嬖人㈠死，魯人為之誄㈡，魯君因說而用之。子墨子聞之曰：「誄者，道死人之志也，今因說而用之，是猶以來首從服㈢也。」

【今註】㈠嬖人：所寵倖的人。㈡魯人為之誄：誄是一種哀祭的文字。按禮記檀弓篇：「縣賁父卜國為魯君御，因馬驚敗，赴敵而死之，魯君莊公以其死非罪而誄之，士之有誄自此始。」㈢來首從服：墨子閒詁以「來首」，疑即「貍首」，貍來古音相近，服指駕車的服馬。來首從服，是說以貍駕車，不能勝任的意思，王本改作「耒首」，解為以馬駕農具代耕，似均未妥，以闕疑為是。

【今譯】魯君的嬖人死了，魯人為他做了一篇誄文，魯君看了歡喜而用了他。墨子聽了說道：「誄是稱述死者的遺志的，如今因為歡喜而用了他，這就好比用貍去駕車一樣。（來首從服，誤字不解，姑如此翻）。」

魯陽文君謂子墨子曰：「有語我以忠臣者，令之俯則俯，令之仰則仰，處則靜，呼則應，可謂忠臣乎？」子墨子曰：「令之俯則俯，令之仰則仰，是似景㈠也。處則靜，呼則應，是似響也㈡；君將何得於景與響哉？若以翟之所謂忠臣者，上有過，則微㈢之以諫，己有善，則訪㈣之上，而無敢以告外。匡其邪，而入其善，尚同而無下比，是以美善在上，而怨讎在下，安樂在上，而憂慼在臣，此翟之謂忠臣者也。」

【今註】㈠景：古無影字，只作景。㈡響：聲響。㈢微：伺間的意思，是說有機會就進諫。㈣訪：與謀同，是說進其謀於上，而不告人。

【今譯】魯陽文君對墨子說：「有人對我提到忠臣，說是叫他俯就俯，仰就仰，平時靜靜的，呼喚他就答應。這可以算是忠臣了吧！」墨子說：「叫他俯就俯，仰就仰，這就像影子差不多了。平時靜靜的，一叫就答應，這就像回聲一樣了。您能從影子和回聲得到些什麼呢？若是翟所認為忠臣的就是：上有過錯時，等到有機會就進諫，自己有善，就歸之於上，而不告訴外人。匡正其邪而納之於善，與上面協同而不蒙蔽，所以美善在上，而怨讎在下，安樂在上，而憂慼在下，這就是翟所認為忠臣的了。」

魯君謂子墨子曰：「我有二子，一人者好學，一人者好分人財㈠，孰以為太子而可？」子墨子曰：「未可知也，或所為賞與為是也㈡，鈞者之恭㈢，非為魚賜也；餌鼠以蟲㈣，非愛之也，吾願主君㈤之合其志功㈥而觀焉。」魯人有因子墨子而學其子者，其子戰而死，其父讓㈦子墨子，子墨子曰：「子欲學子之子，今學成矣，戰而死，而子慍，是猶欲糶，糶讐㈧則慍也，豈不費㈨哉？」

【今註】㈠好分人財：好以財分人。㈡或所為賞與為是也：賞與即賞譽，是說這二子或因為要求得賞賜和名譽，而故意如此作，也不可知。㈢鈞者之恭：鈞與釣同，釣者多是彎著腰去釣魚，所以說是釣者之恭。㈣餌鼠以蟲：蟲應作蠱，有毒的食物。㈤主君：敬稱，見前。㈥志功：志願和行事。㈦讓：責怪。㈧糶：應作糶。讐：售也。㈨費：悖的借字。

【今譯】魯君對墨子說：「我有兩個兒子，一個好學，一個喜歡分財給人，你看我立那一個做太子好呢？」墨子說：「光從這一點看，是不能知道的，或者他們是為了賞賜和名譽，方才是這樣做呢。好比釣魚的那樣哈腰坐著，並不是謝謝魚的賞賜他。給毒物給老鼠吃，並非愛鼠。我希望主君能夠把他們的志願和行事合起來觀察就得了。」魯國有人命他的兒子從墨子學，兒子後來作戰死了，他的父親來責怪墨子。墨子說：「你要你的兒子從我學，現在已經學成戰死，而你發怒；這好比你要糶米一樣，已經如你的意賣完了，而你還要發怒，這不是很背常理嗎？」

魯之南鄙人㊀有吳慮者，冬陶夏耕，自比於舜，子墨子聞而見之，吳慮謂子墨子：「義耳義耳，焉用言之哉？」子墨子曰：「子之所謂義者，亦有力以勞人，有財以分人乎？」吳慮曰：「有！」子墨子曰：「翟嘗計之矣，翟慮㊁耕而食天下之人矣，盛㊂然後當一農之耕，分諸天下，不能人得一升粟，籍而㊃以為得一升粟，其不能飽天下之飢者，既可睹矣。翟慮織而衣天下之人矣，盛然後當一婦人之織，分諸天下，不能人得尺布，籍而為得尺布，其不能煖天下之寒者，既可睹矣。翟慮被堅執銳，救諸侯之患，盛然後當一夫之戰，一夫之戰，其不御㊄三軍，既可睹矣。翟以為不若誦先王之道，而求其說，通聖人之言，而察其辭，上說王公大人，次說匹夫徒步之士。王公大人用吾言，國必治；匹夫徒步之士用吾言，行必修。故翟以為雖不耕而食飢，不織而衣寒，功賢於耕而食之，織而衣之者也，故翟以為雖不耕織乎，而功賢於耕織也。」

【今註】㊀鄙人：山野之人。㊁慮：設想到。㊂盛：至多。㊃籍而：假令及即令等意。㊄御：抵禦。

【今譯】魯國南部有一個鄙人名叫吳慮，冬天製陶器，夏天耕田，將自己比作舜。墨子聽到了，就去會見他，吳慮對墨子說：「義啊義啊！這何必去說他呢？」墨子說：「你所謂的義，也有力量幫助人，有錢財分給人嗎？」吳慮說：「有的。」墨子說：「翟曾經計算過了。翟想到耕田給天下吃。最多也不過只抵得一個農夫的耕作，分給天下，每人還得不到一升粟，即令能夠得到一升粟，而不能使天下的飢者得飽，那是看得見的事了。翟也曾想到織布給天下人穿，最多也不過抵得一個婦人的紡織，分給天下人，每人還得不到一尺布。即令每人得到一尺布，而不能使天下寒者得暖，也是看得見的事了。翟想到要披著堅固的鎧甲，拿著銳利的兵器，去救諸侯的患難，最多也不過抵得一個士兵作戰。一個士兵作戰，怎樣也不能抵禦三軍，這也是看得見的事了。翟以為不如誦習先王的道術，而研究其學說。通聖人的言語，而細察其文辭，上以游說王公大人，次以游說平民和徒步的人士。王公大人們若用我言，國必治。平民和徒步之士，若用我言，行必修。所以翟以為雖不去耕田給飢者吃，織布給寒者穿，而他的功効，已超過他們的了。」

吳慮謂子墨子曰：「義耳義耳，焉用言之哉？」子墨子曰：「籍設㊀而天下不知耕，教人耕，與不教人耕而獨耕者，其功孰多？」吳慮曰：「教人耕者，其功多。」子墨子曰：「籍設而攻不義之國，鼓而使眾進戰㊁，與不鼓而使眾進戰，而獨進戰者，其功孰多？」吳慮曰：「鼓而進眾者其功多。」子墨子曰：「天下匹夫徒步之士，少知義而教天下以義者，功亦多，何故弗言也？若得鼓而進於義，則吾義豈不益進哉？」

【今註】㊀籍設：假設。㊁鼓而使眾進戰：古代作戰，鳴鼓進軍。

【今譯】吳慮對墨子說：「義啊義啊！這何必去說他呢？」墨子說：「假定天下人都不會耕田，有一種人教人耕，和那不教人耕，單獨自己耕的，誰的功多？」吳慮說：「教人耕的功最多。」墨子說：「假定去攻打不義之國，擊鼓令眾人進戰，和不擊鼓令人進戰，而獨自進戰的，誰的功多？」吳慮說：「擊鼓進眾的功多。」墨子說：「天下的平民和徒步的人士，少有知道義的，而教天下以義的，功也多，為什麼不說呢？假定像擊鼓一樣而進於義，那麼我的義豈不是更進了嗎？」

子墨子游㊀公尚過於越，公尚過說越王，越王大說㊁，謂公尚過曰：「先生苟能使子墨子於越，而教寡人，請裂故吳之地㊂方五百里，以封子墨子。」公尚過許諾，遂為公尚過束車㊃五十乘，以迎子墨子於魯曰：「吾以夫子之道說越王，越王大說，謂過曰：『苟能使子墨子至於越，而教寡人，請裂故吳之地方五百里以封子。』」子墨子謂公尚過曰：「子觀越王之志何若？意越王將聽吾言，用我道，則翟將往，量腹而食，度身而衣，自比於羣臣，奚能以封為哉？抑㊄越王不聽吾言，不用吾道，而吾往焉，則是我以義糶㊅也，鈞㊆之糶，亦於中國耳，何必於越哉？」

【今註】㊀游：游揚，推薦。㊁越王大說：此越王，據蘇時學考證，是勾踐之後。說同悅，上說字是遊說。㊂故吳之地：這時越已平吳，兼併其地，故稱故吳之地。㊃束車：束與縛同，套車的意思。㊄抑：若是，如果等意。㊅義糶：糶與賣及市同，義糶是說拿著義去出賣。㊆鈞：與均同，均之糶，是說「同樣出賣」的意思。

【今譯】墨子推薦公尚過赴越，公尚過游說越王，越王大喜，對公尚過說：「先生如果能夠使墨子到越來教寡人，願割故吳的地方五百里封他。」公尚過答應了，越王於是替公尚過備車五十乘，去迎接墨子。公尚過說：「我以夫子之道去游說越王，越王大喜，對我說：『如能使墨子到越來教寡人，請割故吳的地方五百里封他。』」墨子對公尚過說：「你看越王的意思怎樣？我想，如越王將聽我的話，用我的道，我這往越國去，不過是量腹吃飯，度身穿衣，和普通的臣僚一樣，又何必要那封地呢？假使越王不聽我言，不用我道，而我到那兒去，那不成了把『義』出賣嗎？同樣是出賣，在中國就好了，何必要去越國呢？」

子墨子游魏越㈠，曰：「既得見四方之君子，則將先語㈡？」子墨子曰：「凡入國必擇務而從事焉，國家昏亂，則語之尚賢尚同；國家貧，則語之節用節葬；國家熹音湛湎㈢，則語之非樂非命；國家淫僻無禮，則語之尊天事鬼；國家務奪侵凌，則語之兼愛非攻；故曰擇務而從事焉。」

【今註】㈠游魏越：魏越，墨子弟子，游揚之使出仕。㈡則將先語：說話以何者為先。㈢熹音湛湎：即喜歡音樂和沉湎於酒。

【今譯】墨子推薦魏越出仕，魏越說道：「見到四方的君子時，應當先說什麼呢？」墨子說：「凡是到一個國內，必須選擇必要的去做，國家昏亂，就教他尚賢尚同；國家貧窮，就教他節用節葬；國家喜歡音樂和飲酒，就教他非樂非命；國家如果淫僻無禮，就教他尊天事鬼；國家如果爭奪侵略，就教他兼愛非攻；所以說：『必須選擇必要的去做。』」

子墨子出㈠曹公子而㈡於宋，三年而反，睹子墨子曰：「始吾游於子之門，短褐之衣，藜藿之羹，朝得之，則夕弗得，祭祀鬼神㈢。今而以夫子之教，家厚於始也；有家厚，謹祭祀鬼神。然而人徒多死，六畜不蕃，身湛㈣於病，吾未知夫子之道之可用也。」子墨子曰：「不然！夫鬼神之所欲於人者多，欲人之處高爵祿，則以讓賢也，多財，則以分貧也。夫鬼神豈唯擢季拑肺㈤之為欲哉？今子處高爵祿，而不以讓賢，一不祥也；多財而不以分貧，二不祥也。今子事鬼神，唯祭而已矣，而曰：『病何自至哉？』是猶百門而閉一門焉，曰：『盜何從入？』若是而求福於有怪之鬼㈥，豈可哉？」

【今註】㈠出：當為士字之誤，與仕同，墨子使他出仕。㈡而：衍文，應刪。㈢祭祀鬼神：上似脫一「以」字。㈣湛：音沉，與漬同。㈤擢季拑肺：季字是黍字的錯誤。黍和肺都是祭品，儀禮有舉肺祭肺，專為祭祀用的。擢是引，拑是持。意思就是鬼神豈是專為貪圖你的祭品嗎？㈥有怪之鬼：應作有靈之鬼神。

【今譯】墨子推薦曹公子到宋國出仕，三年後回來，見著墨子說：「當初我在夫子這裏求學時，穿著粗布的短衣，雖是野菜的飯，尚且早晨吃了一頓，到晚上就沒有，所以不能去祭祀鬼神，現在因為夫子的原故，家境比從前寬裕了，因為家境轉好，所以小心去祭祀鬼神，然而人多死亡，六畜不蕃殖，自己又身染疾病，我不知道先生的道術有什麼用處。」墨子說：「不然！鬼神所希望於人的很多，他希望人的官爵高了，就讓給賢人，錢財多了就分給窮人，鬼神豈是貪圖那些黍和肺的祭品呢？現在你身處高位，享受爵祿，而不讓給賢人，這是第一件不祥的事，有很多錢財，而不分給窮人，這是第二件不祥的事。如今你事奉鬼神，不過就是祭祀罷了，而你竟說：『病是從什麼地方來的呢？』好比那兒有一百張門，只關掉了一張，說是強盜打從那裏進來的呢？像這樣，去向有靈的鬼神求福，怎麼可以呢？」

魯祝㈠以一豚祭，而求百福於鬼神，子墨子聞之曰：「是不可，今施人薄而望人厚，則人唯恐其有賜於己也。今以一豚祭，而求百福於鬼神，唯恐其以牛羊祀也。古者聖王事鬼神，祭而已矣㈡；今以豚祭而求百福，則其富不如其貧也㈢。」

【今註】㈠魯祝：專主祭的人叫祝，魯是魯國。㈡祭而已矣：是說只祭而不求福。㈢則其富不如其貧也：是說貧賤就辦不出祭品，倒不如窮的為好。

【今譯】魯祝用一頭小豬去祭祀，求鬼神降百福，墨子聽到了說：「這樣不可以，如果施給人家很薄，而希望報答很厚，那麼人家就會害怕你再施與給他了。如今用一隻小豬去祭祀，要求鬼神降百福，那麼鬼神唯恐你再用牛羊去祭祀他了。古代的聖王事奉鬼神，不過是祭祀而已，現在用一隻小豬祭祀，就要向鬼神求百福，那就是富還不如窮的好。」

彭輕生子㈠曰：「往者可知，來者不可知。」子墨子曰：「籍設而㈡親在百里之外，則遇難焉，期以一日也，及之則生，不及則死。今有固車良馬於此，又有奴馬㈢，四隅之輪㈣於此，使子擇焉，子將何乘？」對曰：「乘良馬固車，可以速至。」子墨子曰：「焉在矣來㈤。」

【今註】㈠彭輕生子：孫詒讓墨子閒詁云：「疑亦墨子弟子。」㈡籍設而：而與汝同。籍設而就是「假如你……」。㈢奴馬：即駑馬，羸劣的馬。㈣四隅之輪：四輪的笨車。㈤焉在矣來：應為「焉在不知來。」

【今譯】彭輕生子對墨子說：「已往的事可以知道，未來的事不能夠知道。」墨子說：「假使你的父母在百里以外的地方，忽然遇到危難的事，為期只有一天，趕到了就可以活，趕不到就會死。現在有堅固的車和好馬在此，又有劣馬和四角輪盤的車子在此，任你選擇，你要乘坐那一種呢？」答道：「乘好馬和堅固的車子，可以快到。」墨子說：「怎樣不可以預知將來呢？」

孟山㈠譽王子閭㈡曰：「昔白公㈢之禍，執王子閭斧鉞鉤要㈣，直兵㈤當心，謂之曰：『為王則生，不為王則死。』王子閭曰：『何其侮我也！殺我親而喜我以楚國㈥，我得天下，而不義，不為也，又況於楚國乎？』遂而不為㈦，王子閭豈不仁哉？」子墨子曰：「難則難矣，然而未仁也。若以王為無道，則何故不受而治也？若以白公為不義，何故不受王，誅白公然而反王㈧，故曰難則難矣，然而未仁也。」

【今註】㈠孟山：可能為墨子弟子。㈡王子閭：子閭，楚平王之子名啟。㈢白公：白公名勝，楚平王之孫，太子建之子。魯哀公十六年，在楚作亂，劫楚惠王，欲以子閭為王，不可，劫以兵，誓死不從，遂殺之。㈣要：即腰。㈤直兵：直的兵器，如劍矛之類。㈥殺我親而喜我以楚國：按楚惠王名章，是昭王的兒子。王子閭是平王的兒子，昭王名壬，係平王所生，王子閭應是惠王的叔父，這時惠王被劫，不知生死，故子閭說是「殺我親而喜我以楚國。」㈦遂而不為：而字衍文，應刪。㈧然而反王：而字應為後字之誤。

【今譯】孟山誇讚王子閭說：「從前白公之亂，劫持王子閭，拿著斧鉞鉤住他的腰，刀劍抵住他的心，對他說：『你作王就生，不做王就死。』王子閭說：『怎麼這樣侮辱我！殺了我的親人，而把楚國來勾引我，我縱然得了天下，如果陷於不義，也不會幹，更何況只有楚國呢？』結果還是不做。王子閭豈不是一個仁人嗎？」墨子說：「難是很難了，但還不能算是仁啊！如果以為楚王無道，為什麼不接受來治理楚國呢？如果認為白公不義，為什麼不接受王位，殺掉白公，再歸還王位呢？所以說：『難是很難了，但還不能算是仁啊！』」

子墨子使勝綽事項子牛㈠，項子牛㈡三侵魯地，而勝綽三從，子墨子聞之，使高孫子㈢請而退之曰：「我使綽也，將以濟驕而正嬖也，今綽也祿厚而譎夫子㈣，夫子三侵魯而綽三從，是鼓鞭於馬靳㈤也。翟聞之：『言義而弗行，是犯明也㈥。』綽非弗之知也，祿勝義也。」

【今註】 ㈠勝綽事項子牛：勝綽，墨子弟子。事，就是做項的部下。㈡項子牛：齊將，見前。㈢高孫子：墨子弟子。㈣譎夫子：欺詐叫做譎，這裡作「不以正道對他的長官之意。」夫子指項子牛。㈤馬靳：靳是馬的當胸處，要馬走而反擊其胸，是相反的舉動。㈥是犯明也：是說明知故犯。

【今譯】 墨子使勝綽去輔佐項子牛，項子牛三次去侵佔魯地，勝綽三次都跟隨，墨子聽了，命高孫子去請項子牛斥退他說：「我派綽去，是要他止驕而正僻的，現在綽的俸祿厚了，不用正道事夫子，夫子三次侵魯，而綽三次都跟隨，這好比要馬前進，反用鞭子去抽打馬的前胸一樣。翟聽到嘴裏說義，而實際卻不去做，就是明知故犯。綽並不是不知道，只是祿勝義而已。」

昔者楚人與越人舟戰於江，楚人順流而進，迎流而退，見利而進，見不利則其退難；越人迎流而進，順流而退，見利而進，見不利則其退速；越人因此若埶㈠，亟㈡敗楚人。公輸子㈢自魯南游楚焉，始為舟戰之器，作為鉤強㈣之備；退者鉤之，進者強之，量其鉤強之長，而制為之兵，楚之兵節，越之兵不節，楚人因此若埶，亟敗越人。公輸子善其巧，以語子墨子曰：「我舟戰有鉤強，不知子之義，亦有鉤強乎？」子墨子曰：「我義之鉤強，賢於子舟戰之鉤強，我鉤之以愛，揣㈣之以恭，弗鉤以愛則不親；弗揣以恭，則速狎，狎而不親，則速離。故交相愛交相恭，猶若相利也，今子鉤而止人，人亦鉤而止子；子強而距人，人亦強而距子；交相鉤，交相強，猶若相害也。故我義之鉤強，賢子舟戰之鉤強。」

【今註】 ㈠此若埶：若就是此，此若是古人的複語，墨子書多謂「此」為「此若」，「此若埶」就是此勢。㈡亟：與數同。㈢公輸子：魯般一稱公輸子，或以為魯昭公之子，魯哀公時巧人。墨子書作「公輸盤」，各書皆作「般」。㊃強：拒字的錯誤，下同。㊄揣：也是拒字之誤。

【今譯】從前楚人和越人用舟師在江裏面作戰，楚人順流而進，逆流而退，戰事順利就前進，戰事不利退下來卻很難；越人逆流而進，順流而退，順利就前進，遇到不利退下來卻很容易，越人因為佔了這種優勢，所以屢次擊敗楚人。公輸子由魯南遊到楚，於是開始製造舟戰的器具，做成鉤拒的東西，退時用鉤子鉤住，進時用拒把他穩定，量好鉤和拒的長度，制定船上用的兵器，於是楚的兵有節制，越的兵沒有節制，楚人因為佔了這種優勢，也屢次擊敗越人。公輸子很以為巧，告訴墨子說：「我的舟戰有鉤拒，不知道你的義也有鉤拒沒有？」墨子說：「我那義的鉤拒，比你舟戰的鉤拒還要好。我的鉤拒是用愛來作鉤，用恭來作拒，不用愛作鉤就不會親，不用恭來作拒，就容易慢，慢而不親，很快就會離開，所以交相愛，交相恭就是相利了。現在你用鉤止住人，人也會用鉤止住你，你用拒去拒人，人也會用拒來拒你，交相鉤，交相拒，就是相害了。所以我那義的鉤拒，比你舟戰用的鉤拒好。」

公輸子削竹木以為䧿㊀，成而飛之，三日不下，公輸子自以為至巧，子墨子謂公輸子曰：「子之為鵲也，不如匠之為車轄㊁。須臾㊂劉㊃三寸之木，而任五十石之重。故所為功，利於人謂之巧；不利於人，謂之拙。」

【今註】㊀䧿：與鵲同。㊁轄：車軸端鍵叫做車轄，車輪軸心上的鍊子，古代多是用鐵作的，也有用木作的。㊂須臾：不多時。㊃斵：與斫同。

【今譯】公輸子削了竹和木製成一隻鵲，造成後放到天空去飛，三天都不掉下來，公輸般自以為再巧妙也沒有了。墨子對他說：「你製造的鵲，還不如我造的車轄精巧，造車轄時，只需片刻的工夫，就可以斵成三寸的木頭，可用來載五十石重的東西。所以要說巧，有利於人的就叫做巧，不利於人的就叫做拙。」

公輸子謂子墨子曰：「吾未得見之時，我欲得宋，自我得見之後，予我宋而不義，我不為。」子墨子曰：「翟之未得見之時也，子欲得宋；自翟得見子之後，予子宋而不義，子弗為，是我予子宋也。子務為義，翟又將予子天下。」

【今譯】公輸般對墨子說：「我還沒有見到你前，我很想得到宋國，但自從見過你後，給我宋而不義，我就不肯要了。」墨子說：「翟還沒晤見你時，你想得到宋，自翟得見你後，給你宋而不義，你不肯要，那就是我把宋送給你了。你努力去行義，翟還會把天下送給你呢！」

公輸第五十

公輸盤㈠為楚造雲梯之械成，將以攻宋，子墨子聞之，起於齊㈡，裂裳裹足，日夜不休㈢，行十日十夜而至於郢㈣，見公輸盤。公輸盤曰：「夫子何命焉為㈤？」子墨子曰：「北方有侮臣，願藉㈥子殺之。」公輸盤不說㈦。子墨子曰：「請獻十金㈧。」公輸盤曰：「吾義固不殺人。」子墨子起再拜曰：「請說之，吾從北方聞子為梯，將以攻宋，宋何罪之有？荊國有餘於地，而不足於民，殺所不足，而爭所有餘，不可謂智。宋無罪而攻之，不可謂仁，知而不爭，不可謂忠，爭而不得，不可謂強，義不殺少而殺眾，不可謂知類。」公輸盤服。

【今註】㈠公輸盤：即公輸般，一作班，又稱魯班。公輸是魯班的別號。㈡起於齊：畢沅據呂氏春秋愛類篇云自魯往為是。㈢裂裳裹足日夜不休：依王說引呂氏春秋愛類篇增。㈣郢：楚的都城，即湖北的江陵縣。㈤夫子何命焉為：意思是夫子有何指教。㈥藉：與借同，借你的手殺掉他。㈦說：

同悅。㈧十金：古以金一鎰為一金，鎰是二十兩，見耕柱篇。

【今譯】公輸盤給楚國造好了雲梯，將去攻宋，墨子聽到了，從魯國起程，裂裳裹足，日夜不停，走了十天十夜，到達楚都郢，去見公輸盤。公輸盤說：「夫子有什麼事見教呢？」墨子說：「北方有人侮辱了我，希望借你的手殺掉他。」公輸盤不悅！墨子說：「請奉送黃金二百兩。」公輸盤說：「我絕對不會隨便殺人。」墨子起身，再拜說道：「請聽我說，我在北方聽說你造了雲梯，將去攻宋，宋有什麼罪呢？楚國的土地有餘，人民不足。殺傷自己的不足而爭那有餘，這就是不智。宋沒有罪，平白去攻他，這就是不仁。明知道不對，不肯去爭，這就是不忠。爭而不聽，這就是不強，義不殺少而殺眾，這就是不知類。」公輸盤折服了。

子墨子曰：「然乎㈠不已乎？」公輸盤曰：「不可！吾既已言之王矣。」子墨子曰：「胡不見我於王。」公輸盤曰：「諾。」子墨子見王，曰：「今有人於此，舍其文軒㈡，鄰有敝轝㈢，而欲竊之，舍其錦繡，鄰有短褐㈣，而欲竊之，舍其粱肉，鄰有糠糟，而欲竊之，此為何若人？」王曰：「必為㈤竊疾矣。」子墨子曰：「荊㈥之地，方五千里，宋之地，方五百里，此猶文軒之與敝轝也，荊有雲夢㈦，犀兕麋鹿滿之，江漢之魚鼈黿鼉，為天下富。宋所為無雉兔狐狸㈧者也，此猶粱肉之與糠糟也。荊有長松文梓，楩枏豫章㈨，宋無長木，此猶錦繡之與短褐也。臣以三事之攻宋也㈩，為與此同類，臣見大王之必傷義而不得。」王曰：「善哉！雖然，公輸盤為我為雲梯，必取宋。」

【今註】㈠乎：應作胡，胡，何不之意。㈡文軒：兩旁有壁的車叫軒。大夫以魚為飾，卿以犀皮為飾，凡是大夫以上乘坐的車都叫軒。文軒就是裝飾過的。㈢轝：與輿同。㈣短褐：揚子方言：「襜褕，自關以西，其短者謂之裋褐。」漢書貢禹傳：「妻子糠豆不贍，裋褐不完。」廣韻：「裋，敝衣襦也。」㈤為：下脫一「有」字，應增。㈥荊：楚亦稱荊。㈦荊有雲夢：今華容縣東南巴丘湖。華容，在今湖北的監利石首二縣境。㈧狐狸：依太平御覽引作「鮒魚」，是。鮒魚就是小魚。㈨楩枏豫章：楩枏音ㄆㄧㄢˊ ㄋㄢˊ，長松、文梓、楩枏、豫章都是大木的名稱。㈩三事之攻宋：畢沅以三事為「王吏」之誤，孫詒讓以為當作「三吏」之誤，皆未妥。三事應為前面所設的三個比喻。曹耀湘據太平御覽校補作「臣以三事言之，王之攻宋……」最合。

【今譯】墨子說：「既然說對了，何不停止呢？」公輸盤說：「不行！我已經對楚王說過了。」墨子說：「何不引我去見楚王？」公輸盤說：「好。」墨子見了楚王說道：「現在有一個人在此，拋棄自己的文軒，鄰家有一輛破車，他想去偷。拋棄自己的錦繡，鄰家有一件破襦，他想去偷。拋棄自己的粱肉，鄰家有些糟糠，他想去偷。這算是一種什麼人呢？」楚王說：「這人一定有偷竊的毛病了。」墨子說：「荊地，方五千里，宋地，方五百里，這就是文軒和破車的比較了。荊有雲夢大澤，裏面充滿了犀兕麋鹿，江漢的魚鼈黿鼉，天下最富。宋是連野雞兔子和小魚都沒有的，這就是粱肉和糟糠的比較了。荊有長松、文梓、楩枏、豫章，宋沒有一株較長的樹木，這就是錦繡和短褐的比較了。臣以為照這三件事看來，現在去攻宋，正和這相類。臣以為大王必定會損傷『義』，而得不到宋。」楚王說：「對呀！但是公輸盤已經給我造好雲梯，必取宋。」

於是見公輸盤，子墨子解帶為城，以牒㈠為械，公輸盤九設攻城之機變，子墨子九距之，公輸盤之攻械盡，子墨子之守圉有餘，公輸盤詘㈡。而曰：「吾知所以距子矣，吾不言。」子墨子亦曰：「吾知子之所以距我，吾不言。」楚王問其故，子墨子曰：「公輸子之意，不過欲殺臣，殺臣，宋莫能守，可攻也。然臣之弟子禽滑釐㈢等三百人，已持臣守圉之器，在宋城上，而待楚寇矣，雖殺臣，不能絕也。」楚王曰：「善哉！吾請無攻宋矣。」

【今註】 ㈠牒：小木札。㈡詘：同屈，挫敗。㈢禽滑釐：史記索隱云：「禽滑釐者，墨子弟子之姓字也，釐音里。」

【今譯】於是見公輸盤，墨子解帶當作城，取些小木札當守城的器械，公輸盤九次設下了攻城的機變，墨子九次抵抗他，公輸盤攻械用盡，而墨子防守有餘。公輸盤敗了，他說：「我知道怎樣對付你了，我不說出來。」墨子也說：「我知道你怎樣對付我，我不說出來。」楚王問是什麼緣故。墨子說：「公輸子的意思不過要殺掉臣，殺臣，宋不能守，就可以攻了。但是臣的弟子禽滑釐等三百人，已經拿著臣守禦的器械，在宋城上等待楚兵了。雖殺臣，也絕不了他們。」楚王說：「好啊！我們不再攻打宋國了。」

子墨子歸，過宋，天雨，庇㈠其閭㈡中，守閭者不內㈢也。故曰：「治於神者㈣，眾人不知其功，爭於明者，眾人知之。」

【今註】㈠庇：庇蔭，求進避雨。㈡閭：里門。㈢內：即納字，守閭的人不放墨子入內，因這時楚將伐宋，宋已經知道了。墨子經過時，守閭的不認識他，恐其是間諜，不放他進去。㈣治於神者：是說墨子救了宋，不曾告人，只有神知道。

【今譯】墨子回來，經過宋，天下雨，墨子到一個里門內去避雨，守門的人不放他進去。所以說：「治於神的，眾人都不知道他的功勞，爭在明處的，眾人都知道。」

譯註後記

李師漁叔先生撰墨子今註今譯，全書已成十分之九，惜天不假年，未竟全功，致此巨著，不克付印，冬珍不才，隨漁師習墨氏之學，已歷年數，蒙漁師教化薰陶，得略窺堂奧，是以有緣整理遺稿。其中墨家辯學一篇，漏失數頁，勉為補述。大取、小取兩篇原稿闕如，力為譯註。唯此兩篇，義理深邃，為墨家學說之菁華，然詞句簡古，多所譌脫，前輩考校，各有所見，加以才智所限，時間匆促，疏漏罣誤，自在難免，於漁師大著恐有白璧之玷，雅博君子幸垂教焉。

壬子冬王冬珍謹誌於臺北

古籍今註今譯

墨子今註今譯

主　　編─中華文化總會
　　　　國家教育研究院
註 譯 者─李漁叔
發 行 人─王春申
總 編 輯─李進文
編輯指導─林明昌
責任編輯─徐平
校　　對─趙蓓芬

營業經理─陳英哲
行銷企劃─魏宏量
出版發行─臺灣商務印書館股份有限公司
　　　　23141 新北市新店區民權路 108-3 號 5 樓（同門市地址）
電話：(02)8667-3712　傳真：(02)8667-3709
讀者服務專線：0800056196
郵撥：0000165-1
E-mail：ecptw@cptw.com.tw
網路書店網址：www.cptw.com.tw
Facebook：facebook.com.tw/ecptw

局版北市業字第 993 號
初版一刷：1974 年 5 月
二版一刷：2019 年 3 月
印刷廠：沈氏藝術印刷股份有限公司
定價：新台幣 680 元
法律顧問：何一芃律師事務所
有著作權・翻印必究
如有破損或裝訂錯誤，請寄回本公司更換

墨子今註今譯 ／ 中華文化總會、國家教育研究院主編 ； 李漁叔 註譯.-- 二版. --新北市：臺灣商務, 2019. 03

面 ； 公分. --（古籍今註今譯）

ISBN 978-957-05-3194-7（平裝）

1. 墨子 2. 註釋

121.411　　108001121